中國學術思想 研究輯刊

十九編

林慶彰 主編

第2冊

《禮記・儒行》研究

陳姝伃 著

花木蘭文化出版社

國家圖書館出版品預行編目資料

《禮記‧儒行》研究／陳姝伃 著 -- 初版 -- 新北市：花木蘭文化
出版社，2014〔民 103〕
目 2+200 面：19×26 公分
（中國學術思想研究輯刊 十九編：第 2 冊）
ISBN 978-986-322-922-3（精裝）
1.禮記 2.研究考訂
030.8   103014769

ISBN-978-986-322-922-3

9 789863 229223

中國學術思想研究輯刊
十九編　第二冊   ISBN：978-986-322-922-3

《禮記‧儒行》研究

作　　　者　陳姝伃
主　　　編　林慶彰
總 編 輯　杜潔祥
副總編輯　楊嘉樂
編　　　輯　許郁翎
出　　　版　花木蘭文化出版社
社　　　長　高小娟
聯絡地址　235 新北市中和區中安街七二號十三樓
　　　　　　電話：02-2923-1455 ／傳眞：02-2923-1452
網　　　址　http://www.huamulan.tw 信箱 hml 810518@gmail.com
印　　　刷　普羅文化出版廣告事業
封面設計　劉開工作室
初　　　版　2014 年 9 月
定　　　價　十九編 25 冊（精裝）新台幣 42,000 元

《禮記・儒行》研究

陳姝伃　著

作者簡介

陳姝伃，1983 年生，臺灣臺北市人，國立臺灣師範大學國文研究所碩士。曾任小學教師、臺北市教育局民俗運動踢毽輔導員，現任崇德文教基金會講師。有志於從事中國經學、儒家思想研究，碩士論文承蒙林素英教授指導。曾發表〈黃以周《十翼後錄》以《禮》釋《易》探析〉、〈《禮記・儒行》容貌章發微〉、〈克己復禮儒風化人——林素英教授及其禮學研究〉（合著）等三篇論文。

提　要

　　〈儒行〉收入於《禮記》一書當中，以孔子與魯哀公之對答為背景，記載儒者十六種言行規範，每段以「儒有……」作為標準開頭，中間以「其……」敘述言行之內容，最後以「其……有如此者」結尾，以明該段之題旨，可謂先秦典籍論「儒」的言行最為詳盡之篇章。然而，綜觀歷代注疏及今人研究成果，該篇相關之研究數量並不多，且前人對於此篇是否符合孔子早期儒家思想的問題，多有爭議及辯駁，故本文以此為題探究之。

　　本文首先從「儒」的意義與發展作為研究起點，從殷商原始術士之儒、西周師儒之儒，一路探索至先秦儒家君子之儒，目的在理解孔子所肩負之文化傳承，及其以君子儒為教之理想的偉大眼光，藉此凸顯〈儒行〉存在之意義與價值。再者，運用儒家傳世典籍、出土文獻、古代字書、歷代注疏與國內外研究孔子學說之成果，將〈儒行〉之字句義涵先做一梳理，並從中分類出數個重要群組概念，歸納出該篇之思想體系乃以學、履、忠、信、仁、義為核心主旨，且主要建立在社會倫理之架構中，蘊藏有深刻的立己、成人之內涵。

　　本研究的主要方法，是將〈儒行〉與重要儒家文獻之內容，反覆地進行比較、論述，過程中發現〈儒行〉思想並無一處外於孔子學說，其原因有三：第一，《論語》所提言簡意賅之道德原則，於〈儒行〉之中不但大多能找到直述其義之語句，且在「忠信」連稱與「仁」、「義」分立的表述方式上，亦與《論語》相同。孔子極力發揚之「仁」德，於〈儒行〉亦最為尊貴。第二，〈儒行〉與二戴《禮記》、《郭店楚簡》、《孟子》之內容，多半亦有相合之處，當中有些語句甚至雷同，說明〈儒行〉全文整體的論點，並不違背早期儒家之思想。第三，關於宋、明、清之學者對於〈儒行〉的批評，其實除了少數學者如清初王船山指陳該篇部分不詳、不通之語句，與清代姚際恆未論原因，便於每段皆下不合義理之評語外，大多數學者皆持正面肯定的態度。再加上本文利用今人對於孔學之研究成果，印證〈儒行〉與孔子學說的關係，更見其歷歷有據。因此，本研究認為〈儒行〉思想堪稱可與孔子學說能相呼應。

目

次

第一章　緒　論

第一節　研究動機與目的

　　《禮記》〈儒行〉記載先秦儒家君子之言行風範，含有豐富、詳盡之內涵。本文從「儒」之起源與發展為研究起點，探討孔子提倡先秦儒家君子之真精神，並藉此分析〈儒行〉全篇之義理，說明該篇思想與孔子學說的關係〔註1〕。以下說明本研究動機與目的：

一、研究動機

　　「儒」之名，現存比較可信的傳世文獻中，最早見於《論語》孔子告誡子夏「女為君子儒，無為小人儒〔註2〕」，在「儒」之前加上「君子」，乃孔子對儒之期許。然儒者人數眾多，品行流雜，至荀子已有「俗儒〔註3〕」、「賤儒〔註4〕」之批評，可知「儒」隨時代演變，表現逐漸不同。而「儒」之義，包括「有學問者」、「有道術者」、「孔子後學」等。《周禮·天官》謂「儒，以道

〔註1〕　〈儒行〉全篇原文詳見【附錄一】，而正文自第三章開始所引用之原文，以粗體的標楷字型呈現。
〔註2〕　〔魏〕何晏集解，〔宋〕邢昺疏：《論語注疏》〈雍也〉，收入《十三經注疏（附清阮元校勘記）》，臺北：藝文印書館，2001年，頁53。
〔註3〕　《荀子》〈儒效〉：「隨其長子，事其便辟，舉其上客，佀然若終身之虜而不敢有他志，是俗儒者也。」〔清〕王先謙：《荀子集解》，臺北：華正書局有限公司，1993年，頁88。
〔註4〕　《荀子》〈非十二子〉：「弟陀其冠，神禪其辭，禹行而舜趨，是子張氏之賤儒也。」〔清〕王先謙：《荀子集解》，頁66。

得民〔註5〕」，《莊子‧田子方》論「儒」乃知天時、地形且事至而斷者〔註6〕，皆指「儒」為有學問者。司馬遷謂西漢建國之初，上招「儒術之士〔註7〕」定朝儀，《說文》訓「儒」為柔，乃術士之稱〔註8〕，是「儒」為有道術者。《史記‧孔子世家》載魯諸儒講禮鄉飲大射於孔子冢〔註9〕，《淮南子‧要略》記孔子修成、康之道，述周公之訓，以教七十子，故儒者之學因此而生〔註10〕，說明「儒」亦指孔子之後學。從「儒」有多重意義，可知「儒」之身分必經過許多轉變歷程。

　　關於「儒」的起源，民初以來學者多有看法，章太炎（1869～1936）將「儒」按涵義廣狹之不同，區分為達名、類名與私名，其中達名為「術士」之儒，類名為「知禮、樂、射、御、書、數」之儒，私名則指「出於司徒之官，助人君順陰陽明教化」之儒家者流。胡適（1891～1962）受章氏啟發而作〈說儒〉，是開創往後學術界有極大反響的端緒文章，包括馮友蘭（1895～1990）〈原儒墨〉、錢穆（1895～1990）〈駁胡適之說儒〉、郭沫若（1892～1978）〈駁說儒〉等皆起而反之，一時對此問題並無定論。但1975年徐中舒（1898～1991）於甲文中發現「需」字，經考證，認定該字為原始之「儒」字，遂使章氏「儒出於需」、胡氏「儒出於殷相禮之士」之猜測獲得證實，往後學者多沿此整理論述儒之起源問題〔註11〕。「儒」之起源前人研究已略有所成，但

〔註5〕　《周禮‧天官》記大宰一職，以九兩繫邦國之民，其中「三曰師，以賢得民；四曰儒，以道得民。」詳見〔漢〕鄭玄注，〔唐〕賈公彥疏：《周禮注疏》，《十三經注疏（附清阮元校勘記）》，臺北：藝文印書館，2001年，頁32。章太炎認為《周禮》此處所言之「賢」者乃道德之謂，「道」者乃學問之謂。詳見章太炎著、王小紅選編：《章太炎儒學論集》，成都：四川大學出版社，2011年，頁816。此篇選自《國學商兌》第1卷第1號，1933年6月1日。

〔註6〕　《莊子‧田子方》：「周聞之，儒者冠圜冠者，知天時；履句屨者，知地形；緩佩玦者，事至而斷。」〔清〕郭慶藩編，王孝魚整理，《莊子集釋》，臺北：河洛圖書出版社，1974年，頁718。

〔註7〕　《史記‧禮書》：「今上即位，招致儒術之士，令共定儀，十餘年不就。」日‧瀧川龜太郎：《史記會注考證》，臺北：文史哲出版社，1993年，頁411。

〔註8〕　《說文》：「儒：柔也。術士之偁。从人需聲。」〔漢〕許慎撰，〔清〕段玉裁注：《說文解字注》，臺北：黎明文化，2006年，頁366。

〔註9〕　《史記‧孔子世家》：「魯世世相傳以歲時奉祠孔子冢，而諸儒亦講禮鄉飲大射於孔子冢。」瀧川龜太郎：《史記會注考證》，頁746～747。

〔註10〕　《淮南子‧要略》：「孔子修成、康之道，述周公之訓，以教七十子，使服其衣冠，修其篇籍，故儒者之學生焉。」詳見〔漢〕劉安編，何寧集釋，《淮南子集釋》，北京：中華書局，1998年，頁1459。

〔註11〕　詳參林師素英：〈論先秦「儒」的轉變〉，收入「戴璉璋先生七秩哲誕論文集」

其中的詳細內涵與轉變過程可再探討，因此探討「儒」的淵源與意義演變是本文的研究動機之一。

〈儒行〉將孔子與魯哀公對話之始末，詳載於文本之前後，每段起論以「儒有……」作爲標準開頭，中間以「其……」紀錄言行之內容，最後以「其……有如此者」結尾，以明該段之主旨，論述儒之態度、處境或德行，例如其備豫有如此者、其仕有如此者、其寬裕有如此者等，共構成一篇儒之行全文。如此排比陳述的文章，在《禮記》其他文章中，相較於〈中庸〉、〈坊記〉有大量子曰、子云的零散句子，及許多引《詩》、《書》之內容作爲注解，〈儒行〉更爲簡潔、整齊。

然而，筆者考察〈儒行〉受到學者研究之冷落，原因在於該文存有作者與年代之爭議，且文中所述之義理頗有歧見，故產生兩極化評價之現象，導致該篇自宋代以來，逐漸失去孔子學說正統地位之代表性，即便尚有支持與推崇之論者，往往有孤掌難鳴之嘆。根據現存歷代注疏與眾多學者之研究，關於〈儒行〉的作者、成篇時代及思想歸屬的問題，可略分爲兩種觀點：一種爲認同〈儒行〉實爲孔子之言論與思想；另一種則認爲〈儒行〉不似孔子之言、有不符儒家義理，乃爲戰國豪士所作。

學者主張〈儒行〉符合孔子之言論，實爲七十子相傳之遺訓者，以漢代鄭玄〔註12〕（127～200）、明代黃道周〔註13〕（1585～1646）、清代唐文治〔註14〕（1865～1954）、章太炎（1869～1936）、近人郭斌龢〔註15〕（1900

編輯小組編：《含章光化——戴璉璋先生七秩哲誕論文集》，臺北：里仁書局，2002 年，頁 417～419。

〔註12〕鄭玄：「〈儒行〉之作，蓋孔子自衛初返魯之時也。」詳見〔漢〕鄭玄注，〔唐〕孔穎達疏：《禮記正義》，《十三經注疏（附清阮元校勘記）》，臺北：藝文印書館，2001 年，頁 1671。

〔註13〕黃道周：「仲尼恐後世不學，不知先王之道存於儒者，儒者之學存於德行，故備舉以明之。」詳見〔明〕黃道周：《儒行集傳》服行章第一，收入《景印文淵閣四庫全書·第一二二冊》，臺北：臺灣商務印書館，1983 年，頁 1121。

〔註14〕唐文治：「今考〈儒行〉篇，言自立者二，言特立者一，言特立獨行者一，其十六章大要皆在激勵氣節而歸本於仁，無非孔、曾、孟子之旨。然則此篇縱非盡出於孔子，要亦七十子相傳之遺訓歟！」詳見〔清〕唐文治：《茹經堂文集》三編，臺北：文海出版社，1987 年，頁 1307。

〔註15〕郭斌龢：「觀全篇所述，光明俊偉，剛而無虐，與儒家提示之理想人格，大體不甚相違，斷爲孔子學說中應有之義蘊，七十子相傳之遺訓，則可無疑耳。」詳見郭斌龢：〈讀儒行〉，收入賀麟等著：《儒家思想新論》，臺北：正中書局，1978 年，頁 39。

～1987)、王鍔（1964～）爲代表，試觀章氏曰：

> 《論語》、〈儒行〉本相符合，惟《論語》簡約，〈儒行〉鋪張文字上
> 稍有異趣，烏可以文害辭，謂爲僞造？吾誠不知宋人何以排斥之也。
> 〔註16〕

再觀王氏《禮記成書考》云：

> 我們認爲，〈儒行〉是孔子的著作，是由當時在場的魯國史官紀錄後，
> 經孔門弟子整理而成，成篇最遲當在戰國前期。〔註17〕

王氏主張〈儒行〉爲孔子之言，認爲後人的「假托」之說，並沒有直接證據，
而〈儒行〉所論儒者之行，與孔子晚年的時代亦相符合。王氏並舉胡適、楊
向奎之看法，說明當時社會君子儒與小人儒混雜，對儒者已有不同看法，再
引沈文倬《宗周社會與禮樂文明》說明「仁」字內涵，乃「德」與「禮」的
綜合，認爲〈儒行〉與孔子關係密切。因孔子與魯哀公問答之辭，除了〈儒
行〉篇外，又見於《論語》、《荀子》、《大戴禮記》、《孔子家語》等文獻，故
二人之問答是有根據的，並非向壁虛造。此是認同〈儒行〉實爲孔子之言論
與思想，論證最爲完整者。至於整理、傳述〈儒行〉之孔門後學，則以漆雕
氏一派的說法最多〔註18〕。

宋代以來質疑〈儒行〉不似孔子之言、不符儒家義理，應爲戰國末期豪
士所作者，包括李覯〔註19〕（1009～1059）、程頤〔註20〕（1033～1107）、呂

〔註16〕 章太炎先生演恉、諸佐耕筆述：〈儒行大意〉，收錄在耿素麗、胡月平選編《三
禮研究》第二輯，臺北：國家圖書館出版社，2009年，頁818。

〔註17〕 王鍔：《禮記成書考》，北京：中華書局，2007年，頁48～52。

〔註18〕 郭沫若猜測〈儒行〉爲漆雕氏之儒的作品，但蒙文通僅言〈儒行〉爲漆雕氏
儒之所傳，對此宋立林研究後，主張〈儒行〉反映的本是孔子的思想，爲孔
門弟子整理流傳，因此，〈儒行〉不能理解爲漆雕氏之儒所「作」，只能理解
爲該篇乃漆雕氏之儒所「傳」，但仍未能定論。詳見郭沫若〈儒家八派的批判〉：
「『漆雕氏之儒』，是孔門的任俠一派」、「《禮記》有〈儒行〉篇盛稱儒者之剛
毅特立，或許也就是這一派儒者的典籍吧。」收入氏著：《十批判書》，北京：
人民出版社，2012年，頁113～114。蒙文通〈漆雕之儒考〉：「〈儒行〉一篇，
凡十七義，而合乎遊俠之事，十有一焉。得不謂爲漆雕氏儒之所傳乎？」收
入氏著：《儒學五論》，桂林：廣西師範大學出版社，2007年，頁62。宋立林：
《儒學八派的再批判》，由阜師範大學博士論文，楊朝明指導，2011年，頁
114。

〔註19〕 李覯：「〈儒行〉非孔子言也，蓋戰國時豪士所以高世之節耳。」收入《文淵
閣四庫全書 1095‧集部‧別集類‧盱江集‧卷29‧讀儒行》，臺北：臺灣商
務印書館，1983年，頁256。

大臨（1044～1091）、元代陳澔〔註 21〕（1260～1341）、清初王夫之（1619～
1692）、清代姚際恆〔註 22〕（1647～1715）、孫希旦〔註 23〕（1736～1784）、近
人王夢鷗〔註 24〕（1907～2002）等，皆持此論。試看宋代呂大臨《禮記解》：

> 今考其書，言儒者之行，誠有是事也。謂孔子之言，則可疑也。……
> 此篇之說，有矜大勝人之氣，少雍容深厚之風，似與不知者力爭於
> 一旦。竊意末世儒者將以自尊其教而託爲聖人之言，有道者不爲也。
> 〔註 25〕

呂氏評議〈儒行〉流露矜勝之氣，乃末世儒者假託聖人之言。此言一出，宋、
元、明、清後代學者多沿其說，影響甚鉅。明清之際，王夫之《禮記章句》
非之更甚：

> 〈儒行〉一篇，詞旨誇誕，略與東方朔、揚雄俳諧之言相似。……
> 蓋於《戴記》四十九篇中獨爲疵戾，而不足與五經之教相爲並列。
> 〔註 26〕

船山認爲〈儒行〉文詞誇誕，更直言該篇不足與五經之教義相提並列。上述
諸學者乃認爲〈儒行〉不似孔子之言，有不符儒家義理者。

關於古文的作者與成篇年代，本是經學研究最不易解答之課題，除非持
有出土文獻之證據，否則其相關之研究結果，僅能作於各家學術意見之參考。

〔註 20〕 程頤：「儒行之篇，此書全無義理，如後世遊說之士所爲誇大之說。觀孔子平
日語言，有如是者否？」〔宋〕程頤：《二程集》，北京：中華書局，2004 年，
頁 177。

〔註 21〕 陳澔沿李覯之說，詳見〔元〕陳澔《禮記集說》，臺北：世界書局，2009 年，
頁 322。

〔註 22〕 姚際恆評此篇：「輕世肆志，迂闊陂僻，鮮有合于聖人之道也。」引自〔清〕
杭世駿：《續禮記集說》，臺北：明文書局，1992 年，頁 5686。

〔註 23〕 孫希旦：「此篇不類聖人氣象，先儒多疑之。蓋戰國時儒者見輕於世，故爲孔
子之學者托爲此言，以重其道。其辭雖不粹，然其正大剛毅之意，恐亦非荀
卿以下之所能及也。」詳見〔清〕孫希旦：《禮記集解》，臺北：文史哲出版
社，1980 年，頁 1426。

〔註 24〕 王夢鷗：「本篇蓋假託孔子與魯哀公答問之辭，集眾儒之遺緒以綜述儒者行
爲。」詳參王夢鷗：《禮記今註今譯》，臺北：台灣商務印書館，2009 年，頁
1028。

〔註 25〕 〔宋〕呂大臨：《禮記解》，見於陳俊民主編：《藍田呂氏遺著輯校》，收入儒
藏編纂中心編：《儒藏》精華編二二○冊，北京市：北京大學出版社，2007 年，
頁 244。

〔註 26〕 〔清〕王夫之：《船山全書·第四冊·禮記章句》，長沙：嶽麓書社，1996 年，
頁 1457。

但是，篇章的思想內容及義旨，及其與孔子學說的關係，卻可以經過研究探析而推論。綜觀前人對〈儒行〉的內容評價不一，大多直述個人之觀感與判斷，或僅針對疑義處提出反面看法，不過今人胡楚生（1936～）〈儒行考證〉一文，以思想演進、名物文字之方法考據該篇之著成時代，並舉證〈儒行〉之內容多能契合孔孟剛健自強之要旨，於今日之〈儒行〉研究中最爲特出〔註27〕。由於目前〈儒行〉作者與年代的問題，尚無出土材料能夠實證、解答，又因關於〈儒行〉全篇之義理，尚未有專書、學位論文對此做一完整、深入之歸納探析。因此，筆者欲將問題聚焦於後者，探討該篇義理與孔子思想之關係，是本文研究〈儒行〉的動機之二。

另外，同出自《禮記》篇章之〈中庸〉、〈大學〉、〈禮運〉等篇，雖由諸多片段、章句所組成，但經過前輩學者研究之闡發，皆能透過全文之整體觀照與提綱挈領，歸納出「誠」之核心概念、「明明德、親民、止於至善」之三綱領、「格物、致知、誠意、正心、修身、齊家、治國平天下」之八條目、「大同與小康」之社會型態等篇章主旨。因此，對於整體敘述「其……有如此者」之結構完整的〈儒行〉而言，若僅僅視該文爲十六種儒者言行之散論，實爲可惜，而有必要綜觀、深究文章整體之義理，將其核心精神、主旨綱領，歸納並彰顯之。

考察歷代注疏，可以發現明代大儒黃道周撰作《儒行集傳》時，在其序文當中已試圖凸顯〈儒行〉全文之義理重點，有「先於學問，衷於忠信，而歸之於仁〔註28〕」之說。筆者以爲黃道周歸納的重點，並非依循儒家道德之泛論，因彼於文中列舉出三百多位人物之史蹟，證述儒之氣節與精神實踐之眞例〔註29〕，且對於〈儒行〉各段語句之評點，多能指出重點之精要所

〔註27〕 然而胡氏並未以〈儒行〉爲孔子之言作爲其結論，據其考察該篇的著成時代，上限當在孟子以後，下限當在秦始皇一統天下以前，而略與荀卿之時代，適相前後也。另外，〈儒行〉所記意義正大，雖不無「微瑕」，而尤近於孔門狂狷一脈。此處與前述彼舉證〈儒行〉之內容多能契合孔孟剛健自強之要旨的論點，似有矛盾之處，但該文中尚未出現進一步解釋。除此之外，胡氏更羅列、集結歷代注疏家之言，末後加上其案語，作成〈儒行集釋〉，與其考證之文並列收入《儒行研究》一書中。詳見胡楚生：《儒行研究》，臺北：華正書局，1986年，頁18。

〔註28〕 〔明〕黃道周：《儒行集傳》，頁1121。

〔註29〕 黃道周在詳述〈儒行〉各段之內涵時，列舉各朝代之合乎儒行者，總共346位人物之史蹟，藉此論證儒之氣節與精神實踐，當中爲漢代以前的儒者有93位，內容可參考【附錄二】。

在，故其歸納「學問」、「忠信」與「仁」為該篇之主旨，應作為本研究之重要參考。然而，筆者觀察〈儒行〉文本所論「學問」時常與「力行」緊密相連，且對於「禮」、「義」亦多有闡發，此為黃氏較少詳述之處。因此，重新提挈、闡揚〈儒行〉全篇之綱領與核心精神，是本文研究〈儒行〉的動機之三。

二、研究目的

源於上述三項研究動機，歸結本研究目的有三：

（一）探索「儒」的源流、意義與發展

探索「儒」的源流、意義與發展，其目的在追溯、理解先秦儒者所肩負之文化傳承之使命，及其創發人之生命主體精神的根源，進而體會孔子於此歷史洪流中扮演的關鍵角色，凸顯其強調學問與道德並重、以君子儒為教之理想的偉大眼光。

（二）考察〈儒行〉與孔子思想的關係

考察〈儒行〉與孔子思想的關係，目的在解決該篇是否符合孔子思想之兩極化爭議，從考量當時的政治環境、倫理結構、禮制規範等客觀條件著手，配合其他儒家典籍之義理進行對參，最後運用綜合分析、條列比較的方式，做出最後之結論。

（三）闡揚〈儒行〉的核心主旨與綱領

闡揚〈儒行〉的核心主旨與綱領，目的在將全篇的義理做出系統化、結構化之探討，從儒者之各種言行細項，整理、提煉出其主要憑藉之核心精神。據此，做為未來研究之基石，擺脫〈儒行〉僅為儒者十餘種言行散論之刻板印象，拓寬該篇研究之義理格局與意義幅度。

第二節　研究範圍與材料

本研究以《禮記・儒行》為主題，從儒之意義與發展做為起點，探析先秦儒者言行規範之源流背景，再進行文本義理之分析工作，進一步探討該篇與孔子思想的關係，並從其全文的主旨綱領，彰顯儒者生命實踐之核心精神，以下說明之：

一、研究範圍

儒之意義與發展，本文根據前人研究之成果，將其統整歸納爲一整體性之篇章。其中雖有各家意見相歧之處，但並不影響對儒家的歷史源流進行概括。若有殷商甲骨文、西周金文做爲印證者，或學者之觀點有可以相互闡發者，亦同時並列共論之。

〈儒行〉之義理內涵，上可溯源春秋末年孔子之言，下則影響戰國儒家思想之總結，故本研究的重點不在作者、年代的考據，而是將研究重心放在全篇核心精神之開展，除了先將該篇之字句做一釐清、分類與歸納之外，更擷取歷代注疏家之特殊意見者，進行分析、比較與討論。由此不僅可以不因文本年代之迷離而圍限其研究範圍，更能藉由注疏之義理討論，凸顯前人學者對於〈儒行〉肯定及批評之內容與原因，對於該篇與孔子思想的關係，能有更爲客觀的討論與分析，進而做爲日後延伸研究之基礎。

二、研究材料

本研究從「儒」之淵源與演變談起，廣泛運用經、史、子類之傳世文獻，以下列舉最重要的部分，作爲本研究材料之代表，包括：《詩經》、《尚書》、《儀禮》、《春秋公羊傳》、《春秋穀梁傳》、《春秋左傳》、《小戴禮記》、《大戴禮記》、《國語》、《史記》、《逸周書》、《論語》、《孟子》、《荀子》、《孔子家語》、《儒行集傳》等。其中《家語》〈儒行解〉是文本對照的重要資料，相較於《禮記‧儒行》，這兩篇文章的義理大致相同，唯在句式的排列及語氣的表達運用上，《家語》比《禮記》來得整齊且經過修飾，在連詞、代詞與動詞的替換上，也有各自行文的系統。但《禮記》有「任舉」一節，《家語》未見；《家語》記載孔子對魯哀公闡述儒行的時間，適逢孔子回歸魯國，《禮記》卻沒有，故本研究將採《孔子家語‧儒行解》之內容作爲補充，兩篇之比較詳見【附錄三】。

儒家之基本典籍，乃以《論語》、《孟子》、《荀子》、《禮記》、《大戴禮記》五部最爲重要，值得特別注意的是，此五部書中皆藏有爲數不少魯哀公與孔子談話的篇章。孔子在魯爲政的經歷是在魯定公時期，然在努力不得其果的情況下，黯然離開魯國，周遊列國 14 年後，由季康子代表魯哀公幣迎孔子歸魯，擔任「國老」一職，遂與哀公有許多論政的機會。孔子與魯哀公的互動，多以問答的形式見載於文獻之中，二人之事見載之傳世文獻包括《論語》〈爲

政〉〈雍也〉〈憲問〉，《荀子》〈子道〉〈哀公〉，《禮記》〈哀公問〉〈中庸〉〈儒行〉，《大戴禮記》〈哀公問五義〉〈哀公問於孔子〉〈千乘〉〈四代〉〈虞戴德〉〈誥志〉〈小辨〉〈用兵〉〈少閑〉，《說苑》〈君道〉〈政理〉〈尊賢〉〈敬慎〉〈指武〉〈雜言〉，《新序》〈雜事四〉〈雜事五〉，《韓詩外傳》〈卷一〉〈卷四〉，《孔子家語》〈大昏解〉〈儒行解〉〈問禮〉〈五儀解〉〈好生〉〈賢君〉〈哀公問政〉〈子路初見〉〈本命解〉〈正論解〉等共 37 篇，出土文獻包括上博楚簡二〈魯邦大旱〉1 篇，合計 38 篇。此 38 篇中內容包括為政、大禮、人道、子道、儒行、取人之法、君之哀憂勞懼危、存亡禍福、壽命、賢君、為政、性命、不祥之事、孔子弟子等事。〈儒行〉亦是二人問答的其中一篇，若能多加參考孔子回答哀公問題之篇章內容，對於本研究為一大助益。

　　近年來出土之儒家文獻，數量逐漸龐大可觀，囿限於時間體力之考驗，故僅納入年代較有共識、可信度最高、戰國中期偏晚的《郭店楚簡》，作為本研究於傳統文獻之外的輔助材料。由於墓主之楚簡兼收儒、道兩家之文獻，故本研究僅取其中孔子與弟子問答或孔門弟子之相關文章，如〈緇衣〉、〈魯穆公問子思〉、〈窮達以時〉、〈五行〉；與涉及儒家政治、性情、德行之觀念內容，如〈性自命出〉、〈唐虞之道〉、〈忠信之道〉、〈成之聞之〉、〈尊德義〉、〈六德〉、〈語叢一〉、〈語叢二〉、〈語叢三〉等篇章。由於本研究乃採納其文章大義，而非詳論其文字構形、傳統與出土文獻比對等內容，故對於簡序排列、文字隸定等事皆備參而不論。若是牽涉到文義解讀與篇名疑議之處，便取學者已有較多共識者，不再做細節之討論，如此方能聚焦研究之主題。

　　歷代學者對於〈儒行〉的章句觀點，通常附入於《禮記》一書的注疏當中，但是並非每部注疏《禮記》之書，對於各篇都有詳盡的說明，因此本研究僅取載有〈儒行〉注疏的典籍，作為主要參考。採擇書籍包括漢鄭玄注、唐孔穎達疏《禮記正義》，宋衛湜《禮記集說》，元吳澄《禮記纂言》，元陳澔《禮記纂言》，明黃道周《儒行集傳》，清王夫之《禮記章句》，清李光坡《禮記述注》，清方苞《禮記析疑》，清杭世駿《續禮記集說》，清莊有可《禮記集說》，清孫希旦《禮記集解》、民國熊十力《讀經示要》等。由於上述這些典籍之相關資料，又多半收入胡楚生的《儒行研究》當中的〈儒行集釋〉，本文多所仰賴，特此感謝。另外，國內、外學者以哲學理論的角度研究儒家思想者不在少數，筆者以為若能加以參考、納入討論，更能突破傳統經傳注疏語言表達之囿限，故而採用另一種詳細、白話的詮說方式，呈現〈儒行〉內涵

之義理風貌。

第三節　文獻回顧與探討

　　本研究先將〈儒行〉的文本結構特色作一陳述，再將該篇之相關研究文獻進行回顧，最後對前人研究成果作一綜評，以下分別論述之：

一、〈儒行〉的文本結構特色

　　〈儒行〉文本的結構特色有三：第一，全篇有整齊的論說體例，陳述儒者之各種言行；第二，文中運用大量「不」、「弗」之反向表述，闡揚儒者之道德規準；第三，行文過程中凸顯儒者「自立」→「特立」→「自立」→「特立獨行」的修為次第與自強精神。

（一）其……有如此者

　　〈儒行〉記載儒之態度、處境或德行，總共有十六項「其○○有如此者」，依次為「自立」、「容貌」、「備豫」、「近人」、「特立」、「剛毅」、「自立」、「仕」、「憂思」、「寬裕」、「舉賢援能」、「任舉」、「特立獨行」、「規為」、「交友」、「尊讓」〔註30〕。十六項當中出現兩次「自立」，章太炎將二者合併言之，故云：「十五儒中，有其一種，即可尊貴，非謂十五儒個個須與孔子相類也」之語。綜觀此十六項重點內涵，可明顯看見儒者對於自身言行的要求規準，並融合其學習之進程表現、人我之際的對待，與獨特德行之實踐精神。從外表之「容貌」至內心之「憂思」，從對己身之「備豫」至對他人之「任舉」，皆囊括儒者養成所需的時間條件、內外表現與修德作法。

　　文中強調「其○○有如此者」，包含三層意義，首先強調實踐主體在○○方面有傑出的表現，再者說明此種表現，屬於難得卻值得效法的模範，最後

〔註30〕　明儒黃道周《儒行集傳》含括文首記載孔子與魯哀公以儒服之對話起點，與文末記載眾人以儒相詬病，而哀公聞孔子言後，終其一生不敢以儒為戲，添加「服行章第一」與「命儒章第十八」，總共編為十八章之名目為：服行章第一、自立章第二、容貌章第三、備豫章第四、近人章第五、特立章第六、剛毅章第七、又自立章第八、儒仕章第九、憂思章第十、寬裕章第十一、舉賢章第十二、任舉章第十三、特立獨行章第十四、規為章第十五、交友章第十六、尊讓章第十七、命儒章第十八。詳見〔明〕黃道周：《儒行集傳》收錄在《景印文淵閣四庫全書‧第一二二冊》，頁1119。《四庫全書》該篇提要曰：「其篇目皆為道周所創」。

凸顯此實踐主體及其言行，在與廣大的眾人比較之下，有其特殊、獨立之處。
這三種意義，放在先秦儒家與諸子的區別，可以視爲儒家在政治、教育上的
某種宣言、規章甚至正面的典範。當學人閱讀〈儒行〉的內涵時，引發其對
於墨子非儒的意見、莊子諷儒之僞辭、荀子批儒的貴賤等種種思考，進而做
出直接的比較。

　　例如墨子以儒有「四政〔註 31〕」而非之，其中一政即是「弦歌鼓舞，
習爲聲樂」，然從〈儒行〉有「歌樂者，仁之和也」之言，便能明瞭儒之崇
「樂」在於重視人與人之間的仁心和諧，而儒之「樂」應當以「古樂〔註 32〕」
爲主，否則孔子不會有「惡鄭聲之亂雅樂也」之說，故據此可回應墨子非樂
的批評。又如莊子認爲著「儒服」者未必就是儒者，此點與〈儒行〉記載孔
子向魯哀公解釋：「君子之學也博，其服也鄉，丘不知儒服。」意義相通，
皆不以外在之服顯其內在之德。莊子針對穿著「儒服」卻未有眞正「儒行」
者加以批評，該類之儒演變成後來荀子口中「正其衣冠，齊其顏色，嗛然而
終日不言」之「賤儒」、「得委積足以揜其口，則揚揚如也」之「俗儒」，不
僅有違孔教之初衷，連荀子在〈非十二子〉、〈儒效〉中也加以批評，今人劉
咸炘亦認爲荀子口中之賤儒乃是「七十之裔已以容服自表」的現象〔註 33〕。
這些陋處在〈儒行〉論儒有「夙夜強學以待問」之「其自立有如此者」、儒
有「易衣而出，并日而食」之「其仕有如此者」所強調儒者之外在的節用與
內在知識與德行，實有駁正之詞。

（二）「不」、「弗」的反向表述

　　〈儒行〉使用大量「不」、「弗」的反向表述，從一簡單的統計分析即可
明瞭。全篇 1257 字，扣掉孔子與魯哀公之前後對話，內文總述 124 項言行，
其中「不」、「弗」字使用 63 次〔註 34〕，其中以儒者作爲主詞之言行占 58

〔註 31〕墨子所論儒足以喪天下之「四政」，包括儒家敬鬼神、厚葬久喪、熟習歌樂、
　　　　論貧富壽夭之命等四事。詳見〔清〕孫詒讓撰、李笠校補：《校補定本墨子閒
　　　　詁》，臺北：藝文印書館，1969 年，頁 845～846。
〔註 32〕〈性自命出〉：「凡古樂龍心，益樂龍指，皆教其人者也」，詳見荊門市博物館
　　　　編：《郭店楚墓竹簡》，頁 180。
〔註 33〕詳見劉咸炘著、黃曙輝編校：《劉咸炘學術論集・哲學編上・左書卷一・儒行
　　　　本義》，桂林：廣西師範大學出版社，2010 年，頁 85。
〔註 34〕扣除用以形容狀態之「弗」字 4 次，適弗逢世、上弗援、下弗推、上弗知也，
　　　　尚有 58 次。58 次當中，「不」字佔 56 次爲大宗，「弗」字僅佔 2 次。

項〔註 35〕。換句話說,反向表述之言行約爲全篇之四成六,幾乎過半的比例之高,值得探析。

〈儒行〉使用「不」、「弗」字,旨在強調其所「不爲」之事,加深確立彼之「所爲」目標,換句話說,凡是影響儒者德行與損害國家人民利益之事皆不爲之。若將 58 項「不爲」之事再加以分類,可以分作「原則性之不爲」、「情境性之不爲」、「對比性之不爲」三種類型,內容整理如【表一】,並詳述於後。

表一 〈儒行〉「不為」之事類

原則性之不爲 【不……】 【……不……】	不知儒服／往者不悔／來者不豫／過言不再／流言不極／不斷其威／不習其謀／居處不淫／飲食不溽／博學而不窮／篤行而不倦／幽居而不淫／上通而不困／不臨深而爲高／不加少而爲多／同弗與／異弗非／不同而退／相下不厭／不敢言仁／不隕穫於貧賤／不充詘於富貴／不愿君王／不累長上／不閔有司
情境性之不爲 【……不……,……不……】 【非……不……,非……不……】	上荅之不敢以疑,上不荅不敢以諂／道塗不爭險易之利,冬夏不爭陰陽之和／鷙蟲攫搏不程勇者,引重鼎不程其力／非時不見,不亦難得乎;非義不合,不亦難畜乎;先勞而後祿,不亦易祿乎／內稱不辟親,外舉不辟怨;程功積事,推賢而進達之,不望其報;君得其志,苟利國家,不求富貴／上弗知也,麤而翹之,又不急爲也／上不臣天子下,不事諸侯／世治不輕,世亂不沮／久不相見,聞流言不信
對比性之不爲 【不……以爲……】 【可……不可……】 【雖……不……】	不寶金玉,忠信以爲寶／不祈土地,立義以爲土地／不祈多積,多文以爲富／(雖)委之以貨財,淹之以樂好,見利不虧其義／(雖)劫之以眾,沮之以兵,見死不更其守／可親而不可劫也／可近而不可迫也／可殺而不可辱也／雖有暴政,不更其所／過失可微辨,而不可面數也／身可危也,而志不可奪也／雖危起居,竟信其志,猶將不忘百姓之病也／雖分國如錙銖,不臣不仕

1. 原則性之不為

第一種「原則性之不爲」,目的在表述儒者具備強大之自制力,主動執行或拒絕各種應當、不應當做的事。以某原則衡量於君子自身的道德標準,於《論語》乃以單一「義」字表達,如「義以爲質」、「行義以達其道」〔註36〕,

---

〔註35〕 以計算一個完整言行表述爲一次,如「不寶金玉,忠信以爲寶」,以一種言行計次。
〔註36〕 〔魏〕何晏集解,〔宋〕邢昺疏:《論語注疏》〈衛靈公〉、〈季氏〉,頁 139、150。

於〈儒行〉則有更具體、明確之言行事例，舉凡謀略、威儀、貧賤、富貴等事，或君主、長上、有司等對象，皆有其應守之規範。觀此諸多原則，不僅建立於儒者自身之道德，更涉及考量他人之立場與道義，足以顯示儒者之義德，並非主觀臆斷、唯我獨尊，如晏光注：「不慁君王者，不為汙吏以取辱於君王也；不累長上者，不為過行以連及於長上也；不閔有司者，不被明刑以見憐於有司也」，而此說法又可上溯荀子以「不卹君之榮辱」謂之「國賊」〔註37〕之說，證明儒者之義德，乃建立在其自制、自愛，而非自保、自利之中。

2. 情境性之不為

第二種「情境性之不為」，目的在表述儒者具備敏銳之觀察力，對於外在情境的種種變化，做出各種相對合宜之反應，即便有時與世俗之言行不同，但只要合乎道義，儒者並不畏懼特立獨行。〈儒行〉所論涉及之情境，以社會倫理的範疇為主，君主、賢人、朋友與人民，皆是儒者必須慎重相待的對象，從平日居處之端正到事君效國之真誠，彼皆有自身之理智判斷。然而，一般生活情境為儒應當知曉之禮義本分，唯有特殊情況之發生，方能真正考驗儒者之義德智慧。如儒者對於居上位者之態度（上荅之、上不荅、君得其志、上弗知），乃以自信謙虛並且中庸的態度（不敢以疑、不敢以諂、不求富貴、不急為也）回應；又彼對於職責本分（鷙蟲攫搏、引重鼎、推賢進達），亦秉持認真踏實的態度（不程勇、不程其力、內不辟親、外不辟怨），展現出儒者面對公與私、利與義之兩相糾結之情境，仍選擇「義之與比」、「義以為上」〔註38〕之做法。

3. 對比性之不為

第三種「對比性之不為」，目的在表述儒者憑藉其判斷力、意志力，以辨別是非黑白之分明，並藉此透露其為人處世的理想志向，有時也用於告訴他人對待儒者應有的態度。這樣的對比性，於儒家典籍常以「君子」、「小人」的型態出現，例如「君子懷德，小人懷土〔註39〕」可以用於解釋〈儒行〉論

〔註37〕〔清〕王先謙撰，沈嘯寰、王星賢整理：《荀子集解》〈臣道〉，頁244。
〔註38〕〔魏〕何晏集解，〔宋〕邢昺疏：《論語注疏》〈里仁〉、〈陽貨〉，頁158。
〔註39〕劉寶楠引《爾雅·釋言》：「土，田也。」《說文》：「土，地之吐生萬物者也。」注曰：「先王制民之產，八家同井，死徙無出鄉，必使仰足事父母，俯足事妻子，然後驅而之善，所謂能知小人之依矣。詳見〔清〕劉寶楠撰，高流水點校：《論語正義》，頁148。

儒之志向有別於庶民以生存爲先，故而重視忠信、道義更甚於金玉及土地；「君子坦蕩蕩，小人長戚戚」則說明儒者不願接受違背良心之脅迫與屈辱，甚至願意犧牲性命以全義德，此乃異於一般世俗人因憂慮、畏懼死亡，而選擇姑息小人亂行之作爲。由此可知，君子與小人之比較，足以凸顯儒者爲人處世之價值觀，即便外人以優渥之條件利誘、以脅迫之態度恐嚇，儒者選擇不怯儒、不妥協的堅定回應。

儒者使用「不」的用語來強調「不爲」的意義，在《論語》當中雖已可見，但在儒家文獻當中，全篇皆以此種反向表述語氣的篇章，莫過〈儒行〉強調最爲明顯，況且該文反向表述的文句，又可依其排比、對整的形式加以分類，可謂此文之一大特色。事實上，此種現象說明先秦儒家凸顯「儒」之內涵與使命，在動亂的時代與百家爭鳴時，已有其必要性與需求性。

（三）從「立」到「行」的次第意義

從「立」到「行」的次第，是指〈儒行〉第一、六、八、十四項「其……有如此者」當中的「自立」→「特立」→「自立」→「特立獨行」的論述脈絡〔註40〕，其意義在說明儒者歷經現實淬鍊的成長，乃由己身道德之確立，特出於世俗大眾之言行，顯示出儒家成人的內涵與歷程。

首先，〈儒行〉兩次出現「自立」，第一個「自立」的內容爲「儒有席上之珍以待聘，夙夜強學以待問，懷忠信以待舉，力行以待取」，攸關儒者自身的能力儲備，透過培養學識與道德，以爲待聘、待問、待舉、待取做好一切準備，屬於個人之事。第二個「自立」的內容爲「忠信以爲甲胄，禮義以爲干櫓，戴仁而行，抱義而處，雖有暴政，不更其所」，乃進入有職守在身的立場，實踐忠信、禮義德行的目的，在於保家衛國、使民安居樂業。因此，呂大臨認爲前後之「自立」，有其本末先後之差別〔註41〕；胡楚生論〈儒行〉二次所言之「自立」，乃經由「自學以立本」的基礎，獲取「處變以應時」之能力〔註42〕。故儒者此二種「自立」，乃是從「己立」至「立人」的順序進行，

〔註40〕 儒行論儒有十六種「其……有如此者」，當中有四種就與「立」有關，順序依次爲「自立」、「特立」、「自立」、「特立獨行」。

〔註41〕 呂大臨：「首章言自立，論其所學所行，足以待天下之用而不窮。此章言自立，論其所信所守，足以更天下之變而不易。二者皆自立也，有本末先後之差焉」。〔宋〕呂大臨：《禮記解》，頁247。

〔註42〕 胡楚生論二則「自立」時，案曰：「前節言自立，謂儒者自學以立本，此節言自立，謂儒者處便以應時。」詳見胡楚生：《儒行研究》，頁85。

並且在其學行、信守至達道過程，皆一本「忠信」之德。

　　其次，再觀「特立」與「特立獨行」，兩者內容皆包括儒者遭遇不可控制之「時」、「變」因素，如利益誘惑、武力壓迫、上下弗知之「時」，與世道興衰、同僚意見、政策輿論之「變」皆在其中，儒者在此現實環境中，仍舊能夠鍛鍊心志、修養品德，此種言行與世俗小人迥異，故以儒之志節、操守為其特殊、獨立言行。由於儒者在多處凸顯儒者「不同乎流俗〔註43〕」之處，主要對象為應付外在考驗的情境反應，以及與人交往之道義原則。因此，馬晞孟曰：「自立者以對『人』言之也，特立者以對『眾』言之也。〔註44〕」

　　總括言之，儒者從「自立」到「特立」是一個理想與現實融合的發展，在「自立」的基礎上養成「特立」必須具備的價值判斷與道德勇氣，在「特立」的表現上彰顯儒家成就最終的精神表率與流芳風範，其過程不僅蘊藏己立而後立人的儒家基調，且藉由忠信、禮義之德貫徹其入世之理想，並在堅守的過程，培養具備處時應變的能力，逐漸走向異於世俗並出乎眾的獨行之路。因此，清人姜兆錫曾以「道之待用」、「品之有守」、「德之禦變」、「養之能充」，總結〈儒行〉「自立」→「特立」→「自立」→「特立獨行」的整體發展〔註45〕，而儒者此種自立自強的態度，也成為〈儒行〉最主要的精神特色。

二、〈儒行〉的研究成果

　　民國以來，前人研究〈儒行〉之成果，大體而言，見諸於期刊者多而專書寡，考證繁而闡義簡，論及現代應用及注疏整理的比例更低。以下分成考證、闡義、應用、整理注疏四部分內容論述之：

（一）考證類

　　考證類方面，針對〈儒行〉的作者與成篇時代之議題，學界對此持有兩種看法。一派是王鍔、陳來、宋立林等人皆贊同〈儒行〉應為孔子之言論，成篇時代當為春秋至戰國之際，足以代表早期儒家之思想。另一派是胡楚生、唐士毅等人認為〈儒行〉著成的時代，當在孟子以後，約略與荀卿之時代適

〔註43〕晏光：「一言特立者，其立能出乎眾也，又言特立獨行者，其立既能出乎眾，而所行又不同乎流俗也。」見於〔宋〕衛湜：《禮記集說》，頁18537。

〔註44〕馬晞孟之說，見於〔宋〕衛湜：《禮記集說》，頁18537。

〔註45〕姜兆錫認為該四立之言大同小異，並於該案語末尾加註：「深體味之可見」一句。詳見〔清〕姜兆錫：《禮記章義》，頁230。

相先後，作者或為漆雕子、孟子之流亞，篇中思想與孔孟有其異同之處。以下簡述兩派論點：

1. 主張〈儒行〉成篇於春秋戰國之際，並符合早期儒家思想：王鍔〈春秋末期儒者德行和《儒行》的成篇年代〉〔註46〕，認為〈儒行〉明確記載魯哀公與孔子問答之辭，後人雖有「假托」之說，並沒有直接證據，且問答在西元前484年，與孔子晚年的時代亦相符合，《論語》、《荀子》、《大戴禮記》、《孔子家語》等文獻亦多記載二人之問答，並非虛造。陳來〔註47〕認同〈儒行〉符合孔子思想，但其中「儒服」之說未必符實，可能是孔門七十子及其後學時代儒服論流行時所添加，但大致內容足以代表了早期儒家思想。宋立林、孫寶華〔註48〕認為〈儒行〉同見於《禮記》、《孔子家語》，應出於孔門弟子所記，並經整理而成，其成書年代當在春秋戰國之際。上述學者皆認為〈儒行〉對於理解孔子思想和原始儒學，有其系統而完整的論述，理應得到學者的重視。

2. 主張〈儒行〉成篇於戰國末年，混有戰國儒家思想：胡楚生〈儒行考證〉先列歷代質疑〈儒行〉之說，再將有與孔孟之言極相符合者，配以《論語》闡述之。而「特立」、「剛毅」、「寬裕」三節為意義涉於可疑者，經釐析疏解後，認為前述之言雖稍顯特殊，但其大義實不悖於孔孟之要旨，而尤近於孔門狂狷之一脈。最後自思想演進及名物文字上推測考察〈儒行〉著成的時代，得到上限當在孟子以後，下限當在秦始皇一統天下以前，而約略與荀卿之時代，適相先後也。唐士毅〈紀念孔子與倡導「儒行」〉〔註49〕先將〈儒行〉十六章做一闡述，再提出其認為該篇對於奇節偉行之提倡，觸處皆是，並提出所言者與漆雕子、孟子多相合，是知儒行篇作者為漆雕子、孟子之流亞。且深感於戰國世風污下，人心淫靡，故篇中除闡揚仁義之說外，還極力推許「任俠」與「高隱」二者之儒，其痛恨鄉愿，惡紫亂朱之苦心昭然若揭。詹雅能〈談儒者的典型塑造——禮記儒行篇的時代意義〉〔註50〕認為〈儒行〉

〔註46〕 王鍔：〈春秋末期儒者德行和《儒行》的成篇年代〉，《中國典籍與文化》2006年第4期。此篇論點同於氏著：《禮記成書考》，頁45～52。

〔註47〕 陳來：〈儒服‧儒行‧儒辯——先秦文獻中「儒」的刻畫與論說〉，《社會科學戰線》2008年第2期。

〔註48〕 宋立林、孫寶華：〈讀《儒行》札記〉，《管子學刊》2010年第3期。

〔註49〕 唐士毅：〈紀念孔子與倡導「儒行」〉，《中等教育》第11卷第6期，1960年9月。

〔註50〕 詹雅能：〈談儒者的典型塑造——禮記儒行篇的時代意義〉，《東南學報》第18

一篇大抵可以和《荀子》〈儒效篇〉互爲表裏，而提出〈儒行〉作者所處的時代，應是在人人自危、自高的戰國末世，故該篇行文口氣有一點「誇大勝人」，實也不爲過。**莊凱雯**〈從《禮記・儒行》談儒者「道與仕」觀念之發展〉〔註51〕認爲受儒家影響的知識階層者，嘗試從孔孟典範中瓦解與重建，並且對於君臣關係態度、想法上與孔孟已有不同，將〈儒行〉視爲戰國時期受儒家影響的知識階層，屬於「形象轉型期」典範塑造的紀錄。

（二）闡義類

闡義類方面，學者們有兩種論述方式。一是將〈儒行〉十六章逐條闡釋，以作者一仁、周何爲代表；一是將其按內容歸類說明，以盧瑩通、劉眞、馮超爲代表。除此之外，周室闕之文亦可備爲一說，故列爲其他。以下簡單分述之：

1. **逐條解說者**：一仁〈禮記「儒行」篇語釋〉〔註52〕將〈儒行〉之內容逐條解說，但內容簡短、篇幅較小。周何（1932～2003）〈《禮記・儒行》闡義〉〔註53〕則將〈儒行〉十六節之重點，運用準確深刻、簡潔有力的文字，依據文本之內容，進行精闢之訓詁，並認爲此篇文章講述儒者風骨品格最爲透徹，後代歷史人物多以這樣的儒者自許，勉勵現在的年輕人應常讀此文，自我砥礪，作爲儒者品格修養之典範文章。

2. **分類闡釋者**：盧瑩通合釋〈儒行〉中儒者風範縮爲十二點，據先儒以爲前十五條乃論賢人之儒，第十六條論聖人之儒，而以十七條爲孔子自謂者。〔註54〕劉眞（1913～2012）認爲孔子所列舉〈儒行〉項目雖然繁多，但細分起來不外對己、對人和對事三方面，經學研究者雖認爲可能並非完全出自孔子之口，但其內容足以代表儒家的基本思想是無庸置疑。〔註55〕馮超將〈儒行〉內容分成三種情形討論，一是儒者在未出仕前應具備的言行，包括自立、

期，1995 年 12 月。
〔註51〕莊凱雯：〈從《禮記・儒行》談儒者「道與仕」觀念之發展〉，《嘉大中文學報》第 2 期，2009 年 9 月。
〔註52〕一仁：〈禮記「儒行」篇語釋〉，《一銀月刊》第 21 卷第 12 期，1976 年 12 月。
〔註53〕周何：《禮記・儒行》闡義〉，《國文天地》第 15 卷第 2 期，1999 年 7 月。
〔註54〕盧瑩通：〈由禮記儒行篇試論儒者之風範與理想人格〉，《孔孟月刊》第 18 卷第 9 期，1980 年 5 月。
〔註55〕劉眞：〈弘揚「師道」與實踐「儒行」〉，《中國語文》第 51 卷第 5 期，1982 年 11 月。同篇見載於《中華文化復興月刊》第 16 卷第 3 期，1983 年 3 月。同論亦載於劉眞：〈談儒行〉，《孔孟月刊》第 35 卷 1 期，1996 年 9 月。

容貌、備豫等自身修養和待人處事方面；二是儒者在出仕中所具備的品行，從近人、特立、剛毅、憂思、寬裕和舉賢任能等方面加以闡釋。三是儒者在不仕狀態下所應具備的德行，以儒有「上不臣天子，下不事諸侯」之規爲代表。〔註56〕

3. **其他：周室閻**〈論禮記儒行本周官鄉三物之義〉〔註57〕之作，認爲儒者立名，有通有局，通名則賅眾術，局名則止一家，而〈儒行〉所舉，並非自限，並舉周官大宰之職，加以論說。彼沿此思路，提出〈儒行〉所次，即《周禮》「鄉三物」之義的主張，如〈儒行〉言仁義、忠信、學文章，與「鄉三物」之「六德」、「六藝」相應；〈儒行〉言備豫、憂思任舉、舉賢援能，與「鄉三物」之「六行」當中的孝友、睦姻、任恤相應。周氏之論，奠基於孔子述而不作之文化傳承，將〈儒行〉推舉至周代理想之禮制內涵，至今雖未見有其他學者提及或延續其說，然或可備參有此一說。

今審前人闡述〈儒行〉意義之文章，多論及「儒」之人格乃由君子以至於仁者之境界，甚至還可及於聖人。然而，他們對於文本中所舉儒者品行所涵蓋之德目並非單一，往往一條包含幾種德行，各條之間又有重合的現象，未能進一步分析，而僅止於做大致分類或逐一解說的工作，終究有憾，故本研究會再深究〈儒行〉的思想架構。

（三）應用類

現代應用類方面，論述文章不多，重點包含師道、政道與儒學發展。

1. **師道：劉眞**〈師道與儒行〉〔註58〕在中國時報的教師節特刊上，藉弘揚「師道」與實踐「儒行」爲題闡釋今日教師在「爲人師表」時，應具有的修養和態度。**叢瑞華**〈《禮記‧儒行》對教師發展的借鑒作用〉一文強調師德建設已經迫在眉睫，規範教師的品行、行爲刻不容緩。《儒行》從各個方面講述了儒者的品行、行爲，教師須學習其主要內容有六：一是大公無私，愛國愛民；二是堅持正義，至死不悔；三是勤奮學習，自強不息；四是言行謹愼，

〔註56〕馮超：〈儒行——儒者完美形象的高度概括——淺析《禮記‧儒行》〉，《遼寧行政學院學報》2010 年第 3 期。

〔註57〕周室閻：〈論禮記儒行本周官鄉三物之義〉，《斯文半月刊》第 3 卷第 4 期，1943 年 2 月，頁 6〜9。此篇收入耿素麗、胡月平選編：《三禮研究》第二輯，頁 1490〜1493。

〔註58〕劉眞：〈師道與儒行〉，《臺灣教育輔導月刊》第 26 卷第 3 期，1976 年 3 月。

自律自控；五是謙遜禮讓，維護團結；六是意志堅韌，努力實踐。〔註59〕

2. **政道**：張春香〈章太炎「儒行」救國論評析〉〔註60〕提到「儒行」是一種「依自不依他」的力行哲學，具體來說有三層意蘊：一是剛性的、依自的儒家道德；二是爲伸張正義而蹈立敢死的遊俠風範；三是成就「儒行」的一種本源性力量，通過人生親證以實現主體絕對的道德自由，而產生一種道德意志力量。張春香此評文客觀獨立，再次彰顯章太炎對〈儒行〉的觀點，始終帶著尙氣節、重自立的俠氣意味。

3. **儒學發展**：季蒙、程漢〈從〈儒行〉看儒學的現代生命力〉〔註61〕，先論「儒」之基本意義，再舉〈儒行〉說明孔子強調儒者有剛的一面，認爲當代的儒基本上很少有如孔子所說的那樣。作者除了區分「儒」與「儒家」與不同、儒家於歷史經過的三次大轉型之外，更指陳現代新儒家的讀書來源與學術出身，或爲西學、佛學，僅由文化上的感情而出入儒學，即便有用力於儒學者，也局限於宋明一塊。文末，以孔子時代「儒」的處境，以及歷代儒者的慘澹經營，勉勵現代人面對困境更須經營。

（四）整理注疏類

1. **集結注疏者**：民國早期，**陳柱**（1890～1944）〈儒行集解〉〔註62〕之作，起因於聽聞章太炎及其業師唐文治講論，以謂〈儒行〉提倡氣節，於當時爲尤要，故援爲集解，以便講授。文中集結漢代鄭康成、唐代孔穎達、宋代呂大臨、明代黃道周、清代唐文治、章太炎之說，自總論以至每一分段羅列諸家之說，再加註案語。關於諸家對〈儒行〉之不同意見，陳氏將其集中於總論，相互對照、比較及論辯，足以窺見〈儒行〉文句之爭議。陳氏之後，未見學者進行類似工作，直至**胡楚生**在《儒行研究》〈卷二・儒行集釋〉當中，始彙集歷代有關《禮記》之重要注解，以疏釋〈儒行〉篇中之文字章句，義理大要。每一節末，再加案語以作結。胡氏所採擇書籍包括漢鄭玄注、唐孔

〔註59〕　叢瑞華：〈透射教師人生準則的一面鏡子——《禮記・儒行》對教師發展的借鑒作用〉，《現代教育科學（中學校長）》2007 年 4 月。

〔註60〕　張春香〈章太炎「儒行」救國論評析〉，《湖北大學學報（哲學社會科學版）》第 33 卷第 3 期，2006 年 5 月。

〔註61〕　季蒙、程漢：〈從〈儒行〉看儒學的現代生命力〉，《紀念孔子誕辰 2560 周年國際學術研討會論文集》第二冊，2009 年，頁 434～439。

〔註62〕　陳柱：〈儒行集解〉，《學術世界》第 2 卷第 4 期，1937 年 4 月，頁 9～23。此篇收入耿素麗、胡月平選編：《三禮研究》第二輯，頁 1403～1417。

達疏《禮記正義》，宋衛湜《禮記集說》，元吳澄《禮記纂言》，元陳澔《禮記纂言》，明胡廣《禮記大全》，明黃道周《禮記大全》，清王夫之《禮記章句》，清康熙年間敕編《日講禮記解義》，清乾隆年間敕撰《欽定禮記義疏》，清李光坡《禮記述注》，清納蘭性德《陳氏禮記集說補正》，清方苞《禮記析疑》，清杭世駿《續禮記集說》，清莊有可《禮記集說》，清朱彬《禮記訓纂》，清孫希旦《禮記集解》，清焦循《禮記補疏》，清趙良霄《讀禮記》，清王引之《經義述聞》，清梁玉繩《瞥記》，清臧琳《經義雜記》，清俞樾《羣經平議》、《禮記異文箋》，民國熊十力《讀經示要》。該書除了鄭注孔疏的內容，多採宋元以後的學者文章，恰好這些學者多主張〈儒行〉並非孔子本旨。因而，本研究可藉此研究反對者之觀點理由，並從中釐清前人對於〈儒行〉詮釋的益處或盲點。

2. 論注疏者之觀點意義者：林慶彰（1948～）〈黃道周《儒行集傳》及其時代意義〉〔註63〕一文，包含四大重點：第一，論〈儒行〉的形成及其在歷代的流傳，先論該篇作成於儒者受到激烈批評的時代，進入漢代之後沒有特別受到重視，直至宋代，皇帝有五次將該篇頒賜給近臣和新科進士，砥礪士人之志節。第二，論黃道周《儒行集傳》的詮釋方式，以大量的歷史人物事迹附於各章之後，並非合乎漢代注經傳統中的「訓詁傳」的體例，卻反映了明代晚年喜臚列材料、矜炫博學的學風。第三，點出黃道周該傳論君臣之道，乃以「人臣以事其君……」、「人君以是取臣……」之形式，區分人臣事君、人君取臣之兩大類重點。第四，論黃道周編纂該傳的目的，寓有批評崇禎皇帝不能知人善任的用意，也為自己剛毅不屈的精神找到原始根據。**胡楚生**〈熊十力表彰〈儒行〉之時代意義〉〔註64〕，主述熊氏表彰〈儒行〉，乃處在學術界盛行貶儒議論、社會上瀰漫反孔氣氛、抗戰進入艱苦階段之社會背景，並且闡釋該篇足以宏揚儒學剛健精神、批評理學柔弱特質、指陳社會風氣萎靡、激勵國人承擔氣概之重點內容。由此可知，熊氏雖處抗日戰爭之晚期，仍欲藉由表彰〈儒行〉振興民族、激勵人心。**孫致文**〈熊十力疏釋《禮記・儒行》意義探析〉〔註65〕，透過比對熊氏疏

〔註63〕林慶彰：〈黃道周的儒行集傳及其時代意義〉，收於林慶彰、蔣秋華編：《明代經學國際研討會論文集》，臺北：中央研究院中國文哲研究所籌備處，1996年，頁411～430。

〔註64〕胡楚生：〈熊十力表彰〈儒行〉之時代意義〉，收於氏著：《中國學術史研究》，臺北：臺灣學生書局，2009年，頁531～554。

〔註65〕孫致文：〈熊十力疏釋《禮記・儒行》意義探析〉，《中央大學人文學報》第53

釋與前人舊注，檢討熊氏詮解經典的得失，發現熊氏疏釋〈儒行〉的學術史意義，包括：第一，重新釐定該篇的學術史地位，全文不從考察〈儒行〉與孔子的關係著手，直接認可該篇所述儒者的性格、舉止，重新肯定、恢復該篇「經典」的地位。第二，廓清「儒者」的基本性格，說明儒者非柔弱之徒、能知進退、治世不必任官。第三，指陳漢宋學術偏失，體現讀經、解經之正途。孫氏認為熊十力不僅只是對學術問題的探究，更是對現世知識分子之形象、性格進行導正。

三、前人研究成果綜評

　　綜合評析前人研究，有探索該篇之作者與時代定位者，有對〈儒行〉篇章內容闡述義理者，更有應用於借鑑時事、勉勵今人效法該篇精神者，可知〈儒行〉一篇之重要性，已受前人所重視。以下綜評前人研究之優、缺點及尚待增益部分：

類　別	研究學者及其觀點	綜　合　評　論
考證類	1. 〈儒行〉成篇於春秋戰國之際，並符合早期儒家思想 　王　鍔〈春秋末期儒者德行和《儒行》的成篇年代〉 　陳　來〈儒服‧儒行‧儒辯——先秦文獻中「儒」的刻畫與論說〉 　宋立林、孫寶華〈讀《儒行》札記〉 2. 〈儒行〉成篇於戰國末年，混有戰國儒家思想 　唐士毅〈紀念孔子與倡導「儒行」〉 　胡楚生〈儒行考證〉 　詹雅能〈談儒者的典型塑造——禮記儒行篇的時代意義〉 　莊凱雯〈從《禮記‧儒行》談儒者「道與仕」觀念之發展〉	1. 前人皆從〈儒行〉之義理內容或名物制度來判斷其時代與作者問題，但各自得出的結論竟不相同，可見當中必有難以避免的主觀評判。 2. 前人提到〈儒行〉的思想與孔子有關，或可能與哪一個儒家分派有關，但對於〈儒行〉與其相關的細節論證仍為粗略，有失〈儒行〉該篇強調的具體實踐意義。 3. 〈儒行〉的研究重點必須放在增加「儒」之意義轉變及君子內涵討論，如此方能解決〈儒行〉爭議的部分，例如：「其過失可微辨而不可面數」、「毀方而瓦合」等句。我們必須增益史學、禮制的研究角度，來跳脫既有的研究模式。

期，2013 年 1 月，頁 41～70。

闡義類	1. 逐條解說 　　一仁〈禮記「儒行」篇語釋〉 　　周何《禮記‧儒行》闡義〉 2. 分類闡釋 　　盧瑩通〈由禮記儒行篇試論儒者之風範與理想人格〉 　　劉　眞〈弘揚「師道」與實踐「儒行」〉 　　馮　超〈儒行──儒者完美形象的高度概括──淺析《禮記‧儒行》〉 3. 其他 　　周室閣〈論禮記儒行本周官鄉三物之義〉	前人有逐條說明〈儒行〉者，有以出仕與否、人我關係為分類標準闡釋者，但不管是何種方式，皆是以儒所處之「狀態」來認識儒者。這樣的表達優點是我們可以立即認識儒面臨不同情境的應變方式，但缺點是我們因此過度注意儒應變之「態度」，而忽略了儒背後所持奉之「德目」。在不了解儒之志向，就擅自判斷儒之態度，是有失偏頗的作法。況且，即便儒遇到相同的情境，也會因其所傾向之「德目」不同，而有差異的決定，這是很自然的事情，因此我們更不必將儒應變之「態度」過度放大。
應用類	1. 師道 　　劉　眞〈師道與儒行〉 　　叢瑞華《禮記‧儒行》對教師發展的借鑒作用〉 2. 政道 　　張春香〈章太炎「儒行」救國論評析〉 3. 儒家發展 　　季蒙、程漢〈從〈儒行〉看儒學的現代生命力〉	1. 學者將〈儒行〉用來討論師道與政道，說明古代儒者曾經擔負那些責任，並且扮演重要的角色。 2. 師道與政道的應用思維，提醒我們應多注意儒之「身分」，身分意味著權利和義務，先認識儒之「身分」，才能得知〈儒行〉中儒之所以如此言行表現的原因。 3. 運用〈儒行〉作為儒家思想的細部區別，是一值得思索的研究角度，由此拓展從歷代注疏的觀點，或能找出各時代儒學發展的特色及其重視的部分。
整理注疏類	1. 集結注疏 　　陳柱〈儒行集解〉 　　胡楚生《儒行研究》〈卷二‧儒行集釋〉 2. 論注疏者之觀點意義 　　林慶彰〈黃道周《儒行集傳》及其時代意義〉 　　胡楚生〈熊十力表彰〈儒行〉之時代意義〉 　　孫致文〈熊十力疏釋《禮記‧儒行》意義探析〉	1. 〈儒行〉集解的工作，有助於方便瀏覽前人之注疏觀點，從古人注疏〈儒行〉的內容，是觀察歷代儒學思想及儒者形象最好的切入點。若能從歷代學者對〈儒行〉的觀點差異，分析歷代儒學的思想，進而探討「儒」之觀念在中國各朝代其中的演變，便能透過〈儒行〉來研究中國儒學史的問題。 2. 單篇論述注疏者之觀點，為〈儒行〉注疏之橫切面研究，若能將歷代注疏之觀點，連成一氣作縱向面的討論，便能拓寬該篇研究之格局。

　　綜上所述，前人研究〈儒行〉的貢獻在於不受限宋儒之批評，能獨立審視該篇的義理內容，釐清其作者與時代問題，將內容重新分類，採一宏觀的角度，融入現代時事加以應用，引人深思，而集結的前人注疏作品，則是提

高該篇的研究價值。然得失往往一體兩面，前人研究也有部分不足之處。例如前人從〈儒行〉之義理來判斷其時代與作者問題，難以避免主觀評判，且未提論儒者行誼，有失該篇強調的實踐意義。〈儒行〉中有所爭議的文句，乃前人過度注意各類型儒者之「態度」，而忽略其背後所持奉之「德目」，因而我們應從史學的研究角度，來跳脫既有的研究模式，先把握儒之「身分」，才能客觀認識儒者如此表現的原因。

　　〈儒行〉仍有許多等待研究之處，例如胡楚生安置〈儒行〉中意義可疑者於孔門狂狷一脈，其判斷來源多採《論》、《孟》，但儒家分化的狀況十分複雜，僅以此推論易產生疏漏，應增益材料加以參究。而王鍔論證〈儒行〉爲孔子之言，已提及孔子與魯哀公的關係乃重要研究線索，但〈儒行〉除了「仁」以外，尚有其他德目內涵，這些都是今人可再進行探討的地方。因此本研究希望將重點放在從「儒」之意義與發展作爲討論起點，將〈儒行〉當中呈現的核心精神與主旨綱領，與孔子思想作一比對、討論，試圖對於前人粗略帶過之文句義理，與個人主觀之論斷意見，作一詳實、確切的回應，同時開拓未來〈儒行〉研究的視野與面向。

第四節　研究方法與步驟

一、研究方法

　　本研究以「《禮記・儒行》研究」爲題，研究方法之運用，包括整理、解讀材料，比較、詮釋義理，重建文本結構，擬構思想體系等過程，以下論述之：

（一）整理、解讀材料

　　徐復觀〈治古代思想史方法〉曾論：「推翻傳統的說法是考據，重新肯定傳統的說法，同樣是考據。」本研究面對前人對於〈儒行〉與孔子思想關聯性之諸多爭議，首先必須先從此題之相關材料下手，加以考據與選擇，求取前人尚所未發、後人亦待研究之基礎。關於考據的步驟，徐氏接著云：

> 考據的第一步，是認清什麼是某一問題的基本材料，直接從基本材料下手。基本材料把握到了，再看他人有關的正面反面的說法，精密地與基本材料相對照，這樣才不至於受欺騙，並可養成批判的能力。在作對照時，一是他人的解釋，是否與原意相符？二是他人對

材料的把握，是片段的，還是全面的？三是順著他人的論點去追查
他所援引的根據，是否確實？四是細心而客觀地衡量正反兩面材料
的輕重，再順著基本材料去追求約略同時的有關材料，再由基本材
料追求在這以前的線索，也追求在這以後的足印。在辭典、彙書上
找有關材料的引子，更憑聯想之力，在各方面動腦筋。〔註66〕

按照徐氏考據工作之四步驟，筆者先將〈儒行〉文本之字、句、段落逐一反
復咀嚼閱讀，自身嘗試分類、歸納其義理思想，過程中不斷與《論語》、《孟
子》、二戴《禮記》的內容加以比對。當遇到隱晦難懂、前後不接之處，再翻
閱古代字書、漢唐訓詁、宋明義理、清代考據等前人注疏，將前述諸者加以
理解、融會，再核對、挑選出與文本主旨精神最爲相應者，作爲下一步義理
比較與詮釋所依據的材料。

（二）比較、詮釋義理

材料之處理、篩選過後，接著要安排義理之詮釋方式、次序，此處主要
以「比較法」爲主要方法。杜松柏《國學治學方法》一書中，曾指出比較法
的使用目的在：1. 得出共同之處；2. 決定個別事物；3. 知相同相異之處何在；
4. 知同中之異，異中之同；5. 知優劣是非之所在。而其著手之道，在於比較
其起源、人物、事實、理論、方法、優劣、影響與資料等八項，則能盡比較
法之功用，而有所創獲〔註67〕。

前輩學者對於〈儒行〉之文句義理，已經多有注疏內容，故筆者的工作
乃在他們的成果基礎上，進行客觀地細部解讀，與整體性的綜合比較，最後
演繹出文本的義理思想。例如本文將文本重複強調的學習態度如「博學」、「廣
學」、「多文」加以分類，取前人發揮儒家論教、學的內容進行整合，最後得
出儒者對於學習的共同態度與內容。又如論儒者考量他人的調整原則之一爲
「以和爲貴」，對於「和」的意義，西方學者郝大維、安樂哲以「互相依存」
的概念加以詮釋，中國學者張岱年則以「解決矛盾而達到更高的統一」的角
度切入說明，而筆者則取二者之見解，認爲儒家是透過「和」逐漸協調、統
一的過程，最後臻至「同」的境界，且說明儒者便是依此脈絡，由個人以至

〔註66〕 徐復觀：〈治古代思想史方法〉，收入韋政通編：《中國思想史方法論文選集》，
臺北：大林出版社，1981年，頁172～173。

〔註67〕 杜松柏：《國學治學方法》，北京：中國人民大學出版社，2006年2月，頁238
～239。

於群體合作的力量，完成君子儒的使命與任務。

　　本文使用比較法的目的，在於兼顧前人異、同之觀點，希望能進一步找出統合的說法。至於歷代注疏〈儒行〉的意見，當中有特別標新之看法、特殊奇異之言論者，筆者亦放入論文當中進行比較，以反顯正、以正論反，以求〈儒行〉文本詮釋之深刻，又不致流於全憑某一家之言。總言之，全篇的義理比較與詮釋，皆以儒家典籍之內容及思想為依據，一方面維護「經學」訓詁傳統之內容，一方面兼顧「哲學」義理價值之發揚，以求達到姜廣輝（1948～）所言之「經學思想──關於經學價值和意義的思想〔註68〕」的研究目標。

（三）重建文本結構

　　〈儒行〉文本原有「其……有如此者」之表述結構，使得學者研究該篇時，多依循此結構的脈絡加以闡述其內涵。然而，此法並非唯一解讀文本的方式，原因在於當中有時論儒之容貌、備豫與仕等生活，有時論儒之剛毅、寬裕、尊讓等態度，難以辨識、歸類其集中訴求之主題，內容細部亦多有分散、重複之處。徐復觀曾言：

> 中國的思想家，很少是意識的以有組織的文章結構來表達他們思想
> 的結構，而常是把他們的中心論點，分散在許多文字單元中去；同
> 時，在同一篇文字中，又常關涉到許多觀念，許多問題，即使在一
> 篇文章或一段語錄中，是專談某一問題；但也常只談到某一觀念、
> 某一問題對某一特定的人或事所須要說明的某一側面，而很少下一
> 種抽象的可以概括全般的定義或界說。〔註69〕

徐氏所言甚是，例如在〈儒行〉當中論及生死的觀念，就有「愛其死以有待也」、「見死不更其守」、「可殺而不可辱也」、「患難相死也」不同的情況與決

〔註68〕 姜廣輝：「經之所以為經，就在於它所倡導的價值觀。所以『經學思想』即是關於經學的『價值』和『意義』的思想。」此乃姜廣輝根據徐復觀所提倡經學史研究須以「經學思想」為努力的大方向之觀點的進一步闡發，目的在整合經學和子學。姜氏認為以往的中國思想史（或哲學史）缺少「根」，即經學，而以往的中國經學史又缺少「魂」，即價值和意義。本研究期盼能真正把握姜氏所言經學思想之價值和意義。詳見姜廣輝：《義理與考據：思想史研究中的價值關懷與實證方法》，北京：中華書局，2010年，頁299～300。

〔註69〕 徐復觀：〈研究中國思想史的方法與態度問題〉，收入氏著：《中國思想史論集》，臺北：臺灣學生書局，1988年，頁2。

定；若針對臣子事君的態度，亦有「君得其志，苟利國家，不求富貴」與「上不臣天子，下不事諸侯」之差別。因此，若僅在文本既有之表述結構「其……有如此者」中，依序說明或調換子題「容貌」、「備豫」、「仕」、「剛毅」、「寬裕」、「尊讓」等內容順序，對於全篇整體結構的建立，仍有困難。

因此，在處理材料，進行局部義理詮釋之後，本研究須進一步做分類、歸納，以重建文本的結構，包含將儒者具體之生活經驗，轉換為抽象之生命態度，或者將儒者標示的道德項目，推展出彼落實的處事方法，以求提煉文本當中「事實真理」與「理論真理」的一致點、接合點〔註70〕。換句話說，前述儒者對於生死的四種表述，可以用「義」之取決加以統整；對於臣子事君的不同態度，可以再細分出君德之有無、君臣之主張是否相合、臣子的身分是否確立等諸多情形。如此一來，〈儒行〉文本的分散與重複，不應再受到一味地批評，若能重新建立全篇的結構，便能對於文章進行客觀之理解，而各個結構之間的意義關聯，便有助於擬構文本之思想體系。

（四）擬構思想體系

所謂思想體系，是指一個人或一篇文章整體的核心概念，此概念存有多樣性之議題，其中或有統一、或有矛盾之言論，但最終皆指向同一價值，且此價值須依附於此人、此文本之生命情境與意義脈絡當中，方能呈現。劉笑敢（1947～）曾經對於思想之哲學體系的意義，作一闡述：

> 一個人的思想稱得上哲學體系，不能少於下列五個條件：一是他的思想必須以討論哲學問題為主，這一點應該是不言而喻的。二是有豐富的多側面的思想內容。思想單一只講一個問題當然稱不上體系。三是多側面的思想之間有內在的統一性、連貫性，雖可能有內在矛盾和緊張，但必須大體圓通，不能支離破碎。四是這些不同思想側面之間有一種理論結構上的關係，或曰邏輯上的相互關係。最後，這些討論應該是有相當的獨特性、創造性的，完

〔註70〕 中國的思想家，係出自內外生活的體驗，因而具體性多於抽象性。但生活體驗經過了反省與提煉而將其說出時，也常會澄汰其衝突矛盾的成分，而顯出一種合於邏輯的結構。這也可以說是「事實真理」與「理論真理」的一致點、接合點。但這種結構，在中國的思想家中都是以潛伏的狀態而存在。因此，把中國思想家這種潛伏著的結構，如實的顯現出來，這便是今日研究思想史者的任務。徐復觀：〈研究中國思想史的方法與態度問題〉，頁2。

　　全綜合別人已有的思想就很難稱作思想體系，至少不能稱爲新的

　　思想體系。〔註71〕

劉氏之語，在本文對於〈儒行〉進行思想體系之研究時，多有啓發。筆者在
重建文本結構的同時，連接結構與結構之間的關聯性、意義性、互證性，更
是思想體系組成的重要關鍵，亦是擬構思想體系的各種成分。所謂「擬構」，
是指以模擬文本中所體現的「可能的」思想體系爲目的，爲劉氏提出之哲學
研究方法〔註72〕。

　　本研究擬構〈儒行〉的思想體系，乃屬於一種「哲學性的詮釋〔註73〕」，
此種詮釋是建立在「注釋〔註74〕」基礎工作之扎實，與「詮釋〔註75〕」原則
之把握，方能完成。因此，當文本之潛伏結構被尋出以後，必有些獨立之義
理概念群組逐漸形成，而將這些群組概念加以整理，最終會得出一完整的思
想體系，此便是我們的終極目標。

　　綜上所述，本研究方法之運用，乃先經過整理、解讀材料，再進行比較、
詮釋義理，從文本能見、不能見之處，重建其文本結構，將各個結構所存有
的概念群組，加以連接、整合與綜述，最終期盼能擬構出〈儒行〉的思想體

〔註71〕 劉笑敢：《詮釋與定向：中國哲學研究方法之探究》，北京：商務印書館，2009
　　　　年，頁41。
〔註72〕 劉笑敢提出所謂「建構」特指哲學體系的建構，而所謂「建構」又可以有「擬
　　　　構」和「創構」的不同。「擬構」指以模擬文本中所體現的「可能的」思想體
　　　　系爲目的，而「創構」則指以「創建」自己的思想體系爲依歸的建構活動。
　　　　詳見劉笑敢：《詮釋與定向：中國哲學研究方法之探究》，頁34。
〔註73〕 研究中國古代哲學的詮釋傳統，我們需要區別三個概念，即「非哲學性的注
　　　　釋」、「哲學性的詮釋」以及「詮釋性的哲學著作」。非哲學性的詮釋，即文獻
　　　　學詮釋、歷史學詮釋、文學詮釋等。哲學性的詮釋，在中國哲學史論著中涉
　　　　及到的注釋性著作都可以看作是。詮釋性的哲學著作，即那些有完整體系、
　　　　有重要地位的思想家的詮釋性作品。其中「哲學性的詮釋」以經典詮釋爲主，
　　　　「詮釋性的哲學」以建立新的哲學體系爲主。劉笑敢：《詮釋與定向：中國哲
　　　　學研究方法之探究》，頁32～33。
〔註74〕 「注釋」是中國自古有之的傳統，特點是逐字、逐句、逐章地對文本進行疏
　　　　解，重點在語言文字層面對文本進行解說，涉及音韻學、訓詁學、考據學、
　　　　文獻學以及史學、文學、地理、天文、曆算等方面的基本事實的說明。劉笑
　　　　敢：《詮釋與定向：中國哲學研究方法之探究》，頁33。
〔註75〕 「詮釋」，也是中國自古有之，但是這裡用來特指西方詮釋學所說的詮釋或解
　　　　釋（interpretation），是對一些晦澀難解的文本之意思，意涵以及意義（meaning,
　　　　significance）所進行的嚴肅的詮釋學探索，而不是一般的解釋活動或任何一種
　　　　隨意的解釋或解說。劉笑敢：《詮釋與定向：中國哲學研究方法之探究》，頁34。

系。

二、研究步驟

本論文的研究步驟，依照研究順序開展有以下之進路：

第一，考察殷商、西周、先秦「儒」之身分與意義演變。

第二，綜覽、分析前人研究〈儒行〉之相關成果與各方論點。

第三，熟讀〈儒行〉文本，將之與其他儒家傳世、出土文獻的重點加以
比對。

第四，提挈〈儒行〉之主旨綱領，逐一安排章節與論述內容之分配如下：

第一章　緒論：研究動機、目的、範圍、材料、文獻探討與方法
等。

第二章　儒的意義與發展：從殷商、西周到先秦時期，「儒」之職
責與轉變。

第三章　學與履：儒者學之態度與教之方法及其人倫日用的處世
原則。

第四章　忠與信：忠信分論與合述的意義及其具體做法，並論忠
信與禮義的關係。

第五章　仁與義：仁之建立、形成與地位及義之實踐與省思。

第六章　結論：本研究成果回顧、研究之所限與未來之展望。

第五，摘要歷代學者注疏〈儒行〉之文句，並取意見特殊或分歧處加以
論述。

第六，廣納國、內外學者研究儒家與孔子學說的成果，輔助解說文本之
觀點。

第七，擬構〈儒行〉全篇思想體系，判斷其與孔子學說的關係，做出結
論。

第八，檢討上述之研究成果、未竟之處與限制，訂定未來展望之工作內
涵。

第二章　儒的意義與發展

　　〈儒行〉爲《小戴禮記》第四十一篇，其義理內涵，上可溯源春秋末年孔子之言論，下可討論戰國儒者之思想變化，可謂論「儒」之重要篇章。研究〈儒行〉之前，我們必須先對儒的「意義」與「發展」作一探源，方能使儒之精神內涵有更準確的歷史理解。本文所探討儒的「意義」，是指儒分別在殷商、西周與先秦等時期的職務內容與角色地位；儒的「發展」，是指儒在商、周的政治功能與貢獻，對先秦儒產生的傳承、啓發與影響。以下分成「原始之儒」、「師儒之儒」與「儒家之儒」三部分，分別論述之。

第一節　原始之儒

　　本節論述原始之儒，從儒具備服事天道的技能談起，參考甲骨卜辭中出現「需人」、「子需」、「丘需」的名詞，探討原始之儒在殷商時期的政治身分與職務內涵，並說明儒之源流可溯至殷商「需」，又可稱作「術士之儒〔註1〕」。

〔註1〕　清代章太炎〈原儒〉提出「儒」有達、類、私之三名。達名爲儒，指術士也；
　　　　類名爲儒，指知禮、樂、射、御、書、數者；私名爲儒，即〈論六家要旨〉
　　　　當中的儒家學派。周予同直稱章氏所言三名爲「術士之儒」、「師儒之儒」與
　　　　「儒家之儒」。民國以來研究儒之起源者，皆不出此三類發展範疇的討論，本
　　　　章循此種分類進行闡述之。詳見章太炎：《國故論衡・下卷・原儒》，北京：
　　　　商務印書館，2010 年，頁 149～152。周予同：〈儒、儒家和儒教〉《青年界》
　　　　總十八號，收入初小榮選編：《儒家、儒學和儒教》（民國期刊資料分類彙編），
　　　　北京：國家圖書館出版社，2011 年，頁 1。

一、術士之儒服事天道

所謂「術」，與「道」相對應。「道」為形上的原理原則，「術」則是形下的具體落實，可釋作「方法」或「技能」，如《孟子‧盡心上》：「觀水有『術』，必觀其瀾。〔註2〕」、《荀子‧榮辱》：「仁義德行，常安之『術』也。〔註3〕」，皆有技術與方法之意，有時也能將「術」視為「道」，使二字相通，故研究治馬的方法稱為「馬術〔註4〕」、探討心性與心志的內涵稱作「心術〔註5〕」、體析大道者有「道術〔註6〕」。至於「儒術〔註7〕」一詞，則多在孔子之後專指儒家學問所用，與此處所論原始「術士之儒」所持技能的內涵並不相同。

東漢許慎《說文》：「儒：柔也。術士之偁。从人需聲〔註8〕」，指出儒有「術士」之身分。清代章太炎說「儒」有達、類、私之三名，達名為儒，指術士也。許地山（1894～1941）說「術士」是指「辦事有方法底人〔註9〕」。在此，「術士之儒」服事天道的意義，是指儒起源於殷商時期，在國家有重要大事如祭祀與征伐時〔註10〕，透過操作彼專門之技能（術），探求、順從上帝、

〔註2〕 〔漢〕趙岐注，〔宋〕孫奭疏：《孟子注疏》，《十三經注疏（附清阮元校勘記）》，臺北：藝文印書館，2001 年，頁 238。

〔註3〕 〔清〕王先謙：《荀子集解》，頁 39。

〔註4〕 《列子‧湯問》記載造父之師泰豆氏，論御馬之術云：「內得於中心，而外合於馬志，是故能進退履繩，而旋曲中規矩，取道致遠，而氣力有餘，誠得其『術』也」。造父言「術」，意如得馬「道」也。詳見〔晉〕張湛：《列子注》，收入《諸子集成》第 4 冊，長沙：岳麓書社，1996 年，頁 55～56。

〔註5〕 《禮記‧樂記》：「夫民有血氣心知之性，而無哀樂喜怒之常，應感起物而動，然後『心術』形焉。」詳見〔漢〕鄭玄注，〔唐〕孔穎達疏：《禮記正義》，頁 679。

〔註6〕 《莊子‧天下》全篇論道術，有：「後世之學者，不幸不見天地之純，古人之大體，道術將為天下裂」之感嘆。詳見〔清〕郭慶藩編，王孝魚整理，《莊子集釋》，頁 1069。

〔註7〕 《荀子‧富國》：「『儒術』誠行，則天下大而富，使而功，撞鐘擊鼓而和」，詳見〔清〕王先謙：《荀子集解》，頁 121。《公孫龍子‧跡府》：「先生修『儒術』而非仲尼之所取，欲學而使龍去所教，則雖百龍，固不能當前矣。」孔穿無以應焉。詳見〔清〕陳澧：《公孫龍子注》，收入廣東省立中山圖書館、中山大學圖書館編：《三編清代稿鈔本》第一○八冊，廣東：廣東人民出版社，2007 年，頁 290。《史記‧孝武本紀》：「竇太后治黃老言，不好『儒術』」。日‧瀧川龜太郎：《史記會注考證》，頁 204。

〔註8〕 〔漢〕許慎撰，〔清〕段玉裁注：《說文解字注》，頁 366。

〔註9〕 許地山：〈原始的儒，儒家與儒教〉收入初小榮選編：《儒家、儒學和儒教》，頁 33。

〔註10〕 《左傳‧成公十三年》：「國之大事，在祀與戎」，詳見〔晉〕杜預注，〔唐〕

祖先之心意（道），並提供君王天意訊息的禮儀執行者。

「術」既然是專業的方法、技能，從培養到成熟仍必須經過一段訓練的歷程，並非一朝一夕的短時間努力就能促成。有時除了人事方面的盡力，還須仰賴天時、地利的配合，方能為之。以《周禮・冬官・考工記》記載的製造工業為例，所謂：「天有時，地有氣，材有美，工有巧。合此四者，然後可以為良」，每一種工業都有其時間、地域、材料及人為的成功因素，當中細部製作又各有職任，如「凡攻木之工七，攻金之工六，攻皮之工五，設色之工五，刮摩之工五，摶埴之工二」，單單「攻木之工」就有輪、輿、弓、廬、匠、車、梓七種分職，這就是「一器而工聚焉者」〔註11〕。〈考工記〉所載內容，重點在成「物」，說明一個器物是由許多零件組合而成，則還需透過人的工巧，合力成型，方能便人使用。

至於原始「術士之儒」的技術，其重點在契合於天「道」的人事作為，越能準確探求、判斷天意者，技術越高明，舉凡祭祀的安排、戰爭的動向、農事的時機等皆在術士之儒的職責範圍。這種與天道契合的準確度，仰賴他們在執行的過程中是否誠敬、謹慎與細心。以殷商大事之「祭祀」為例，祭祀天帝或祖先，其過程必須經過占卜吉日、獵取或豢養犧牲、鑄作禮器等繁複的準備工作，術士之儒操執禮節，必須展現其如何探求「天」意，運用「地」之利，陳列祭「物」，配合「人」事之備以完成祭祀，然後服事天道的職務方算完成。又因為殷商的祭祀次數極為頻繁，說明「術士之儒」的技術必須不斷磨練，且非一人所能擔負此職。

「道」的意義，在殷商時期乃是以上帝、祖先之意志為最高原則，術士之儒服事天道，即圍繞此神權主宰為核心，透過溝通天意來決定人的行為。從上舉「術士之儒」的祭祀工作為例，「術」的範圍已包括「天」、「地」、「人」與「群物」，但在人文未開的殷商時期，但仍是以天意為依歸。直至近年出土之郭店楚簡〈性自命出〉方見「道四術〔註12〕」的名詞：「凡衍（道），心述

　　孔穎達疏：《春秋左傳正義》，《十三經注疏（附清阮元校勘記）》，臺北：藝文印書館，2001 年，頁 460。

〔註11〕〔漢〕鄭玄注，〔唐〕賈公彥疏：《周禮注疏》，頁 596～597。

〔註12〕學者對於「道」之「四術」或「三術」各有解讀。如趙建偉：天、地、人、鬼神四道；陳來：民（即人）、水、馬、地四道；劉信芳：詩、書、禮、樂分則為四術，合則為人道；陳偉：天、地、人、群物四道。詳見陳來：〈郭店竹簡儒家記說續探〉，《中國哲學》第 21 輯，遼寧教育出版社 2000 年 1 月。劉信芳：〈關於上博藏楚簡的幾點討論意見〉，《新出楚簡與儒學思想國際學

（術）爲宔（主）。道四述（術），唯人衍（道）爲可衍（道）也。其三述（術）者，道之而已〔註13〕」，陳偉（1955～）以爲「道四術」是指天、地、人、群物四道，實有其理。在戰國時期論「道四術」，相對於殷商論「道」的思維，較爲成熟，且有側重人道意義的發展，然而對於殷商原始的「術士之儒」而言，「道」的意義仍以天意爲依歸。

原始的「術士之儒」，之所以具備上通天道、下熟地道的能力，並能藉由掌握天地自然鬼神的力量，輔助君王治理國家人民，對於連繫萬物有其特殊的技能術藝，原因在於他的職責乃是溝通天人之意，經營「人」與「道」之間的圓滿與和諧關係。《禮記》言人有五行之「端」與「秀氣」，可以突破單純生物之限制，上體天地化育萬物之「心」與「德」，若人能極力發揮「中和」之道，即可達到「天地位焉，萬物育焉」之局面，使人與天道、地道及群物之道均可相互和諧，處於與天地萬物並行不悖之狀態〔註14〕，原始的「術士之儒」即擔負此責任，故西漢揚雄云：「通天、地、人，曰儒〔註15〕」，後來學者的觀點也多闡述此意。

章太炎說太古始有儒，儒知天時、地形，有求雨之技，所戴鷸冠亦稱「術

術研討會論文集》，清華大學 2002 年 3 月。陳偉：〈郭店簡書〈人雖有性〉校釋〉，《中國哲學史》2000 年第 4 期。林師素英曾經從「禮樂」的分合與特性，分析出「道」之「四術」或「三術」之內涵，之後又再發表關於「人道」思想一文，文中贊同陳偉對「四術」乃天、地、人、群物四道的詮解。詳見林師素英：〈從「禮樂」的分合與特性論〈性自命出〉「道」四術或三術的迷思——兼論相關學者的研究方法〉，發表於國科會人文學研究中心暨臺灣大學中國文學系主辦，人民大學國學院協辦：「出土文獻研究方法國際學術研討會」，2011 年 11 月 26～27 日。林師素英：〈「人道」思想探析——以〈性自命出〉與《禮記》相關文獻爲討論中心〉，發表於中國人民大學國學院主辦，香港中文大學哲學系與臺灣大學中文系協辦：「機遇與挑戰：思想史視野下的出土文獻研究」研討會，2011 年 10 月 28～30 日，於北京中國人民大學國學院舉行。在此必須說明的是，本文乃借取〈性自命出〉論「道」之「四術」的內容，來說明原始「術士之儒」對於「道」理解與掌握的內涵，並非專文討論該文「道」之「四術」或「三術」的問題。筆者之所以取天、地、人、群物四道的解釋，乃因它較能全面含括「術士之儒」的「術」之操作內容。下一段論卜辭中的丘需、子需、需人的工作內容，皆與此四道密不可分。

〔註13〕 荊門市博物館編：《郭店楚墓竹簡》，北京：文物出版社，1998 年，頁 179。
〔註14〕 林師素英：〈「人道」思想探析——以〈性自命出〉與《禮記》相關文獻爲討論中心〉，頁 4。
〔註15〕 李軌注「通天地人曰儒」云：「道術深奧」，詳參〔漢〕揚雄撰，〔晉〕李軌注：《揚子法言》〈君子〉，臺北：中華書局，1965 年，頁 4。

氏冠」：

> 太古始有儒，儒之名蓋出於需。需者，雲上於天，而儒亦知天文、
> 識旱潦，何以明之？鳥知天將雨者曰鷸（《說文》），舞旱暵者以爲衣
> 冠（《釋鳥》，翠鷸，是鷸即翠。《地官》舞師，教皇舞帥而舞旱暵之事。《春官》
> 樂師，有皇舞，故書皇皆作「𦏰」。鄭司農云：「𦏰舞者，以羽覆帽頭上，衣飾翡翠
> 之羽，尋旱暵求雨而服翡翠者，以翠爲知雨之鳥故」），鷸冠者，亦曰術氏冠
> （《漢・五行志》注引《禮圖》），又曰圜冠。莊周言，儒者冠圜冠者知天
> 時，履句屨者知地形，緩佩玦者事至而斷（《田子方篇》文，《五行志》注
> 引《逸周書》文同。《莊子》圜字作鷸，《續漢書・輿服志》云：鷸冠前圜），明零
> 星舞子吁嗟以求雨者爲之儒，……古之儒者知天文古候，謂其鄉技，
> 其後施易，故號遍施於九流，諸有術者，悉晬之矣。〔註16〕

章氏引用《易經》需卦之雲上於天，對應儒知曉天文、旱災、水災，解釋古
代求雨舞雩所戴之「鷸冠」稱「術氏冠」，即《莊子・外篇・田子方〔註17〕》
當中言儒者所戴之「圜冠」。莊子敘述儒者知天時、地形能斷事，故古之儒
者知天文古候，視求雨舞雩爲鄉技，簡單易於施行，往後熟稔此術者，皆稱
爲「儒」。由此可知，術士之儒肩負與天溝通的工作，而吁嗟以求雨，可能
只是其職務之一項。

　　章氏論原始之儒擔負溝通天地、上事鬼神等職務的說法，得到後來學者
的認同，當中附和、呼應、增益者皆有之，如胡適延續章氏「儒之名於古通
爲術士」之說，更進一步提出「儒」是殷民族的教士，他們穿戴殷的古衣冠，
習行殷的古禮，並以「治喪相禮」爲職業的看法〔註18〕。之後，楊向奎（1910
～2000）還從民族學的角度，舉涼山彝族之例，說明中國古代禮樂文明與巫
祝的關係，主張原始的儒也從事巫祝活動，他說：

> 巫祝是能歌善舞的人，並通曉天文、曆法等各種知識，是古代的學
> 術權威，也是術士。這也正是原始儒家所擅長的〔註19〕。

巫祝歌舞的目的，主要用在與天地、神鬼溝通，而通曉天文與曆法，可以幫

〔註16〕章太炎：〈原儒〉，收於氏著：《諸子學略說》，桂林：廣西師範大學出版社，
　　　　2010年，頁92。
〔註17〕〔清〕郭慶藩編，王孝魚整理，《莊子集釋》，頁718。
〔註18〕胡適：〈說儒〉，收入胡適等著：《大師說儒》，汕頭：汕頭大學出版社，2008
　　　　年，頁1。
〔註19〕楊向奎：《宗周社會與禮樂文明》，北京：人民出版社，1992年，頁414。

助他們觀測天時、審察地利，教導人民種植作物，以利生產。當遇到自然災害或國家征戰的問題，必須具備與上天溝通、請示的能力，這也是原始之儒具備的技能。傅劍平（1948～）也贊同「儒」出於「需」，並認爲「需」是一種「巫」操作巫術時所戴的禮冠，繼而轉稱戴這種禮冠操作某種術的人爲「儒」，即「術士」〔註20〕。

　　閻步克（1954～）更延續章氏舞雩之說，提出樂師、舞人原是這種活動的主要承擔者，又引《孟簋》、《白公父簋》的彝銘金文的「需」字，字形由雨符與正面人形合之而成，當與祈雨相涉，認爲該字最初可能指祈雨行爲，或從事祈雨活動之人〔註21〕。葛兆光（1950～）也說儒源於殷周時代參與儀禮操持的巫祝史宗一類文化人，並認爲把儒士視爲巫祝的後人，沒有半點對其不恭的意思〔註22〕。吳龍輝（1965～）則認爲孔子之時儒人職業已然存在，關於這種職業的具體工作，他以爲就是《國語‧周語》單襄公對魯成公所說「吾非瞽史，焉知『天道』？」以及《左傳》昭公十年鄭子產對子大叔所說「『天道』遠，人道邇」，當中的「天道」〔註23〕。

　　綜上所述，原始的「術士之儒」具備服事天道的技能，透過操執專門之「術」，來和諧天、地、人與群物之道，其責任在於經營人與「道」之間的和諧關係。

二、卜辭中的「需」

　　從清代章太炎提出「太古始有儒，儒之名蓋出於需」之說，胡適接著有「儒」是殷代的教士，以治喪相禮維生的看法，引發民初學者的眾多駁議，直至1975年徐中舒於甲文中發現一「帠（需）」字，經考證而認定其應爲原始之「儒」字，故而關於儒起源於殷商「需」的看法，逐漸被學界所認同接受。從卜辭中的「需人」、「丘需」、「子需」的相關記載，我們可粗略認識原始的「術士之儒」所操執之「術」的內容，並進一步瞭解其政治角色與社會地位。

　　儒，甲骨文寫作「帠」、「帠」，從帠（大）從⁝⁞或⁝，象人沐浴濡

〔註20〕傅劍平：〈原儒新論〉，《暨南學報》（哲學社會科學版），1990年第2期，頁7。
〔註21〕閻步克：〈樂師與「儒」之文化起源〉，《北京大學學報》（哲學社會科學版），1995年第5期，頁50。
〔註22〕葛兆光：《中國思想史第一卷》，復旦大學出版社，2001年，頁88～95。
〔註23〕吳龍輝：《原始儒家考述》，北京：中國社會科學出版社，2000年，頁20。

身之形，爲濡之初文。殷代金文作（需父辛鼎），與甲骨文略同；周代金文譌作（孟簋）、（白公父簋），至《說文》則譌作从雨从而之篆文（需）。上古原始宗教舉行祭禮之前，司禮者須沐浴齋戒，以致誠敬，故後世以「需」爲司禮者之專名。「需」本从象人形之大，因「需」字之義別有所專，後世復增人旁作儒，爲緟事增繁之後起字。〔註24〕

根據日人島邦男（1908～1977）《殷墟卜辭綜類》所錄，關於「需」的卜辭約有三十餘條。有作爲普通名詞的丘儒、儒師、儒人之儒，有作爲人名的子儒之儒，說明儒在殷商時代早已存在，它和歷史上的儒家有一脈相承的淵源關係。「需」字在甲骨文中作、，象以水濡身之形。〔註25〕古代的儒爲人相禮，祭祖，事神，辦理喪事，都必須齋戒沐浴。一般的儒稱爲「儒人」，儒家的大主教則稱爲「儒師」，一個村社共同體的主教則稱爲「丘儒」。這說明儒在殷代已經不是幾個人，而是一班人，他們要努力學習一切賓祭典禮儀節，爲的是等待統治階級的爭取。「貞乎取丘儒」，就是卜以王命徵召他，爭取用他。至於「丘儒」是個什麼樣的人物，現有的文獻資料還不能說明詳盡。〔註26〕

方述鑫（1945～）延伸考察，甲骨卜辭中有一些關於「丘」的資料。例如「俑」（一期卜辭有《合集》22301，三期卜辭有《合集》26892，28074）又可以稱「丘俑」（一期卜辭有《合集》8591），「發」（一期卜辭有《合集》7239正，《鐵》162.2，三期卜辭有《合集》26907正）又可以稱「丘發」（一期卜辭有《合集》4733，4734），「紹」（一期卜辭有《合集》152正），又可以稱「丘紹」（一期卜辭有《合集》152正，780），「商」（一期卜辭有《合集》636，9622）又可以稱「丘商」（一期卜辭有《合集》776，9529）或「子商」（一期卜辭有《合集》637）。「子需」和「子商」又名「需」和「商」，說明「子〔註27〕」是「子族」之子，子需和子商正是諸王子的家族所組成的多

〔註24〕徐中舒主編：《甲骨文字典》，成都：四川辭書出版社，1990年9月，頁878～879。
〔註25〕日·島邦男著，楊家駱主編：《殷墟卜辭研究（中譯本）》，臺北：鼎文書局，1975年，頁441。
〔註26〕徐中舒：〈論甲骨文中所見的儒〉，頁1216、1218、1219、1220、1222。
〔註27〕甲骨文中的「子」是一重要的社會群體，數目眾多。子之稱有已故與在世之別，以十干爲名的「子」，爲已故者，他們是以受祭的神而出現於卜辭的。卜辭中的「子」大致應包含以下四個意思：1.王之子；2.大臣、諸侯等貴族之子；3.商同姓的子姓；4.爵稱的子爵。前三項不易區分，至於第四義項，可以從同一人既稱「子某」又稱「某子」的稱謂結構的變化上，得到部分印證。

個氏族，即所謂「多子族」中的兩個小氏族中的成員。卜辭中的人名往往就
是地名。上引人名或地名前的「丘」，就是殷代一個小氏族生活的地域範圍，
亦即古代一個村社共同體生存的空間。〔註28〕

　　朱鳳瀚（1947～）對「子族」曾提出兩個認識點，一是「子族」是王族
以外，卻與王有近親關係的同姓家族；二是「子族」之子是指一種特定的身
份，「子族」之稱在語法上類同於「王族」，是指「子」之族。但是「子族」
不在王族內。〔註29〕因此，「多子族」是多個子族之集合稱謂，它們多居住在
王畿附近或重要的邊塞之地。「多子族」之「子」，是已故商王之宗子，他們
有獨立的占卜機關和獨立的經濟、軍事。多子族首領稱「子」，在朝中為官，
為時王效勞，擁有很高的權力，其職責與文獻記載中的「多子」相合，他們
已經分宗立族。〔註30〕

　　在花東卜辭所見商王與占卜主體「子」的關係，也有同樣類似的研究結
果：「子」要接受商王的命令，並為商王從事力役的工作。「子」不但關心商
王的安危，且時常卜問商王是否高興。「子」須對商王進貢，並報告近況，
且會猜測商王的行程、行動與決定。若王來訪，須招待王並導引其入邑，遇
王巡狩歸來，則行勞君之禮。除了前述之花東卜辭，加上其他非王卜辭的內
容來看，可以肯定這些非王卜辭的主人「子」，都是臣屬於商王的貴族大臣
〔註31〕。陳絜（1969～）曾整理研究「子某」之「子」的含義，發現最具
代表性的三位學者是裘錫圭（1935～）、林澐（1939～）、朱鳳瀚的觀點，歸
納出卜辭中的「子」有親稱「兒子」之義，也有對族長、貴族之尊稱的義項。
〔註32〕

　　　　王宇信、楊升南主編：《甲骨學一百年‧商代社會結構和國家職能研究》，北
　　　　京：社會科學文獻出版社，1999年，頁451。
〔註28〕方述鑫：〈殷墟卜辭和《周易》中的儒〉，收入中國社會科學院甲骨學殷商史
　　　　研究中心編輯組編：《胡厚宣先生紀念文集》，北京：科學出版社，1998年，
　　　　頁133。
〔註29〕朱鳳瀚：《商周家族型態研究（增訂本）》，天津：天津古籍出版社，2004年，
　　　　頁40。
〔註30〕韓江蘇：〈甲骨文中的「多子」、「多子族」、「王族」〉，宋鎮豪、肖先進主編：
　　　　《殷商文明暨紀念三星堆遺址發現七十周年國際學術研討會論文集》，北京：
　　　　社會科學文獻出版社，頁327。
〔註31〕魏慈德：〈殷非王卜辭中所見商王記載〉，收入宋鎮豪主編：《甲骨文與殷商史
　　　　（新一輯）》，北京：線裝書局，頁57～65。
〔註32〕詳見陳絜：《商周姓氏制度研究》，北京：商務印書館，2007年，頁172～173。

　　總言之，「子需」應屬「子」族的貴族大臣，專門擔任「需」的職務，不僅為商王服務，與商王保有宗室血緣關係，且在朝廷有重要地位。至於表示身分的「子」，有時可以不用〔註33〕，單稱「需」或是「需人」。以下試舉幾段卜辭中關於「需」的文字，看其名稱與性質：

1. 甲寅卜，殼，勿呼子需飲缶於冥。壬申卜，殼，翌乙亥子需其來。子需其為甲戌來。（《合集》003061，《乙》7751，一期賓組卜辭）

2. 癸卯卜，葉，御子需于父乙。（《合集》20028，《前》6.19.5，一期賓組卜辭）

3. 癸酉貞，子需逐鹿。王占曰，吉。帝若。（《合集》7075反，《後下》19.14，一期賓組卜辭）

4. 令取射子需。（《合集》5758，《前》5.41.8，一期賓組卜辭）

5. 丁亥卜，殼貞，卯比韋取需臣。（《合集》634正，一期賓組卜辭）

6. 甲子卜，亘貞，立事。貞，呼取丘需。（《合集》5510，《明》2325，一期賓組卜辭）

方述鑫解釋卜辭 1. 殼貞問：是否呼召子需在冥地用飲禮接待缶？（缶是武丁時代一位氏族君長）子需是在第二天乙亥這一天來，還是於甲戌這一天來？卜辭 2. 卜問是否讓子需主持對父乙（武丁之父小乙）的祭祀？卜辭 3. 貞問子需打獵逐鹿的情況怎麼樣？商王占卜的結果很好，上帝也允諾。卜辭 4. 貞問是否下命令召取子需來主持射禮？卜辭 5. 殼貞問：卯（人名）是否聯同韋（人名）取用子需的奴隸？「比」的意思親密聯同。「臣」字，于省吾先生認為其用法有兩種：奴隸、臣僚。此卜辭中的需臣當即子需臣，指子需的奴隸言之，猶如商臣即子商的奴隸言之。卜辭 6. 亘貞問：是否呼召取用丘需主持祭祀？「立事」有主持事務之意〔註34〕。

另外，張秉權認為「子」應與「侯」、「伯」一樣，都是封爵之稱，他們即使不是時王之子，也與殷代王室有著密切的近親關係，故甲骨文中的「子」，不僅表示親屬身分、爵位名稱，也不僅於男性。詳見張秉權：〈卜辭所見殷商政治統一的力量及其達到的範圍〉《中央研究院歷史語言所研究集刊》50 本 1 分，1979 年，頁 186～192。

〔註33〕「子某」之「某」是其名號，是其稱謂的基本成分，表示身分的「子」有時可以不用。詳見朱鳳瀚：《商周家族型態研究（增訂本）》，頁 43。

〔註34〕方述鑫：〈殷墟卜辭和《周易》中的儒〉，頁 131～132。「比」字參考林澐：〈甲骨文中的商代方國聯盟〉，《古文字研究》第六輯，北京：中華書局，1981 年，頁 74。「臣」字參考于省吾：《甲骨文字釋林‧釋臣》，北京：中華書局，1981

　　從上述的卜辭內容來看，可知「需」的工作包括：從王侍祠、招待賓客、主持祭祀與各種禮儀，並已有自己專屬的臣奴。另外還有爲人驅鬼醫病〔註35〕、扮演溝通神民的媒介〔註36〕、及商王卜問子需是否生病的關心之卜辭內容，顯示「子需」很受殷室眷顧〔註37〕。故「需」的事務涉及「宗教祭祀」、「政治關係」、「禮儀秩序」三大面向，已不容置疑。徐中舒說：「子需」爲王室主持賓祭典禮，祭祀人鬼（祖先），接待賓客，是一個專職的儒。殷王祭祀祖先，招待賓客，都要「子需」主持禮儀，勸酒侑食。「子需」出於子族，是殷高宗武丁的近親族屬。他從子族中選拔「子需」作爲一個「信仰守護人」，並不是偶然的。〔註38〕以上列舉卜辭當中出現「需」之例，其它甲骨文 𦥑、𠂤 字出現的內容，筆者將其整理如【附錄四】。

　　除了甲骨卜辭，殷商後期的《需父辛鼎》，也是研究「需」之重要資料。《需父辛鼎》是子需的兒子爲紀念他的父親所造的祭器。子需在小氏族中原來是以「辛」爲名。子需爲武丁充當賓祭司儀後，經常在殷王朝的大氏族之間進行活動，地位顯赫，受人尊敬，所以他就以子需（儒）爲名，因此他原來在小氏族中名辛的代號，也就逐漸在人們記憶中消逝。〔註39〕由此可知，「需」是一種祭祀執禮的職務，由「子」輩出任，且此職可能爲世襲制〔註40〕，

年，頁 311。

〔註35〕丁巳卜，賓貞，婦妹不需疾。貞，婦妹其需疾。（《合集》13716 正，一期賓組卜辭）。賓貞問：是否由需主持祭祀，爲婦妹驅除疾病？方述鑫：〈殷墟卜辭和《周易》中的儒〉，頁 128。見於卜辭中的諸婦皆是有地位的貴婦，她們是統治階層中的重要成員。凡男子能做的事，諸婦皆同樣能參加。詳見王宇信、楊升南主編：《甲骨學一百年・商代社會結構和國家職能研究》，頁 450〜451。因此，「子需」的工作也包括爲他們驅疾，實顯重要。

〔註36〕𢎨呼需帝子御事，王其每（悔）。（《合集》30390，《存》1.1859，三期無名組卜辭）是貞問：不要呼召需扮演帝子來主持祭祀吧？商王武丁不會不從心吧？帝子即上帝之子，實際上也就是由巫師所扮演的溝通神民之隔的媒介。方述鑫：〈殷墟卜辭和《周易》中的儒〉，頁 128。

〔註37〕丙子〔卜〕，賓貞，子需無〔疾〕。丙子卜，賓貞，子 無疾。（《合集》40353，一期賓組卜辭）。方述鑫：〈殷墟卜辭和《周易》中的儒〉，頁 132。島邦男認爲有卜子某之疾病者，顯示子某是很受殷室眷顧。日・島邦男著，楊家駱主編：《殷墟卜辭研究（中譯本）》，頁 444。

〔註38〕徐中舒：〈論甲骨文中所見的儒〉，頁 1224、1226、1227。

〔註39〕徐中舒：〈論甲骨文中所見的儒〉，頁 1230〜1231。

〔註40〕島邦男將卜辭《乙》7751 歸入第一期，卜辭《前》6.19.5、《京》2069 歸入第四期，認爲子某的稱謂中有些被稱於兩期者，顯示子某的稱謂中，有些是世襲的。日・島邦男著，楊家駱主編：《殷墟卜辭研究（中譯本）》，頁 441、443。

故統稱「子需」，其中最著名的「需」就是武丁時期的「辛」。汪寧生（1930
～）曾將族氏銘文分成七類，並以人形（或僅畫出手形及工具形為代表）與
物件相結合者，表示該族的職業或職務。〔註41〕從《需父辛鼎》的形貌來看，
是一個人形與水滴結合的沐浴概念，我們可以理解「需」可能是一種職業，
而此職業與沐浴有十分緊密且重要的關聯。關於商、周出土之「需」字型態，
可參見【表二】。

表二 《商周圖形文字編》「需」字〔註42〕

另外，當一個族的名稱源於氏族首長名號，而氏族首長的名號又代代相沿用，
則勢必形成歷代族長的名號都與族名相同的情況。卜辭中所見私名很少，並
不流行，代表當時社會重視家族集體甚於個人人格，這是家族血緣關係非常
濃厚的社會中的必然現象。因此族長名、族名與地名會有同一的結果。朱鳳
瀚：《商周家族型態研究（增訂本）》，頁36、39。

〔註41〕 對於商周青銅器上所鑄刻的這些族氏銘文，汪寧生曾依其內容劃分七類，即：
一、動物形，二、植物和自然物，三、各種武器、工具和器皿之形，四、人
形（或僅畫出手形及工具形為代表）與物件相結合，五、強調和突出其外部
特徵的人形，六、表現人的姿勢及動作，七、複合圖形。一二類為族徽者，
其族稱得名於圖騰；第三類或為圖騰，或以擅長某職事為稱；第四類則表示
該族的職業或職務；第五類則是對該族裝飾或髮式特徵的描述；第六類所表
達的是一種抽象的概念，何以成為族徽不甚清楚；第七類則是用幾種圖形組
合在一起，用以表示一些複雜的概念，其含義更難解釋，可能表示其先祖之
功。汪寧生：〈從原始記事到文字發明〉《考古學報》，1981年第1期，頁28
～33。陳絜認為族氏名號不必如此複雜，僅分作單一族名與複合族名兩種類
型就足矣。詳見陳絜：《商周姓氏制度研究》，頁136。

〔註42〕 王心怡編：《商周圖形文字編》，北京：文物出版社，2007年，頁54。

需（儒）象人沐浴之形乃「禮」的表徵。甲骨文已有「沐浴」二字，「浴」字狀人在盆中洗澡。現今保存在中國國家博物館的「虢季子白盤」，可以說是中國最古老的浴器。據其底部銘文分析，鑄於周宣王十二年（公元前 816年），距今約有 2800 多年的歷史〔註43〕。齋戒沐浴是所有祭典的準備工作，而沐浴是齋戒的重要工作。古人認爲神明好潔，如果王者祭祀不潔，則會出現災異。透過沐浴，不但可以潔清身體，除滓去穢，更可以淨化精神，交通神明。〔註44〕以近現代發展蓬勃的人類學概念解釋：因爲齋戒兼具「淨化」與「聖化」的作用，能夠使人在祭祀之前達到與鬼神交通的標準及能力〔註45〕。

綜上所述，儒的起源可溯至殷商卜辭「需人」、「子需」與「丘需」的記載，他們處理的事務，涉及「宗教祭祀」、「政治關係」、「禮儀秩序」三大面向。而「需」字在甲骨文中作、，象以水濡身之形，透露古代的儒爲人相禮，祭祖，事神，辦理喪事，都必須先齋戒沐浴的訊息，也間接說明殷商「術士之儒」服事天道，有其一定的儀式、程序與技術。

第二節　師儒之儒

殷商時期的天帝與祖先，對於君、民佔有大部分的意志主控權，當時原始術士之儒的重點，多半放在形下的「術」，以取悅於天帝與祖先的作法爲第一優先，甚少考量「人」的個體意志〔註46〕。相較之下，周代「人文精神的躍動〔註47〕」，促使人們理解「道」的原理原則，將重點放在「人道〔註48〕」

〔註43〕「虢季子白盤」質料爲青銅，高 39.5 厘米，口長 137.2 厘米，盤口呈圓角長方形，四曲尺形足，酷似現代的大浴缸。碧蓮：〈古人的沐浴〉《文史雜誌》，2011 年第 6 期，頁 72。

〔註44〕劉增貴：〈中國古代的沐浴禮俗〉，《大陸雜誌》第 98 卷第 4 期，1999 年 4 月，頁 19。

〔註45〕張明娜：《先秦齋戒禮研究》，臺灣大學中文研究所博士論文，葉國良指導，2010 年，頁 52。

〔註46〕殷人取悅天地與祖先時，甚少考量人的意志，表現在殷人尚鬼、人祭頻繁的情形。根據胡厚宣研究，從盤庚遷殷到帝辛亡國的 273 年中，統治者用人牲13052 人，另外還有 1145 條甲骨文未記人數，即使都以一人計算，全部殺人祭祀，至少亦用 14197 人。胡厚宣、胡振宇：《殷商史》，上海：上海人民出版社，2003 年，頁 166〜167。

〔註47〕徐復觀（1904〜1982）論周初宗教中「人文精神的躍動」，乃因「敬」的觀念出現，與周人對殷人的傳統宗教的轉化。周人根據人們的行爲來了解、把握天命，並且特別崇敬文王，而對祖宗之祭祀，已由宗教之意義，轉化爲道德

的部分，已經多過於自然天道。因此，周代「師儒之儒」的出現，乃承繼商代術士之儒以「術」合於「道」的精神宗旨，並將當中「人道」的部分加以深化，逐漸形成完整的周代特有官師合一的貴族教育。換句話說，周代師儒之儒的主體對象以「人」為主，其教化德、藝之學，並肩負發揚人道之責。

　　以下兩點說明周代「師儒之儒」的角色意義，首先論述殷周之際的文化傳遞，說明殷遺民傳遞大邑商文化，是周代建立禮樂制度的基礎；再論西周師儒在官師合一的制度下，教化國子德與藝；最後論師儒發揚人道的精神，對往後先秦孔子的儒家學說的啟示與影響。

一、殷周文化傳遞

　　傅斯年（1896～1950）〈周東封與殷遺民〉發現周誥記載周人對待殷遺民用一種「相當懷柔的政策〔註49〕」，爾後杜正勝（1944～）則有詳細闡揚安撫懷柔之論。杜氏根據先秦典籍的記載，認為殷遺民的政治社會地位並不低，

之意義，為爾後儒家以祭祀為道德實踐之重要方式之所本。詳見徐復觀：《中國人性論史先秦篇》，臺北：臺灣商務印書館，2007 年，頁 15～32。

〔註48〕所謂「人道」，簡言之，乃人之所以為人的立人之道，其中當然包含人本於天地而生的自然生物性，同時也包含人既生與成長之後，在人類社會中之所做所為，對人類社會產生何種意義，造成何種影響等人文社會性。有關生物性之部分，即《大戴禮記》所載「分於道謂之命。形於一謂之性，化於陰陽，象形而發謂之生，化窮數盡謂之死。故命者，性之終也，則必有終矣」之自然生命，屬於先天而難以改變之部分。至於社會性部分，則為後天，可以經由人為努力調理而獲得改善之部分。詳見林師素英：〈「人道」思想探析——以〈性自命出〉與《禮記》相關文獻為討論中心〉。此種人道精神，深刻影響往後的儒家學說，杜維明（1940～）認為儒家的「道」，暗示著作為群體行為的、無止境的自我轉化過程。它被界定為人道、生活之道。當然，天道在儒家文獻中也扮演著非常重要的角色，而且對死的意義的領悟也是全面理解儒家人性概念的必要條件。但是，在儒家的精神導向中，真實的重心看來還是落在人類日常生活經驗上。詳參杜維明：〈先秦儒家思想中的人的價值〉，收入《儒家思想：以創造轉化為自我認同》，臺北：東大圖書公司，1997 年，頁69。

〔註49〕傅斯年：〈周東封與殷遺民〉《中央研究院史語所集刊》，上海：中央研究院，1934 年。據朱鳳瀚考證，西周初期分封制度之下對殷遺民的處理方式有五種：一是保持舊有的宗族組織結構作為周人貴族的私屬，隨之遷徙至封土；二是一個較大的宗族被分割成幾部分，各部或隨周人遷移至新的封土，或被移民至王畿或其他地區；三是留在舊居之地被周人統治者就地治理，仍保留原有的宗族結構與聚居狀態；四是若干宗族被從舊居之地遷至新建之邑集中管轄；五是商遺民貴族受封建立邦國。詳見朱鳳瀚：《商周家族型態研究（增訂本）》，頁 261～286。

也絕無備受壓迫的痕跡。例如《左傳・定公四年》稱魏史祝陀論述周初封建，魯、衛瓜分大批殷遺民，其政治措施皆沿襲前朝舊貫，稱作「啓以商政」。「商政」的內容從《尙書》的〈康誥〉、〈酒誥〉和〈梓材〉三篇，尤以〈康誥〉爲主，所述商政包括三點：

第一「紹聞衣（殷）德言，往敷求殷先哲王，用保乂民」，普遍求索殷商歷代哲王的嘉言懿行，作爲周統治者的典範，以保養殷人。

第二「陳時臬司（法律），師茲殷罰有倫」採擇允當的殷刑，作爲新法。

第三「丕遠惟商耇（老）成人，宅心知訓」，虛心訪問殷遺之老成典型，求教治國之道，並且擢用舊族，協理政事。

由此可知，周初的周人追慕殷商歷代哲王的典範，並採允當的殷刑爲新法，且提拔殷商舊族治理政事，這是傳世文獻方面的記載〔註 50〕。在出土文獻方面，西周銅器銘文也顯示殷代邦國貴族的後裔在周王朝依然任官治民，有職有守，他們有能力而且獲准鑄造家國重器，當屬統治貴族無疑。〔註 51〕周朝對於數量龐大的殷遺民，採取了三項安置措施：一是吸收殷遺民中的賢能之士進周政權任職，二是教化和遷徙殷民中的頑固份子，三是安撫殷民中的一般平民和百姓。滅商之後，對於殷人中有知識的卜、史、巫、祝等人物，由於其勢力龐大，影響廣闊，周統治亦加以採用，使其爲周朝服務。〔註 52〕

〔註 50〕詳見杜正勝：《古代社會與國家》，臺北：允晨文化，2005 年 12 月，頁 511～513。

〔註 51〕曲阜魯國故城和房山琉璃河墓地中的殷遺民墓地都獨立存在，反映出這些殷遺民生前應該是生活在自己單獨的居住區內。從隨葬兵器、車馬器看來，殷遺民不僅使用當時先進的青銅兵器，而且還擁有馬駕戰車這樣威力強大的重型武器與石兵器以及鑄造兵器所使用的（鏃）範，都證明了殷遺民自身武裝力量的存在。這是周人在徹底瓦解殷人的整體力量後，給予殷人的武裝力量，使其不至於有造反的實力，又可成爲周人武裝力量的補充。只有甘爲周人的代理人，代周人統治殷遺民，才能保住其貴族身分及武裝。孟奐：〈試論西周洛邑殷遺民的社會分化〉《商品與質量》，2011 年 6 月，頁 199。

〔註 52〕殷遺民的主要來源有以下幾種：1. 滅亡之前後主動歸順周人的殷商貴族和殷民，例如著名的大夫辛甲、太史向摯、太師疵、少師強等。2. 周人滅商過程當中所俘虜的殷商貴族和殷民。3. 周人滅商之後所接管的原殷王統治下的殷民。他們的分佈主要集中在宋國、衛國、魯國、東都洛邑幾個區域。詳見呂觀盛：《周初殷遺民管理政策研究——兼論周公在中國文化史上的地位》，廣西師範大學碩士論文，錢宗範指導，頁 18～20、29。

　　周族本是偏處西陲的小邦，自太王以下不斷擴張，也不斷吸收新的成員。〈大雅・緜〉曰：「予曰有疏附，予曰有先後，予曰有奔奏，予曰有禦侮〔註53〕」，這些疏附、先後、奔奏、禦侮都是來歸之臣。到殷周決戰前夕，更有不少殷貴族棄殷投周，辛甲就是其中之一。《漢書・藝文志》道家著錄有《辛甲》二十九篇，原注：「紂臣，七十五諫而去，周封之〔註54〕」。辛甲從殷出奔到周以後，就被任用為太史〔註55〕。從此重用殷的貴族知識份子做史官，就成為周朝初年的慣例。《呂氏春秋・先識覽》：「殷內史向摯見紂之愈亂迷惑也，於是載其圖法出亡之周〔註56〕」《史記・殷本紀》記載「武王曰：『爾未知天命』，乃復歸。紂愈淫亂不止。微子數諫不聽，乃與大師、少師謀，遂去。……殷之大師、少師乃持其祭樂器奔周〔註57〕」，〈周本紀〉：「太師疵、少師彊抱其樂器而犇〔註58〕」，正是因為文王和武王選拔重用有德有才的人，所以大量的賢士奔周。

　　武王克殷以後，周王繼續實行利用殷貴族的政策，大量吸收他們到自己的政權機構中任職。周原出土的眾多異姓世族的青銅器有力印證了這點，如周原克、微氏等家族〔註59〕。在周原一帶，有不少出土的青銅器，都保有殷商舊有的傳統，例如陝西出土的師氏諸器，很多是來自東方的殷商舊族；而西周金文中任師某的，很多是來自殷紂之舊部而參與周王室征伐的殷官。除此之外，洛陽的馬坡、廟溝、北窯等地，流散至國內外大量西周青銅器，

〔註53〕　〔漢〕毛亨傳，鄭玄箋：《毛詩正義》，《十三經注疏（附清阮元校勘記）》，臺北：藝文印書館，2001年，頁551。

〔註54〕　〔漢〕班固編撰，顧實講疏：《漢書藝文志講疏》，上海：上海古籍出版社，2009年，頁113。《辛甲》今亡佚，馬國翰有輯本。

〔註55〕　《左傳》襄公四年：「昔周辛甲之為大史也」，〔晉〕杜預注，〔唐〕孔穎達疏：《春秋左傳正義》，頁507。

〔註56〕　陳奇猷著：《呂氏春秋校釋》，臺北：華正書局，2004年，頁945。

〔註57〕　〔日〕瀧川龜太郎：《史記會注考證》，頁56。

〔註58〕　〔日〕瀧川龜太郎：《史記會注考證》，頁63。

〔註59〕　趙燕姣：〈從微氏墻盤看殷遺民入周後的境遇〉《文博》，2009年第1期，頁67～68。微氏銅器所示，殷代邦國貴族的後裔——扶風微氏之支在周王朝社會地位並不低，歷經成、康、昭、穆、恭、懿、孝、夷、厲諸王世，大約在西周舞臺上活躍了二百餘年。他們累世有職有守，勤勞王事。或在天子左右，出謀劃策；或隨天子出征，代宣勒命；或會諸侯百官，布達政令。除世守的史官外，在內參政，出外領兵，地位權勢不曾稍衰，采邑甚且日漸擴張，絕無備受壓迫的痕跡。自入周後他們依舊任官治民，家族中的一些貴族世為王朝重臣，居要職，有能力而且獲准鑄造家國重器，甚至出現了像這樣可以製造眾多銅器的強宗，當屬統治貴族無疑。

大多數製作精良、有銘文，具有濃厚的殷商遺風。從銘文內容中看，這些器物的擁有者，都參與過周初王室的祭典、朝會、征伐等大型活動，接受過周王及王家重臣的賞賜。從其社會地位和擁有的物質實力來看，他們在周初社會中仍佔有相當大的權勢和財富。在他們所製作的器物銘文中，仍保持著殷商貴族受祭者日名和族徽並存的習慣，其中族徽如鳥冊、光（先）、丙、子黑等，都見於殷末的甲骨卜辭和銅器銘文中。這無疑是遷居成周洛邑，臣事於周王室的殷商舊貴族，他們至少在殷墟晚期就是舊王朝的祝宗卜史，是上層統治集團文化的持有者。他們是商滅後遷於各地的殷遺民，從服務於王室的舊貴族，到整族遷徙的殷民，到被迫效力于周王室的奴隸百工、參與周王室征伐的殷師官吏卒眾，都是殷商先進文化的負載者，是文化傳播中的主要因子〔註60〕。

　　總之，殷代邦國貴族的後裔在周王朝依然任官治民，有職有守，他們多是舊王室的祝宗卜史，對周王室的制度文物影響頗大。甚至有些貴族是留駐成周，擔任軍中武職的官吏，因此有能力而且獲准鑄造家國重器，並共同參與周初王室的祭典、朝會、征伐等大型活動。

　　由此推知，殷代政治人才與文化在周初得以延續，加上青銅器工業的技術，促使周代在此基礎上，開啓燦爛豐富的禮樂文明。至於殷商「術士之儒」的工作內容，則在殷周交際、文化遞移的過程中，獲得周代的「師儒之儒」的承繼與開創。在周代政教一體、官師合一的系統中，師、儒教化德藝之學，促使儒之「德行」與「術藝」得以培植、發展。

二、師儒的教化內容

　　西周時期，未有獨立的學校教育，仍屬「官師合一」的政治環境，所謂官師合一，是西周社會土地國有、宗法制度和學在官府三位一體的系統〔註61〕。

〔註60〕 商代的青銅文明，在黃河中游的商王畿爲核心地帶，西到汧渭、北達幽燕、南抵江漢、東至齊魯，其間青銅器風格呈現出高度的一致性。在 1973 年來發掘出大面積的西周鑄銅作坊遺址，從年代來看，是一處西周早期的供王室役使的手工作坊，在這裡從事鑄銅業的手工業者，正是從殷墟迫遷于成周爲周宗室貴族服務的殷民「百工」。從出土的銅器範模和熔爐殘壁上，可見該作坊的主要產品是鼎、簋、卣、尊、爵、瓢等禮器，採用的是當時先進的分鑄法，其熔銅、制範、澆鑄的工藝直接源於殷商的鑄銅技術。詳參李宏、孫英民：〈從周初青銅器看殷商遺民的流遷〉《史學月刊》1999 年第 6 期，頁 19～20、22～23。

〔註61〕 土地國有是指土地乃公子公孫的氏族貴族擁有，周人保留氏族組織的宗子制度，使得思想意識的產生，只在氏族貴族的範圍內發展，不會走到民間，這

在周王朝之前相當長的歷史裡，方國部落聯盟是社會發展的核心，周王朝建立
之後，打破這種格局，出現以分封制爲核心的嶄新政治局面〔註62〕。封建政治
在西周創建的過程中，教育的內容與場所仍附屬於政治運作之中，故西周尚未
有單獨獨立的學校制度。

西周的學校，乃附入於處理政務的官府，即所謂「明堂〔註63〕」，又稱「辟
雍〔註64〕」或「太廟〔註65〕」，主要處理朝政、祭祀、饗射等行政事務，同時
也是施教的場所。金鶚《求古錄・禮說》云：「明堂所行之禮有三，曰宗祀，
曰告朔，曰朝覲〔註66〕」，說明了「明堂」的用途與「禮」的關係密切，錢穆
也以爲明堂乃「王者出政教之堂也〔註67〕」，故周代屬於政教一體、官師合一
的教育。

周代教育主要施教方式，分成國學與鄉學兩種。在國學接受教育者，
包括周王室的太子、周王的諸子、公以及諸侯的太子、卿大夫及元士的嫡
子，還包括一些選拔上來的中、小貴族的子弟。鄉學，即地方官學，對象
主要爲士民。由於目前缺乏新資料，不易斷定鄉學的具體結構層次〔註68〕。

就是周代「學在官府」的歷史性質，西周官學就是這樣產生的。侯外廬：《中
國思想通史・第一卷》，北京：人民出版社，1957 年，頁 24～26。

〔註62〕 晁福林：《夏商西周的社會變遷》，北京：中國人民大學出版社，2010 年，頁
122。

〔註63〕 古來述明堂之制者，有《考工記》與《大戴禮記》二書，但二書所載明堂制度
不同。主張《大戴禮記》九室十二堂之說者，有班固《白虎通》、蔡邕《明堂
月令》、惠棟《明堂大道錄》、孔廣森《禮學卮言》等。主張《考工記》五室之
說者，有鄭玄《周禮注》、袁準《正論》、陳祥道《禮書》、焦循《羣經宮室圖》、
江藩《隸經文》等。今錢穆贊同《考工記》五室之說者之說，詳見錢穆：《周
公》收入《錢穆先生全集（新校本）》，北京：九州出版社，2011 年，頁 75～76。

〔註64〕 《禮記・王制》：「大學在郊，天子曰辟雍，諸侯曰泮宮。」〔漢〕鄭玄注，〔唐〕
孔穎達疏：《禮記正義》，頁 236。劉向云：「天子立辟雍者何？所以行禮樂，
宣德化，教導天下之人，使爲士君子，養三老，事五更，與諸侯行禮之處也。」
詳見〔漢〕劉向：《五經通義》，收入馬國翰輯：《玉函山房輯佚書》第四冊，
臺北：文海出版社，1967 年，頁 1937。

〔註65〕 晉朝袁準云：「明堂太廟者，明堂之內太室，非宗廟之太廟也」，可知明堂雖
可稱作太廟，但此太廟與天子七廟之宗廟不同。詳見〔晉〕袁準：《袁子正論》，
收入馬國翰輯：《玉函山房輯佚書》第五冊，臺北：文海出版社，1967 年，頁
2506。

〔註66〕 詳見〔清〕金鶚：《求古錄・禮說》卷二明堂考，收入《續修四庫全書・經部・
禮類》第 110 冊，上海：上海古籍出版社，1997 年，頁 213。

〔註67〕 錢穆：《周公》，收入《錢穆先生全集（新校本）》，頁 76。

〔註68〕 朱宗俠、司偉：〈西周的學校與尊老教育〉《柳州師範學報》第 26 卷第 3 期，

士民，則是指士鄉之民〔註69〕，《左傳・襄公九年》：「士競於教〔註70〕」即說明士階層獨有的教育生活。孔子是士，接受貴族教育。鍾肇鵬（1925～）說「儒」本是周朝學校中的教師，教以六藝，稱爲「師儒」，在孔子以前已經有之〔註71〕。因此，無論國學或是鄉學，他們的教育內容，與本節所論「師儒之儒」的職責，皆有密切相關。

「師儒」之名，並非一人專稱，實際上可細分作「師」、「儒」二職，此二職之名出於《周禮》。《周禮》〈天官〉在「以九兩繫邦國之民」的規劃中云：

> 三曰師，以賢得民。四曰儒，以道得民。〔註72〕

這是「儒」在傳世文獻中最早出現的地方。鄭玄認爲「師」之賢，在於其「德行」；「儒」之道，彰顯於「六藝」，故注曰：

> 師，諸侯師氏有德行以教民者。儒，諸侯保氏有六藝以教民者。
> 〔註73〕

此注指出周代貴族教育兼顧「德行」與「六藝」的學問內涵。章太炎云：「躬備德行爲『師』，效其材藝爲『儒』〔註74〕」。換句話說，「師」的內涵必具「道德」，「儒」的特色必具「六藝」。鄭玄提到的「師氏」與「保氏」，在周初已經存在。周公當內外多事之際，與召公共相成王，親爲師保。《書序》云：「召公爲保，周公爲師，相成王爲左右」是也〔註75〕。師、保之義今見於〈文王

2011 年 6 月，頁 52。
〔註69〕 《國語・齊語》載管仲治齊，將齊國分爲二十一鄉，「工商之鄉六，士鄉十五」，韋昭注：「此士，軍士也，十五鄉合三萬人」。詳見〔春秋〕左丘明撰，〔吳〕韋昭注：《國語》，臺北：中華書局，1966 年，頁 4。此爲士禮居黃氏重雕本校刊，屬《四部備要》第 283 冊。
〔註70〕 《左傳・襄公九年》：「秦景公使士雃乞師于楚，將以伐晉，楚子許之，子囊曰：『不可，當今吾不能與晉爭。晉君類能而使之，舉不失選，官不易方，其卿讓於善，其大夫不失守，其士競於教，其庶人力於農穡，商工皁隸，不知遷業。韓厥老矣，知罃稟焉以爲政；范匄少於中行偃而上之，使佐中軍；韓起少於欒黶，而欒黶士魴上之，使佐上軍；魏絳多功，以趙武爲賢而爲之佐，君明臣忠，上讓下競。當是時也，晉不可敵，事之而後可，君其圖之。』」〔晉〕杜預注，〔唐〕孔穎達疏：《春秋左傳正義》，頁 527。
〔註71〕 鍾肇鵬：《孔子研究（增訂版）》，北京：中國社會科學出版社，1990 年，頁 177。
〔註72〕 〔漢〕鄭玄注，〔唐〕賈公彥疏：《周禮注疏》，頁 32。
〔註73〕 〔漢〕鄭玄注，〔唐〕賈公彥疏：《周禮注疏》，頁 32。章太炎謂賢者道德之謂，道者學問之謂。章太炎先生演講、諸佐耕筆述：〈儒行大意〉頁 1209。
〔註74〕 章太炎：《國故論衡・下卷・原儒》，頁 150。
〔註75〕 錢穆：《周公》，收入《錢穆先生全集（新校本）》，頁 69～70。

世子〉云：

> 師也者，教之以事而諭「諸德」者也。保也者，慎其身以輔翼之，
> 而歸「諸道」者也。〔註76〕

「師氏」與「保氏」透過實際事務與自身言行，來教導天子「諸德」與「諸道」，可以見得天子所學習的德行與道藝，並非抽象空泛之論，而是貼近切身的具體實踐。這點可從《周禮·地官》記載師、保的職務來看：

> 師氏：掌以媺詔王。以「三德」教國子：一曰至德，以爲道本；二曰敏德，以爲行本；三曰孝德，以知逆惡。教「三行」：一曰孝行，以親父母；二曰友行，以尊賢良；三曰順行，以事師長。〔註77〕

> 保氏：掌諫王惡，而養國子以「道」，乃教之「六藝」：一曰五禮，二曰六樂，三曰五射，四曰五馭，五曰六書，六曰九數。乃教之「六儀」：一曰祭祀之容，二曰賓客之容，三曰朝廷之容，四曰喪紀之容，五曰軍旅之容，六曰車馬之容。〔註78〕

師氏負責將美善的道理告訴君王，並以中和之至德、順時之敏德、人道之孝德之「三德」，與親父母之孝行、尊賢良之友行、事師長之順行之「三行」爲內容，闡述諸德爲日常生活具體實踐之「德行」。保氏負責勸諫君王的過失，並以禮、樂、射、御、書、數之「六藝」，與祭祀、賓客、朝廷、喪紀、軍旅、車馬之容之「六儀」教導國子，說明諸道爲政教生活實際操作之「道藝」。

「德行」與「道藝」二者必須兼顧，不能偏廢。因爲在《周禮·地官·大司徒》「以本俗安萬民」，其中有一條是「聯師儒」，說明「師」、「儒」二職乃互爲關連，分時各司其職，合時共同施教，故並稱「師儒」，而鄭注：

> 師儒，鄉里教以道藝者。〔註79〕

此處師儒之責，雖未言「德行」，僅言「道藝」，杜正勝以爲從更深一層的教學方法考察，六藝也包含修養，故「德行道藝」往往連言，而且沒有脫離道藝的所謂純粹的德行〔註80〕，這也彰顯了「聯師儒」之官聯存在的意義。以

〔註76〕〔漢〕鄭玄注，〔唐〕孔穎達疏：《禮記正義》，頁397。
〔註77〕〔漢〕鄭玄注，〔唐〕賈公彥疏：《周禮注疏》，頁210。
〔註78〕〔漢〕鄭玄注，〔唐〕賈公彥疏：《周禮注疏》，頁212。
〔註79〕〔漢〕鄭玄注，〔唐〕賈公彥疏：《周禮注疏》，頁159。
〔註80〕杜正勝：〈古代世變與儒者的進退〉《長庚人文學報》第4卷第1期，2011年，

上所述，雖屬於天子、國子的貴族教育，但廣大的民間教育及士民之拔擢，也不出「德行」與「道藝」的考察範圍與標準〔註81〕。

除了傳世文獻，周代師儒教授德、藝之學的出土例證，在西周金文之中，也有大量提到「師」的內容。李零（1948～）說明金文之「師」包括三大職能，最常見的是作爲武官（如師旂、師旋、師寰、師同等）。但同一種「師」，也還肩負教育之責，課貴族子弟射御（見令鼎），甚至掌鐘鼓之樂（見師叒簋）。師平日用這些內容教育貴族子弟，戰時則率這些「子弟兵」出征，二者是統一的〔註82〕。由此可見，周代官師合一教育確實存在，而禮、樂、射、御、書、數的六藝之學，實爲主要的教育課程。

周代德、藝教育的推行，以周公爲最初的典範。周公身爲三老〔註83〕，兼成王之師，身負政治與教育的雙重責任，其要求天子與貴族必須德藝兼備。魏源《書古微・卷十》曰：「周公制禮初成，恐公卿諸侯儀文未習，故先舉行宗祀於明堂，演習其儀〔註84〕」當中之「儀」便是禮儀，禮儀乃是透過眾多術「藝」集結方成。楊向奎（1910～2000）亦指出西周時期乃「以德代禮〔註85〕」，指出「禮義」含括於「德」之中。因此，楊朝明（1962～）分析周公制禮作樂的具體內容，包括三個層面：一是「禮義」，屬於抽象的禮的道德原則；二是「禮儀」，指禮的具體的制度規定；三是「禮俗」，對於

頁8。

〔註81〕 詳見林師素英：〈《周禮》的禮教思想——以大司徒爲討論主軸〉，《國文學報》第三十六期，2004年12月，頁1～42。

〔註82〕 禮樂之中也有軍事內容。古禮有文禮、武禮，如軍容講究「登車不式」、「介冑不拜」，樂也有文樂、武樂，如相傳商之〈大濩〉、周之〈大武〉。詳見李零：《李零自選集・西周金文的職官系統》，桂林：廣西師範大學出版社，1998年2月，頁120。（周代）貴族階級的教育雖說文武合一，但就實際情形推測，似乎比較偏重於武事。詳見童書業：《春秋史》，北京：商務印書館，2012年12月，頁105。

〔註83〕 國之重臣太師、太保、太傅，同時也是帝王之師，有人稱作太學中的三老。詳見呂思勉：《先秦史》，上海：上海古籍出版社，1982年，頁386。另外，楊寬據西周金文研究，西周朝廷大臣確有公、卿兩級。公一級的，早期有太保、太師、太史；後期有太師、太史，太師可能同時有兩人。詳參楊寬：〈西周王朝公卿的官爵制度〉，收入人文雜誌叢刊第二輯《西周史研究》，西安：人文雜志編輯部，1984年，頁117。

〔註84〕 〔清〕魏源：《書古微・卷十》收入《皇清經解續編》第十九冊，臺北：復興書局，1972年，頁14580～14581。

〔註85〕 楊向奎：《宗周社會與禮樂文明》，頁333。

前代舊禮的因循與周人本身的風俗習慣〔註86〕。

　　綜上所述，周代德、藝教育的推行，乃以「人」爲考量主體，從培養己身之德爲中心，擴展至親父母、尊賢良與事師長之行，再藉由「禮樂以成仁」、「射御以養勇」、「書數以成知」〔註87〕之六藝訓練，達到人我關係與社會責任的和諧圓滿，故德、藝教育可視作一種「人道」精神的實際發揚。而周公將禮樂的內在性質，意義化、超越化、價值化、教育化，使其獲得哲學的根據，具有道德的內涵和形式，從此禮樂在人類歷史上的功能與地位才顯著，而迥異於通常的典章制度之上〔註88〕，開啓了往後周代「師儒之儒」，將殷商「術士之儒」專門服事天道的工作，轉換爲重視德、藝的人道教育，至春秋時期的孔子，正是郁郁周文的繼承者與人道精神的發揚者。

第三節　儒家之儒

　　劉咸炘云：「官學變爲師學，六藝流爲諸子〔註89〕」，說明春秋末年貴族教育沒落，流散至民間的現象，而孔子就是在這個轉變時期，興辦私學，發揚王官之學。然孔子之學博大精深，歿後，又有「儒分爲八」之說，單此一節難以盡言「儒家之儒」之全貌，故以下僅凸顯「儒家之儒」對於殷代術士之儒與周代師儒的繼承與創新爲主要論點，並從孔子轉換、提升德藝之實踐，與提倡君子儒的意義與使命兩個部分，進行說明。

一、孔子提升德、藝的內涵

　　孔子之前，周代論「德」通常用於指稱在位者在國家政治與治理人民的美好表現，並且此「德」與天命相互聯繫。周代的天命，異於殷商以天帝、祖先的意志爲依歸，而以人（君王）勤政愛民的表現爲標準，具有「皇天無

〔註86〕楊朝明：《周公事蹟研究》，鄭州：中洲古籍出版社，2002年，頁158～161。

〔註87〕林師素英認爲《周禮》所載民間教育的「鄉三物」，乃是用以落實禮教之施行，而其中之「六藝」便是奠定實踐禮教之根基，而有「禮樂以成仁」、「射御以養勇」、「書數以成知」的歸納。詳參林師素英：〈《周禮》的禮教思想——以大司徒爲討論主軸〉，頁19～32。

〔註88〕任培道：〈禮樂的宗教性與藝術性〉《孔孟學報》第2期，1961年9月，頁143。

〔註89〕劉咸炘云：「官學變爲師學，六藝流爲諸子，向、歆發之，章學誠申之，不可易矣。」劉咸炘著，黃曙輝編校：《劉咸炘學術論集·哲學編（上）·中書卷二·本官》，桂林：廣西師範大學出版社，2010年，頁49。

親，惟德是輔」的新價值觀。方穎嫻（1938～）說在周人之意識中，「上帝」或「天」與人之相通相應處，在人之「德」之實踐。天有感於其「德」，乃授其治民之「命」，否則即收回成命，即是以「天命」黽勉統治者應努力修「德」〔註90〕。實際上，在傳統經典中，論「德」的實踐主體，多是指稱有位者之「君子」〔註91〕。林義正（1946～）曾研究「君子」概念在《易・卦爻辭》上出現，初指有位者，《尙書》亦沒有變化，惟在《詩經》之含義，就加入了才德或品性〔註92〕。

　　從殷商子需至西周師儒，儒之「德」、「藝」始終與官「位」身分緊緊相連，在完整有系統的西周封建制度中，稱作「君子」。古代君子的本義爲「君之子」，就是貴族。夏商之時，君子是指國君之子、儲君的可能人選。商末周初，擴大到掌握大權的王公貴族。從西周到春秋再擴大到「有位」的官員，到孔子有教無類的教育，使平民也有受教、行德，甚至參政的機會，於是君子的內涵，逐漸從「爵祿之位」轉移至「德之內涵」。〔註93〕君子「德」、「位」

〔註90〕方穎嫻提到王者與諸侯所應明、敬之「德」，實指其愛民之具體政治措施言。其義旨一如《詩經》所謂之「覺德行」（《大雅・抑》）或「顯德行」（《周頌・敬之》），俱落於具體之「行」上說，而非後來儒者所指謂之主體內在之道德修爲或道德情操。其義可涵攝廣義之「政」與「行」，故善政善行可謂之「文德」（《大雅・江漢》）、「懿德」（《大雅・烝民》）或能「克明其德」（《魯頌・泮水》）；反過來，則失儀之醉態爲「伐德」（《小雅・賓之初筵》），若「迷亂于政」，即「顛覆厥德」，或「回遹其德」（《大雅・抑》）。詳見方穎嫻：《先秦之仁、義、禮說》，臺北：文津出版社，1996年，頁22～23。

〔註91〕如《尚書・周官》：「凡我有官君子，欽乃攸司，愼乃出令，令出惟行，弗惟反」，鄭玄注：「有官君子，大夫以上」，詳參〔漢〕孔安國傳，〔唐〕孔穎達疏：《尚書正義》，收入《十三經注疏（附清阮元校勘記）》，臺北：藝文印書館，2001年，頁271～272。

〔註92〕林義正研究《論語》還是順著《詩經》的用法下來，但是特別著重在品性的意含，甚至用來指稱孔子。在《論語》裏「君子」絕大部分的用法是指有德者，這個現象最值得注意。孔子以後的儒者都是秉持這個意含，大量地使用它，譬如在《易傳》、《春秋三傳》、《禮記》、《孟子》、《荀子》書中都廣泛地出現著。所以「君子」成爲儒者思想中關心的焦點。詳見林義正：《孔子學說探微》，臺北：東大圖書公司，1987年，頁70。

〔註93〕關於君子的涵義，胡適認爲君子指士以上的上等社會，小人指示以下的小百姓；童書業（1908～1968）認爲君子本是階級性名詞，就是貴族；金景芳（1902～2001）、呂紹綱（1933～2008）認爲君子是貴族，小人是與它相對的勞力者；葉舒憲（1954～）認爲最初的君與尹既是部落酋長，又是祭司長，君的涵義不指君主，而是聖職和神權的標記。君子概念產生於君的世俗化之後，子爲男性美稱，君與子合成新詞，本指脫胎於祭司王傳統的上層統治者，主要應

之所以會逐漸趨於分離，最直接影響的原因還是西周政治日趨敗壞，各種倫理面臨考驗。在孔子以後，德的概念逐漸深化，「君子」係指有德之人，其中的「德」義則進入「儒」之學習核心目標；而「位」的概念反而被保留在「君」、「子」二字之中。爲求簡明瞭然，以下製作「儒」與「君子」的意義轉變與關係以供參考，詳見【表三】：

表三　「儒」與「君子」的意義轉變與關係

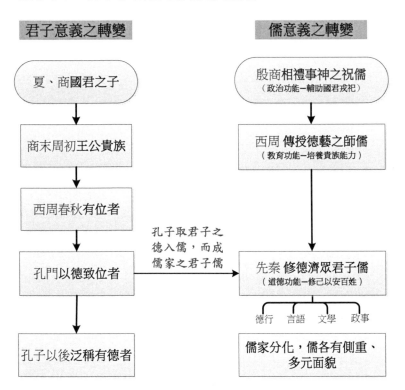

孔子以後，《論語》中的「君子」的含義由「位」而「位德」，由「位德」

用於原始儒家的著述中，又經歷了一個道德化和廣泛化的過程。張岩（1954～）認爲神權社會的認識是以往研究最薄弱的環節之一，此時向早期去尋覓君子一詞的內涵，會遇到一些難以逾越的認識屏障。引自張岩：《從部落文明到禮樂制度》，上海：上海三聯書店，2004 年，頁 308～309。君子意義演變的原因有二，一是貴族人數增加，宗法沒落、下層貴族僭禮越份；二是君子資格改變，平民可以靠後天的努力逐漸取代世襲的貴族。這當中「君子」從原初外在的「稱謂意義」逐漸發展成內在的「價值評價」。詳參林家瑜：〈先秦儒家的君子位與德的重心移轉〉，《東方人文學誌》第 9 卷第 2 期，2010 年 6 月，頁 62。

而「德」的演變，似乎有脈絡可尋。從孔子對學生的言談中，以「德」的含義爲主，希望學生以德致位，這是孔子將貴族的教養知識普及化於一般庶民，打破原來階級的局限，邁向人人皆可爲士、爲君子的理想。〔註94〕具體而言，孔子將「德」的概念，從「位」的條件中抽離出來，並用來期許弟子成爲「君子儒」，這是實踐主體在政治社會中的階級身分轉換。這樣的身分轉換也促使「德」的意義，從君王以國家爲主體的政治之德，轉換成以個人爲主體的修身之德。除了轉換「德」的概念，孔子對於「藝」的要求，也從表面的「儀」，提升至「義」。

周代論「藝」，以禮、樂、射、御、書、數之「六藝」，與祭祀之容、賓客之容、朝廷之容、喪紀之容、軍旅之容、車馬之容之「六儀」爲教育核心內容，這些「藝」都是必須經過長時間的學習與訓練，方能完整保存下來。然而春秋末年戰爭頻仍、土地併吞，地方的開發範圍越加廣大〔註95〕，造成王官失守、貴族之學流散民間的情形更加嚴重，如《論語》〈微子〉：「大師摯適齊，亞飯干適楚，三飯繚適蔡，四飯缺適秦。鼓方叔入於河，播鼗武入於漢，少師陽、擊磬襄入於海〔註96〕」的記載。因此，孔子的偉大在於，他不但保存了三代損益、流傳的豐富燦爛文化，並將這些德、藝傳至平民身上，使人人都有政治發揮之可能〔註97〕。

先秦時期，孔子開創平民教育，以《詩》、《書》禮樂爲主要內容，此乃繼承周代具體的術藝學問，與重視人道精神的意義發揮。〈性自命出〉簡15～16明確指出「詩、書、禮、樂，其始出皆生於人」，林師素英曾探討《詩》、

〔註94〕 林義正：《孔子學說探微》，頁80。

〔註95〕 春秋是一個強凌弱、眾暴寡、大國兼幷、小國則亟亟于圖謀生存的時代。大國兼併或蠶食，或鯨吞。小國的圖謀生存是或者整軍經武，藉以自保；或者依附強權，苟延殘喘；萬不得已則惟有流移逃死之一途。《晉書‧地理志》：「春秋之初，尚有千二百國。迄獲麟之末，見於經傳者百有七十國。」春秋時代，戰伐頻仍，主要目的是經濟掠奪，美其名爲「職貢」，實際是有方物（土產）、君實（甲、兵、車、馬之屬）、取田等物資的榨取。因爲經濟的來源之在古代，最重要的是有賴于地方的開發，因逃難的遷國舉動，反而增加前往落後地區的開發工作。而遷國愈多、欲頻數，則開發的地方、面積，自然也愈來愈廣。詳見陳槃：〈春秋列國的兼幷遷徙與民族混同和落後地區的開發〉，收入中央研究院歷史語言研究所中國上古史編輯委員會編：《中國上古史待定稿》第三本兩周編之一史實與演變，1985年，頁308～318。

〔註96〕 見於〔魏〕何晏集解，〔宋〕邢昺疏：《論語注疏》，頁167。

〔註97〕 《史記‧孔子世家》：「孔子以詩書禮樂教，弟子蓋三千焉，身通六藝者七十有二人。」詳見日‧瀧川龜太郎：《史記會注考證》，頁743。

《書》禮樂之性質與人道的關係，指出《詩》教能修養心性調和情志、養成健全之人倫關係、具備博學多聞與達政專對的能力；《書》教乃依歷代先王典謨訓誥等史料，提供未來從政者處政之取決標準，有疏通知遠之功；禮樂則尤重具體行爲之實踐，人以「樂」調理性情、以「禮」成就道義，兩者的最終目的都在於教民成德，如簡 18 所言「教，所以生德于中者也」。除了《詩》、《書》禮樂四教，《禮記・經解》更記載《詩》、《書》、《樂》、《易》、《禮》與《春秋》對人之教化，說明孔子一生所整理、弘揚之「六經〔註98〕」，乃是將原本屬於貴族專有之「六藝」，傳與平民之有志於學者。「六經」與「六藝」之間的交集互通，就在於「禮」。〔註99〕

　　孔子論「禮」，最大的特色就在於「仁」的提倡。「仁」作爲禮樂之前提，在強調禮義的精神，要重於禮儀的形式，而禮義的內涵建立在以人倫爲基礎的仁道學說上。葛兆光（1950～）說：「儒從儀式中追尋『禮』的意味，從象徵中發展出『名』的思想，孔子由此推尋禮儀的來源與確立『仁』的價值。〔註100〕」顏炳罡（1960～）說孔子建立了以仁爲本源，以禮爲表徵，仁禮合一的思想系統，這一思想系統存有向「依仁以成禮」和「設禮以顯仁」兩個向度發展的可能性。〔註101〕無論孔子以後的學者，如何詮釋「仁」、「禮」關係，很明顯地，在孔子之前並未有人如此強調「仁」，並將其放置在「禮」的實踐上。這是孔子繼承周代之禮樂，發揮人道之德，在「禮」的實踐中挺立出「仁」的精神之重要貢獻。

〔註98〕 至遲在戰國時期，「六經」並列之現象已經確立，可參考《莊子》〈天運〉及〈天下〉，《荀子》〈勸學〉及〈儒效〉。

〔註99〕 林師素英以爲〈經解〉一篇雖短，卻透露「六經」與「六藝」之聯繫線索，經分析得出該篇的思想脈絡有三：一是天子應深入「六經」之教而「以禮爲宗」，二是安邦治國當以禮最爲切要，三是禮具有實際社會政治功能而爲「六經」之歸宗。同時還將〈經解〉與相關傳世文獻、戰國簡文相驗證，發現這種「六經歸禮」，且「以禮爲宗」之「六經」與「六藝」可以互通的現象，至遲在戰國以前應已形成。詳參林師素英：〈以禮爲宗的〈經解〉思想分析——與傳世文獻及戰國簡文相驗證〉，收入楊朝明主編：《孔子學刊》第三輯，上海：上海古籍出版社，2012 年，頁 138～157。

〔註100〕葛兆光：《中國思想史第一卷》，頁 88～95。

〔註101〕孔子之後世儒者如孟子尊仁，乃是依仁以成禮；而荀子崇禮，乃是設禮以顯仁。兩漢以下，降至明清，兩種方式此消彼長，不斷爭勝較長。儒家在當代只有仁禮雙彰，將二者有機結合，才能爲人類做出新貢獻。詳見顏炳罡：〈依仁以成禮，還是設禮以顯仁——從儒家的仁禮觀看儒學發展的兩種方式〉，《文史哲》2002 年第 3 期（總第 270 期），頁 1。

綜上所述，孔子論「德」，乃將君子之德從有位者的意義，內化提升至無位者之個人主體；孔子論「藝」，不僅傳承發揚周代禮樂具體之「儀」、抽象之「義」，更以「仁」道學說爲思想核心，確立儒者在人倫關係中的角色責任，無形中塑造出儒家所謂的「君子儒」，乃有其眞正存在的意義與使命。

二、君子儒的意義

孔子提倡的君子成德之教，是提升「儒」的內涵改變最重要的原因，美國赫伯特‧芬格萊特（Herbert Fingarette，1921～）稱之爲「精神的貴族〔註102〕」，即《論語‧雍也》指稱的「君子儒」。林存光（1966～）說春秋之時，人處於社會文化的轉型期，即宗教道德觀念的急遽變革，從神本世界走向人文時代。在孔子的理論建構中，存在三種不同的「人化」樣態，即聖人、仁人君子與小人的品分。〔註103〕事實上，孔子這樣的品分，乃是以政治實踐爲核心主軸，對於政者之類型，進行內涵之區分與洞見。

據《論語‧雍也》所載從政者類型有五，包括斗筲之人、士、君子、善人（成人）、聖人等五類。《大戴禮記‧哀公問五義》則記載孔子對魯哀公所論爲政之人，分別是庸人、士、君子、賢人、聖人。《大戴禮記》與《論語》所載的爲政之人名稱雖有小異，但意義卻大致相同。二者都明顯以廣納有爲有守之「士」爲治國之大本，且以多得「君子」爲掄才之理想，庶幾可成就務實之政治。〔註104〕

〔註102〕孔子所說的精神的貴族也就是君子，就是那種爲把社會規範（禮）和原生態的（raw）個人的存在鎔鑄在一起而辛勤勞作的「煉金術士」（alchemy），他們以這樣一種潛移默化的方式，把原生態的個人轉化成爲實現人所特有的美德或力量的德性的存在。美‧赫伯特‧芬格萊特著，彭國翔、張華譯，《孔子：即凡而聖》，南京：江蘇人民出版社，2002年，頁7。

〔註103〕林存光：《歷史的孔子形象——政治與文化語境下的孔子和儒學》，濟南：齊魯書社，2004年，頁12～21。

〔註104〕雖然孔子明知於當時之世要得「聖人」之才幾乎不可能，卻仍然爲哀公獻言，不僅旨在期許哀公自立自強，更爲後之主政者建立重要而理想的掄才標準，因此不可因當時不可得以致避而不言。《大戴禮記》與《論語》對於政治人才之選拔採取同一標準之現象，說明《大戴禮記》所載，應與《論語》同源於孔門七十弟子，乃至於孔門再傳弟子有關。詳見林師素英：〈《大戴禮記》〈哀公問五義〉思想析論——與《論語》政治人才觀相驗證〉，該文發表於南京師範大學文學院文獻學系、臺灣中央研究院中國文哲研究所聯合舉辦之「二○一○年中國經學國際學術研討會」，2010年11月15～16日。現收入趙生群、方向東主編：《古文獻研究集刊》第五輯，南京：鳳凰出版社，2012年8月，

　　孔子期許弟子具備「士」的務實技能與美好節操，其知識、行為、言語皆能有所依據、審慎處之，無論處於富貴、貧賤皆不動搖，再提升自我之聞見德行，恪守忠信仁義以定其志，成為「君子」，這是「君子儒」的意義。林師素英（1955～）論「士」乃是貴族與庶民百姓階層之分野，國家大事有賴各不同基層的人員分別具體執行之，因而各不同單位的人員，不務求其知之多、行之多、言之多，而務求其專精所知、慎審所行、審慎而無謬誤。「君子」此一階層者具有承上啟下之中介地位，因而有別於基層之「士」的專務於其份內之知、行、言，而大大講求其內在之涵養與外在之表現，其向上提昇者，可成為治國重要之大臣，因此孔子談論最多〔註105〕。由此可知「君子儒」的使命，在於以其才德，輔助上位者治理國家，從基層的政務落實中愛民、治民，並以身作則躬行忠信、仁義之道，向上提昇至國家之重要大臣，輔助國君實踐王道。

　　「君子儒」乃相對於「小人儒」，故若要體現君子儒的意義與使命，其言行與理想必須與「小人儒」有所區別。既已稱之「儒」，為何還冠上「小人」之名？在現今文獻中，以戰國末年《荀子》一書，記載最多評論、分判儒者高低之語。荀子論儒，有其思想核心之標準，在其〈勸學〉篇說明「學」乃以誦讀《詩》《書》之經為始，修習讀禮為終，在從「士」、「君子」修習至「聖人」的學習過程中，接近賢人是最快速的途徑，其次是隆禮。倘若儒者為學不能好賢人、隆禮義，僅知頑固死讀《詩》《書》詞句者稱作「陋儒〔註106〕」，雖擅長察辯卻不知以禮義為綱領者稱作「散儒〔註107〕」。然「陋儒」雖「陋」，仍存《詩》《書》；「散儒」雖「散」，仍知察辯。相較之下，僅重實質、不知文飾的「腐儒〔註108〕」，如朽腐之物，閉無所用，便不堪所用。荀子稱子張、子夏、子游之後學末流為「賤儒〔註109〕」，是針對其僅重視整理外在衣冠、顏色之細節，然而言語卻淺薄或者不發一語，貪嗜飲食而失廉恥者。以上荀子所論之「陋儒」、「散儒」、「腐儒」、「賤儒」皆可歸類於「小人儒」之列。

　　　　頁 252、270。

〔註105〕詳見林師素英：〈《大戴禮記》〈哀公問五義〉思想析論──與《論語》政治人才觀相驗證〉，頁 260。

〔註106〕〔清〕王先謙：《荀子集解》〈勸學〉，頁 9。

〔註107〕〔清〕王先謙：《荀子集解》〈勸學〉，頁 10。

〔註108〕〔清〕王先謙：《荀子集解》〈非相〉，頁 53。

〔註109〕〔清〕王先謙：《荀子集解》〈非十二子〉，頁 66。

另外，荀子論儒尚有能稱之聖人或君子、以朝廷之位區分的「大儒」與「小儒」，也有相對於「俗儒」，能法後王、隆禮義的「雅儒」〔註110〕。所謂「大儒」，乃是法先王、統禮義、一制度，並能知通統類、安天下者，彼「通則一天下，窮則獨立貴名」，在朝廷之位堪任天子、三公也。荀子以為只有周公、孔子與仲弓三人，堪成「大儒」。所謂「小儒」，能忍己之私欲與情性，公正修潔，聰明好問多才能者，在朝廷之位堪任諸侯、大夫、士也。至於所謂「雅儒」，係指法後王、隆禮義而殺《詩》《書》、尊賢畏法不敢怠傲者，用雅儒則千乘之國能安居樂業。此三者與稱口先王卻流於世俗、為衣食餬口不惜順從顯貴之人的「俗儒」，大不相同。

以上荀子對於「儒」的分類與批評，說明戰國時期儒者的墮落與流雜。然而此種現象並非一夕造成，而是經過世風丕變、陋習積累、教育內容等因素，經過長時間形成。自孔子歿後儒家分化，已各有發展，荀子論儒之品類參差不齊，說明此現象到戰國末年更加嚴重。在此儒家發展之背景下，〈儒行〉所呈現的思想與內涵，就有其價值所在。

〔註110〕此四種「儒」見於〔清〕王先謙：《荀子集解》〈儒效〉，頁73～93。

第三章 學與履

　　學與履，意指「學習」與「履行」，此二事如同儒者的左右雙足，偕同並進，缺一不可。學行並重的原因，在於儒家著重的是「生命的學問〔註1〕」，其學習的知識與技能，目的在圓滿人與人之間的倫理和諧與道德精神的發揚，故〈儒行〉既論儒之「強學、博學」，又必隨之言「力行、篤行」。與此相對的，則是《論語》也多記載「好學」、「願學」、「爲邦」、「爲君了」之道，孔子更自述其有「學而不厭，誨人不倦」的能耐與使命。對於一個眞正的君子儒而言，學須有本，行須有道；學之本，在於日日勤勉、虛心受教以達眞知；行之道，在於反求諸己、圓滿倫常以證眞行。本章分成兩節說明〈儒行〉論儒有兩大面向：「學之態度與教之內涵」與「行於人倫之常的處世原則」。

第一節　學之態度與教之內涵

　　〈儒行〉全篇多次論及「學」的作法與效益，如「博學以知服〔註2〕」，孫希旦曰：「服，行也。〔註3〕」；「強學以待問」，方慤（生卒年未詳）曰：「強學所以爲己，待問所以爲人，能爲己然後能爲人。〔註4〕」；「積文以爲富」，

〔註1〕　牟宗三論述中國的哲學以「生命」爲中心，由此展開他們的教訓、智慧、學問與修行。詳見牟宗三：《中國哲學的特質》，臺北：臺灣學生書局，1978年，頁5～8。
〔註2〕　此爲〈儒行〉原文，於以下行文中一律以標楷體示之。
〔註3〕　〔清〕孫希旦：《禮記集解》，頁1407。
〔註4〕　宋人方慤之說，見於〔宋〕衛湜：《禮記集說》，收入〔清〕徐乾學等輯，納

葉夢得（1077～1148）曰：「詩書禮樂之文，則畜其德者，故以爲富。〔註5〕」
說明儒者之「學」有其方法與內涵，過程力求眞知眞行而不敷衍，又因「學」
與「教」相對，教、學兩方皆須用心，在〈儒行〉中更提及儒者效古、示善、
浴德的重要性，故本文歸納成儒者向學之三度、受教之三方，加以闡論之。

一、儒者向學之三度

向學三度，指的是儒者面對學習所付出的程度，包括廣度、強度與深度
三個面向。「博學之廣度」能使儒者判斷在各種場合中其一般言行之合理性，
「強學之強度」能使儒者應付各種特殊問題與狀況之變化性，「多文之深度」
則指儒者在知識與道德皆有豐富的涵養且能以此爲富有。廣度側重於學習的
空間範圍，強度重視複習的時間次數，深度則與前二者有密切相關。

（一）博學知行之廣度

所謂博學，博者，廣也，意指拓寬學習的空間與範圍，以達多聞之能。
馬一浮云：「《論語》大義無往而非六藝之要，若夫舉一反三，是在善學。如
聞《詩》以知《禮》，聞《禮》而知《樂》，是謂告往知來，聞一知二。〔註6〕」
孔門之中，子貢自謙聞一知二，稱許顏回聞一知十，乃因顏子「好學〔註7〕」
之故。好學之範圍不能囿限，因孔子曾勉弟子云：「君子博學於文，約之以禮」，
能免於做出違逆悖德之事，可見「博學」的功用，不僅在於增進知識的廣度，
也在提升道德與文化之同理心。然而要達致馬氏所云「聞《詩》以知《禮》」、
「聞《禮》而知《樂》」，則須經過長期的經典教育，方能有所成。《禮記‧內
則》記載古代君子廿歲成年之後，學習禮樂乃「惇行孝弟，博學不教，內而
不出」，至三十有室之時，則「始理男事，博學無方，孫友視志」，可見得儒
者一生得以博學之精華時間，乃在二十至四十歲之間，然若僅知空談道德學
問而未付諸實踐於生活，則君子也不屑與此種人爲伍，故《大戴禮記‧曾子
立事》記載「博學而無行，進給而不讓，好直而徑，儉而好侒者，君子不與

蘭成德校刊：《通志堂經解》卅二冊，臺北：大通書局，1969 年，頁 18526。
〔註5〕 宋人葉夢得之說，見於〔宋〕衛湜：《禮記集說》，頁 18529。
〔註6〕 馬一浮：〈論語大義〉，收入李兆祥主編：《儒家教育思想研究》，北京：中華
書局，2003 年，頁 65。
〔註7〕 《論語》〈先進〉記載孔子稱讚顏回好學之事，見於〔魏〕何晏集解、〔宋〕
邢昺疏：《論語注疏》，收入《十三經注疏（附清阮元校勘記）》，臺北：藝文
印書館，2001 年，頁 97。

也〔註8〕」。

　　〈儒行〉強調博學與知行之間的關係，如「**君子之學也博，其服也鄉**」，說明博學可以深刻體認自身文化的原理基礎，進而能懂權變，雖入境隨俗又不忘其本，王夫之曰：「博，通也〔註9〕」即有此意。再如「**博學以知服，近文章**」，此句歷來注家有兩種斷句，一是如前述，另一種斷句爲「**博學以知，服近文章**」。前者強調「博學」乃奠定「行」的知識基礎，學行的價值在於能趨近、展現眞儒文風；後者則以「知」作爲「博學」之益處與結果，然而僅有「學」則只能成就「知」，非得付諸「行」之層次，才稱得上有「文」。兩種斷句法，牽涉到學者們對於「知」與「行」的詮釋與價值的比重，觀〈儒行〉全篇論述雖以「行」的具體作法爲主軸，但其細部也有重視「知」的地方，否則「夙夜強學」的目的就不會是「待問」，對於君上的弗知，儒者也無須「讒而魁之，又不急爲也」。因此，「博學」的重點於此可視作儒者判斷、決策行動的參考依據，所「知」越多，越能舉一反三、通權達變，而「行」的結果不僅能合於道義，經過時間之歷練與考驗，至七十歲更有機會習得「從心所欲，不踰矩」的人文智慧。

（二）強學待問之強度

　　強，勤也〔註10〕。強學，即勤勉投入於學習，並在有限的時間內增加學習的次數與份量，以強化所學之知識、所感之情意與所練之技能的密度，這種用功的力道就是學習的強度。子夏定義「好學」爲「日知其所亡，月無忘其所能〔註11〕」，顯現古人在白天努力向老師、賢人學習以充實自身之不足，並在夜晚主動複習、無所厭倦。《禮記・學記》也云：「知不足，然後能自反也；知困，然後能自『強』也。〔註12〕」此處之「強」與《周禮・地官・司徒》記載司諫之職：「正其行而『強』之道藝〔註13〕」之「強」意義相通，不過後者更點出道、藝乃是儒者學習的主要內容。然而，二者又以「道」的學

〔註8〕　〔清〕孔廣森：《大戴禮記補注（附校正孔氏大戴禮記補注）》，北京：中華書局，2013年，頁88。

〔註9〕　〔清〕王夫之：《船山全書・第四冊・禮記章句》，頁1458。

〔註10〕　《爾雅・釋詁》：「勞，來，強，事，謂，翦，篲，勤也。」詳見〔晉〕郭璞注，〔宋〕邢昺疏：《爾雅注疏》，收入《十三經注疏（附清阮元校勘記）》，臺北：藝文印書館，2001年，頁22。

〔註11〕　〔魏〕何晏集解，〔宋〕邢昺疏：《論語注疏》〈季氏〉，頁171。

〔註12〕　〔漢〕鄭玄注，〔唐〕孔穎達疏：《禮記正義》，頁648。

〔註13〕　〔漢〕鄭玄注，〔唐〕賈公彥疏：《周禮注疏》，頁213。

習更爲重要，此「道」包含古代聖王治世之道。

〈儒行〉以「席上之珍以待聘，夙夜強學以待問」作爲儒者自立之論，鄭玄曰：「席，猶鋪陳也。鋪陳往古堯舜之善道以待見問也，大問曰聘。」孔穎達直言：「儒能鋪陳上古堯舜美善之道，以待君上聘召也」〔註14〕。由此可知，儒者之「強學」，能透過自身對於古代治國之法的瞭解，答覆君主、長上的疑問，得到聘任的機會。但是，彼「強學」的目的，不完全爲了出仕的目的，更包含對於美善之「道」、「德」的看重與發揚，故黃道周曰：「席上之珍，非爲聘也，而聘者必緣之；夙夜強學，非爲問也，而問者必緣之。〔註15〕」晏光曰：「席上之珍，則其德可貴；夙夜強學，則其道可尊，二者有師道焉。〔註16〕」二人對於待聘、待問背後的意義，有更深刻的認識。

因此，「夙夜強學以待問」絕不是儒者自矜博學，而是凸顯先秦時期儒者的政治責任與社會角色，乃兼有「師」與「臣」雙重身分。孔子時代，儒者爲「王者之師」的地位正在成型，至子夏已有「居西河教授，爲魏文侯師〔註17〕」的記載，子思更提出忠臣的條件在於「恆稱其君之惡〔註18〕」。子思將「師」與「臣」皆有向君上諫言的職責串聯起來，並將原本生問師答、君問臣答之主題普遍性，進一步延伸至針對君主個人道德或政策勸諫之特殊性。時至萬章問孟子「不見諸侯」一事，更強調儒者應有相應其身分之合理對待，若儒者當仕而有官職，則君召之，臣自當往見之；但若君主有求問於賢儒，則君主須依循禮義往求之〔註19〕。上述之例皆說明儒者「強學」之責任，不僅是爲了充實「臣」應有的道德與能力，有朝一日更要擔負接受君主、同僚提問之「師」的角色〔註20〕。

然而正因爲先秦儒者或許兼有「師」與「臣」不同身分，當中又有已委質而仕之臣、未正式出仕之臣的差異，故〈儒行〉一方面強調臣事君應抱持「上答之不敢以疑，上不答不敢以諂」的忠誠態度，另一方面又提出儒者須

〔註14〕 〔漢〕鄭玄注，〔唐〕孔穎達疏：《禮記正義》，頁974。
〔註15〕 〔明〕黃道周：《儒行集傳》，頁1121。
〔註16〕 晏光之說，見於〔宋〕衛湜：《禮記集說》，頁18526。
〔註17〕 〈仲尼弟子列傳〉：「孔子歿後，子夏居西河教授，爲魏文侯師。」詳見日‧瀧川龜太郎：《史記會注考證》，頁861。
〔註18〕 詳見荊門市博物館編：《郭店楚墓竹簡》〈魯穆公問子思〉，頁139。
〔註19〕 〔漢〕趙岐注，〔宋〕孫奭疏：《孟子注疏》〈滕文公下〉，頁113。
〔註20〕 《禮記‧學記》：「師也者，所以學爲君也，是故擇師不可不慎也。」〔漢〕鄭玄注，〔唐〕孔穎達疏：《禮記正義》，頁654。

明辨道義，而有「上不臣天子，下不事諸侯」的可能決心。前者如〈學記〉記載：「君之所不臣於其臣者二：當其爲『尸』，則弗臣也；當其爲『師』，則弗臣也。〔註 21〕」便能合理解釋儒因身分不同，而須依禮改變作法。後者亦有孔門弟子閔子騫、原憲不願出仕之例證。總之，「強學」是儒者負責的態度，無論之後的身分是「臣」或「師」，其累積的知識學問與道德鍛鍊皆有所用。

（三）多文為富之深度

陸德明《經典釋文》分別引馬融、鄭玄二人之注《論語》〈學而〉：「行有餘力，則以學文」之「文」，馬曰：「文，古之遺文也。」鄭曰：「文，道藝也。」〔註 22〕馬融直言儒家所學爲古代遺留之文獻，而鄭玄所言「道」、「藝」與周代承接、損益、革新夏商二代的文化有關，故孔子有「郁郁乎文哉！吾從周」之嘆，說明此「文」之美，不僅內涵豐富且德馨廣布，至朱子以「《詩》《書》六藝之文」概括釋之。《論語》當中的「文」包含文獻、文章、文學、文化等多重深厚的意義，甚至能作爲諡法，〈公冶長〉就記載孔子答子貢問：「孔文子何以謂之文也？」孔子答：「敏而好學，不恥下問」，此處不僅與《逸周書‧諡法解》：「道德博厚曰『文』，勤學好問曰『文』〔註 23〕」相互呼應，也能爲〈儒行〉論儒之近人，乃「不祈多積，多文以爲富」之語增添注語。

多文，是經過長時間學習的積累、自然形成的豐碩成果，而儒者異於一般人追求名利爲富的態度，以擁有豐美的文化內涵作爲富足的條件。對於儒者的學習進程而言，「文」是其重要的學習內容之一，然卻非第一訴求，也非唯一價值。事實上，儒者力求學「文」之前，必先在倫理的規範與道德的力行下方有意義。因此，前述〈學而〉論學「文」之前，必先力行孝弟、謹信、愛眾與親仁等事，然後「行有餘力，則以學文」〔註 24〕。在〈儒行〉「不祈多積，多文以爲富」之前，也應先立下忠、信、義之德，而有「不寶金玉，忠信以爲寶；不祈土地，立義以爲土地」之重要前提，方有多文爲富之語。

綜上所述，〈儒行〉論儒者對於「學」的態度有三，包括拓寬學習的廣度、增加學習的強度、累積學習的深度，而有「博學」、「強學」、「多文」三大重

〔註 21〕〔漢〕鄭玄注，〔唐〕孔穎達疏：《禮記正義》〈學記〉，頁 654。
〔註 22〕〔唐〕陸德明撰，〔清〕盧文弨校：《抱經堂經典釋文》，臺北：漢京文化公司，1980 年，頁 348。
〔註 23〕黃懷信、張懋鎔、田旭東撰，黃懷信修訂，李學勤審定：《逸周書彙校集注（修訂本）》，上海：上海古籍出版社，2008 年，頁 635。
〔註 24〕〔魏〕何晏集解、〔宋〕邢昺疏：《論語注疏》〈學而〉，頁 7。

點。這三種學習態度，目的在使儒者一切行動皆有其道德依據，並藉由夙夜匪懈地溫故知新以充實自我，不僅兼顧「臣」、「師」雙重角色之能力，更具腹有詩書氣自華的文化之美，無論在做教育或文化傳布的工作，儒者皆能以此富足。

二、儒者教授之三方

教授三方，指的是儒者教導學生的方法有三個管道，包括以「古」爲教、以「善」爲教、以「德」爲教。此三方之教，借用陳來〈論儒家教育思想的基本理念〉說明，依次是「經典的人文教養」、「君子的榜樣」與「德行優於知識」〔註25〕。換句話說，「古教」在此指古代《詩》、《書》等經典之教，「善教」指賢者、君子榜樣之教，「德教」指德行落實於生命之教。

（一）古教之方

古，故也〔註26〕，代表一種過去發生的歷史。儒者學習立身之道以「古」爲範本，奠基於《詩》《書》六藝之文，孔子藉由詩教、書教、禮教、樂教、易教等內涵，教導弟子實際運用於該時代的各種倫理關係之中。《說文解字敘》也云：「蓋文字者，經藝之本，王政之始。前人所以垂後，後人所以識古。〔註27〕」不同的古代經典，分別傳遞不同領域、層次、程度的知識與意義，《禮記・經解》記載孔子論各經之教曰：

> 溫柔敦厚，《詩》教也；疏通知遠，《書》教也；廣博易良，《樂》教也；絜靜精微，《易》教也；恭儉莊敬，《禮》教也；屬辭比事，《春秋》教也。〔註28〕

古代經典的內容，蘊藏深刻的做人道理與處事準則，其重要性在於它們是培育眞正儒者的道德依據。孔子自評「述而不作，信而好古〔註29〕」，顯現其對於古代文化的重視程度，而〈儒行〉記載「今人與居，古人與稽；今世行之，後世以爲楷」，不僅強調法古、效古的精神，更有宏觀的歷史評價概念與自我價值的使命傳遞，欲留給後世之人各種美德與風範。這與荀子口中只知死讀

〔註25〕 陳來：〈論儒家教育思想的基本理念〉，《北京大學學報（哲學社會科學版）》第 42 卷第 5 期，2005 年 9 月，頁 198。

〔註26〕 〔漢〕許慎撰〔清〕段玉裁注：《說文解字注》，頁 88。

〔註27〕 〔漢〕許慎撰：〈說文解字敘〉，收入於龔鵬程主編：《改變中國歷史的文獻》上卷，北京：中國工人出版社，2010 年，頁 154。

〔註28〕 〔漢〕鄭玄注，〔唐〕孔穎達疏：《禮記正義》，頁 845。

〔註29〕 〔魏〕何晏集解，〔宋〕邢昺疏：《論語注疏》〈述而〉，頁 60。

《詩》《書》、不知以禮義爲綱領的陋儒、散儒大相逕庭，差別就在於對於「古」道之教能否通達？

「古」教的範圍，包括古人之身教、古籍之經教、古技之藝教三部分，對於儒者而言，古人之身教蘊藏於古籍記載與口耳相傳之中，當儒者從古籍當中汲取古人之德業，藉由「聞君子道」以達聰、明、聖、智〔註30〕，即是將經教當中逐一陳列的名物禮儀與倫理道德加以融會貫通，進而達致「通經致用」的作用。楊晉龍（1951～）認爲「通經」是爲「盡其用」的「致用」而存在，前提是對「經」要能「通」，「通」自然是要求能「充分確實的了悟」，而非僅僅讀熟就算〔註31〕。對儒者而言，「通經致用」即是在一條自我實現的道路上傳遞古道之教，透過借古鑑今的方式，繼往聖、開來學。至於藝教，表現在孔子對於禮樂的細部學習之中，至今雖已流失難以得知其禮容、樂調，但藝教的意義仍部分被保留在古代禮書之中。

具體而言，《詩》教能培養儒者專對達政的言語能力，不任意妄言且彰顯古代政治之文風與氣度，即〈儒行〉所謂「言必先信」、「言談者，仁之文也」；《書》教中多有三代舉賢、任賢的用人道理，使儒能不相互爭奪而謙讓有德，即〈儒行〉所謂「爵位相先也」、「內稱不辟親，外舉不辟怨」；《禮》教使儒分辨是非與進退容儀，不致亂位踰矩又懂得通權達變，即〈儒行〉所謂「大讓如慢，小讓如僞」、「難進而易退」；《樂》教和諧身心以調節性情，使儒不致流淫且能包容人我與萬物，即〈儒行〉所謂「歌樂者，仁之和也」。

古典文獻傳遞的重要訊息，在〈儒行〉當中乃是透過學習，而去身體力行各種美好的行爲。美國漢學家狄百瑞（1919～）在其《儒家的困境》一書，曾提到孔子向「歷史」學習的重要性，主要體現在兩個方面：一是維繫那些

〔註30〕　〈五行〉：「未尚（嘗）聲（聞）君子道，胃（謂）之不聰（聰）。未尚（嘗）見臤（賢）人，胃（謂）之不明。聲（聞）君子道而不智（知）其君子道也，胃（謂）之不聖。見臤（賢）人而不知其又（有）惪（德）也，胃（謂）之不智。」詳見荊門市博物館編：《郭店楚墓竹簡》，頁 147。梁濤曾引《馬王堆帛書·五行說》延伸論述：「『聞君子道』即發明『形於內』的『德之行』，『見賢人』則是指學習、實踐『不行於內』的『行』，這兩種活動分別是由聖或聰（「聰者，聖之藏於耳者也」〈說第六章〉）以及知或明（「明也者，智之藏於目者也」〈說第十三章〉）來實現、完成的。」梁濤：《郭店竹簡與思孟學派》，北京：中國人民大學出版社，2008 年，頁 402。

〔註31〕　楊晉龍：〈論經學和思維在臺灣教育及研究上的意義〉，收入國立臺灣師範大學國文學系主編：《紀念瑞安林尹教授百歲誕辰學術研討會論文集（上）》，臺北：文史哲出版社，2009 年，頁 135。

可以支撐生命的希望和理想，二是學習以往的經驗教訓〔註32〕。前者即是〈儒行〉「古人與稽」的重要目的，後者就是「後世以爲楷」的自我警惕。

（二）善教之方

「善」，蘊涵行善的個體、動機、作法與影響，爲一個整體善的發生的始末歷程〔註33〕，因此在古代文獻中出現的「善」字，所指涉的意涵包含善者、善意、善行、善教等許多種。所謂「善教」，即是指整個善的歷程及其存在對人產生的正面激勵與示範，因而成爲君子效法的榜樣。儒者求教於賢友之道乃以「善」爲方，此「善」仰賴儒者、賢人與朋友之間相互力行、示範、勉告、傳遞，方能有所領受，故《荀子‧修身》：「以善先人者，謂之教〔註34〕」、〈儒行〉論儒之任舉，有「聞善以相告也，見善以相示也」之語，說明「善」不僅可作爲一種教育的內涵，且須仰賴人與人之間的傳達，方是孔子所謂「多聞，擇其善者而從之〔註35〕」的學習歷程，而孟子秉持人性之善的觀點，引申出人有「聞一善言，見一善行，若決江河，沛然莫之能禦〔註36〕」的學習效果。

「善教」的過程在於自身率先認同、效法君子的榜樣，再進一步將此「善」廣爲流傳，上以美政、下以美俗〔註37〕，此是兩人以上的學思活動與文化教育交流，且無論其榜樣是古人或今人，唯有踐跡方能入聖賢之室〔註38〕，故當儒有「聞善以相告，見善以相示」時，已了然揭曉儒者在群居

〔註32〕美‧狄百瑞著，黃水嬰譯：《儒家的困境》，北京：北京大學出版社，2010年，頁50。
〔註33〕關於善的整體內涵，可參考傅佩榮（1950～）將「善」定義爲：「就人際關係而言，善是兩個或多數主體之間，適當關係之圓滿實現。」這個定義又包括三點引申涵義，一是善必須在人我相待的場合才有實現的機會；二是人與人之間，有其關係所應遵循的規範，若想行善，不能單靠個人意願與判斷，應藉由儒家重視的學習與教育；三是要求「圓滿實現」這種關係的動力，乃出自與生俱來的良知。詳見傅佩榮：《儒家哲學新論》，北京：中華書局，2010年，頁15。
〔註34〕〔清〕王先謙撰，沈嘯寰、王星賢整理：《荀子集解》〈修身〉，北京：中華書局，2012年，頁24。
〔註35〕〔魏〕何晏集解，〔宋〕邢昺疏：《論語注疏》〈述而〉，頁64。
〔註36〕〔漢〕趙岐注，〔宋〕孫奭疏：《孟子注疏》〈盡心上〉，頁233。
〔註37〕〈儒效〉：「儒者在本朝則美政，在下位則美俗。」見於〔清〕王先謙撰，沈嘯寰、王星賢整理：《荀子集解》，頁120。
〔註38〕〈先進〉記載子張問善人之道。子曰：「不踐跡，亦不入於室。」見於〔魏〕何晏集解、〔宋〕邢昺疏：《論語注疏》，頁99。

生活中，對於自己進德修業乃以善爲本，對於身旁之人，亦兼負有教善之責任。在「獨善」與「兼善」的抉擇之間，〈儒行〉很顯然地走向「兼善」的路程，這也呼應〈季氏〉論益者三樂，其中之一是「樂道人之善〔註39〕」，而當一人之善爲他人所稱道時，君子的榜樣便卓然而立，榜樣得到效法，即是「與人爲善〔註40〕」。

《論語》關於「善」的記載，在〈中庸〉進一步強調爲「擇善固執」。傅佩榮認爲儒家所說的「固執」包括三個要點，一是在擇善之後，要終身行之，不倦不悔；二是隨時考慮權宜問題，因爲「善」不是僵化之物，須由內在本心與外在規範配合來界定；三是必要時，可以固執到犧牲生命的程度〔註41〕。〈儒行〉在這三個要點上充分強調與展現，這在後面第二節儒者修己與待人之三種原則中，有諸多討論，此不贅述。總之，儒者對「善教」的領受及堅持，奠基於前賢之身教，成就於當世與後世之廣布。

（三）德教之方

「德」的表現，奠基於人對「道」的理解與態度〔註42〕。「德教」的目的在於使人立德、培德、行德最終成德，是儒家強調道德重於知識才能之所在。儒者將其內在之志向，轉換成外在具體之行動，並在過程中凝煉出穩定的情理表現，同時對旁人產生諸多感化與影響，即發揮「德化」、「德教」之功。若在「德」字前面加上名詞，可用以表示某人之德，如文王之德、周公之德；若在「德」字之前加上動詞，則可表示人對於德的態度或作法，如好德、崇德、報德〔註43〕。「德」是透過人之實踐而來，沒有實踐就沒有「德」，「德教」即是將道德落實於生命之中的實踐之教。《論語》〈顏淵〉子曰：「主忠信，徙義，崇德也。〔註44〕」記載孔子教導子張「德」之培養在行忠信合義之事，〈憲問〉子曰：「驥不稱其力，稱其德也。〔註45〕」比喻君子雖有才能，但因其有

〔註39〕　〔魏〕何晏集解，〔宋〕邢昺疏：《論語注疏》〈季氏〉，頁99。
〔註40〕　〈公孫丑〉：「取諸人以爲善，是與人爲善者也。故君子莫大乎與人爲善。」見於〔漢〕趙岐注，〔宋〕孫奭疏：《孟子注疏》，頁67。
〔註41〕　詳見傅佩榮：《儒家哲學新論》，頁65。
〔註42〕　例如〈里仁〉記載曾子領會孔子之「道」表現在忠、恕之「德」；〈公冶長〉記載子產領會君子之「道」表現在恭、敬、惠、義之「德」。見於〔魏〕何晏集解，〔宋〕邢昺疏：《論語注疏》，頁38、45。
〔註43〕　〔魏〕何晏集解，〔宋〕邢昺疏：《論語注疏》〈子罕〉〈顏淵〉〈憲問〉，頁81、130、111。
〔註44〕　〔魏〕何晏集解，〔宋〕邢昺疏：《論語注疏》，頁108。
〔註45〕　〔魏〕何晏集解，〔宋〕邢昺疏：《論語注疏》〈憲問〉，頁129。

「德」方受人敬重，故「德之不脩〔註46〕」是孔子首要之憂。

〈儒行〉闡發之「德教」，黃道周曰：「先於學問，衷於忠信，而歸之於仁〔註47〕」，此種歸納並爲「學問」、「忠信」、「仁」之排序，乃是依〈儒行〉文本的順序闡發。而其內容與郭店楚簡〈尊德義〉所論之「親仁」、「尊義」、「信忠」、「益學」、「類教」能夠相互對照：

> 悬（仁）爲可新（親）也，義爲可嚞（尊）也，忠爲可信也，學爲可嗌（益）也，教爲可頪（類）也。教非改道也，教之也。學非改侖（倫）也，學員（其）也。〔註48〕

〈尊德義〉重點在敘述「德教」與「教民」的關係，其所強調的仁、義、忠、信、學、教，在〈儒行〉化爲儒者自身實踐道德之準則，而有：「忠信以爲甲冑，禮義以爲干櫓；戴仁而行，抱義而處」明確之論，此又與〈六德〉所述「聖、智、仁、義、忠、信〔註49〕」之六德相互貫通，說明儒者「澡身而浴德〔註50〕」之目的，在於作爲事君、教民之表率。

綜觀〈儒行〉、〈尊德義〉與〈六德〉三篇，皆有學教、忠信、仁義之德，「德教」的意義，因此可分成兩個層次論述：第一是從他人實踐道德的過程中，獲得啓發、感化，進而能夠身體力行、付諸行動，這是吸收他人之德以提升轉化、爲自身之行。第二是從自我道德實踐的過程中獲得各種成功及失敗的經驗感受，並能持續不間斷地虛心修改、調整，直至圓滿，這是由自身之行培育出的自身之德。前者所指「他人之德」的來源，包括經典（古教之書）與聖賢（善教之人）；後者所指「自身之行」，便是貫通經典並效法聖賢。儒者若將經典與聖賢所示之「德」型塑於內，進而能實踐於外之「行」，則此時之「行」即是「德之行」〔註51〕，而「德教」至此方爲成功。

〔註46〕〔魏〕何晏集解，〔宋〕邢昺疏：《論語注疏》〈述而〉，頁 61。

〔註47〕黃俊郎編著：《禮記著述考（一）》，臺北：鼎文書局，2003 年，頁 534。

〔註48〕詳見荊門市博物館編：《郭店楚墓竹簡》〈尊德義〉，頁 173。

〔註49〕詳見荊門市博物館編：《郭店楚墓竹簡》〈六德〉，頁 187。

〔註50〕「澡身而浴德」之「浴」字，是儒者領受「德」之教化的最好證明。孔穎達曰：「沐浴於德，以德自清也」，指藉由經典與聖賢之德淨化爲自身之行。見於〔漢〕鄭玄注，〔唐〕孔穎達疏：《禮記正義》，頁 978。葉夢得曰：「澡身浴德，不自汙也」，強調透過修改自身之德所缺陷處，以保自身之潔。葉說引見〔宋〕衛湜：《禮記集說》，頁 18536。

〔註51〕周鳳五認爲「刑也」，指模型、器範，故刑、型二字可通。《五行》簡文是說：仁、藝、禮、智、聖五種道德意識在人心中產生如模型、器範的規範作用，使人的行爲合乎道德標準，這就是「德之行」；若任性縱情而爲，心中缺乏道

至於「德」與「行」之間的關係，並非制式流程式的演變，而是一種相互涵攝的意義，必須在古教與善教的基礎下，經過自身的具體實踐才算完成。鄭玄注《周禮·地官·師氏》以三德三行教國子時，曰：

> 德行，內外之稱，在心為德，施之為行。

此段注語郭梨華（1961～）解釋為：「『行』是因著『德』才成其為『行』，『德』則藉著『行』彰顯其為『德』。〔註52〕」《詩經·蓼蕭》：「既見君子，為龍為光。其德不爽，壽考不忘。」也闡述君子之德行恩澤光耀披己之感〔註53〕。由此推知〈儒行〉所述儒之「行」乃秉其儒之「德」，而從全篇論儒之「行」多端，得知儒家主張之「德」，是生命實踐與歷練下的產物，故能留下溫良、敬慎、寬裕、孫接等諸德之美。〈成之聞之〉：「君子之於教也，其道（導）民也不憙（浸），則其淳也弗深悆（矣）。」儒者一生待人處世之道，以經典「古教」為基礎、賢良「善教」為榜樣，最終仍須實踐所學，用以事君與教民，方稱作有「德」。

「德教」的群體實踐，是儒家集團形成的最重要因素。〈儒行〉記載一群儒者的言行楷模，當中存在著共同凝聚的集體思想與價值，使得儒者在不同情況下的言行作法，有其基本遵循的綱領與合理變化的解釋，並根據儒之個人特色與氣質傾向，展現出各種德行的光輝，證實儒家學說的人生觀是活潑的、具有生命力的、不囿限質性的。

綜上所述，儒者受教的三個重要來源，包括古代經典之教（古教）、君子榜樣之教（善教）與生命實踐之教（德教）。此三教奠定儒者人格發展的基礎，開啟往後儒者對於貫徹理想的堅持，與現實考驗兩難的權衡依據。

第二節　人倫日用的處世原則

〈儒行〉主要闡述的是以「己」之修身為出發點，向外推擴至「君」、「賢」、

德意識的規範，這只是「行」。詳見周鳳五：〈郭店竹簡文字補釋〉，收入郭店楚簡研究（國際）中心編：《古墓新知——紀念郭店楚簡出土十周年論文專輯》，香港：國際炎黃文化出版社，頁2003年，頁65。

〔註52〕郭梨華：〈「德之行」與「行」的哲學意義〉，收入《出土文獻與先秦儒道哲學》，臺北：萬卷樓圖書公司，2008年，頁248。

〔註53〕毛傳：「龍，寵也。爽，差也。」鄭箋：「『為寵為光，言天子恩澤光耀披及己也。」詳見〔清〕王先謙撰，吳格點校：《詩三家義集疏》，臺北：明文書局，1988年，頁598。

「友」、「民」四者的道德實踐，並在此「社會倫理」的範疇當中，對於不同對象分別有其適宜的行為與互動的原則。在此之中，儒者之「行」蘊藏其三種原則，包括對待自身的基礎原則、修己待人的調整原則、現實環境的應變原則，而這三種原則皆在「義」的前提下充分發揮。以下先述〈儒行〉含括之社會倫理內容，再論儒者秉持之處世原則：

一、社會倫理之範圍

「社會倫理」一詞，於此與「家庭倫理」之意義相對應，旨在強調〈儒行〉全篇之討論乃以國家政治、社會群體為重點範疇。以下先整體概述儒家所論「倫理」的意義及其運作，再呈現〈儒行〉之社會倫理架構所表現之特色。

（一）「倫理」的意義與運作

「倫理」是中華文化的固有特色，抑是每一國人生命仰賴其中之重要架構。梁漱溟（1893～1988）曾引用孟子所述之「五倫」的內容道：「中國為『倫理本位』的社會，從家庭倫理開展出父子、夫婦、兄弟、朋友、君臣五倫。〔註54〕」表面上，孟子以過去先民生活最為重要的五種關係，作為倫常之分類與運作範疇，然而熟知儒家倫常之內涵者，便知道當中乃是蘊藏著無數深刻的義理發揮。

王開府（1946～）《儒家倫理學析論》一書，曾經細膩、深刻地梳理「倫」、「理」與「倫理」的意義：

> 「倫」有類義，指人的倫類；有理義、道義，指人的道理；有輩義，指人的關係兩兩相對，層次井然。合起來說，「倫」就是人際關係的「理」。依孟子，這個理（倫），在父子間是親，君臣間是義，夫婦間是別，長幼間是序，朋友間是信。〔註55〕

此說乃根據過去中國傳統的背景而論，故「倫」的意義包括種類、道理、輩分等，主要闡述的是人際關係當中的「理」。然而，王氏不以此義為滿足，又更進一步探究西方哲學中的「倫理」意義，歸結出下面的定義：

> 「倫理」是對動機、行為及品格之善的評價性的規定。〔註56〕

〔註54〕梁漱溟：《中國文化要義》，臺北：五南圖書公司，1991年，頁79。
〔註55〕王開府：《儒家倫理學析論》，臺北：臺灣學生書局，1986年，頁5。
〔註56〕王開府：《儒家倫理學析論》，頁8。

王氏認爲這個定義，與我們一般使用倫理之意義，是相符合的。倫理，狹義地說是指對人際關係的善之評價性規定；廣義地說是指對個人本身或團體的善之評價性規定。人倫就是人的倫理或道德。合於人倫，就是合於善的規定。〔註57〕

　　實際上，西方的「倫理」內容，將「善」的意涵攝入其中，並用以作爲倫理生活評價之標準，並非獨創。因爲中國儒家所說的「倫理」，除了在表面架構上憑藉血緣、宗族與政治系統之外，在實際運作上更須建立在君子的修養與德行當中方爲完成，這樣的修養、德行便是「善」的表現。因此，美國學者柯雄文（1932～2007）直言：「儒家倫理學是一種德行倫理學。」他以爲儒家「德」的觀念可以恰當地視爲一個具有雙重意義之倫理德性的概念：一是一個具有倫理修養的人所達到的一種完備狀態；在此狀態下，他擁有與「道」之理想相合的種種值得讚美之人格特質；二是一種具有影響人事之特殊能力的狀態。〔註58〕換句話說，儒家的「倫理」實踐，係指君子之修身之「美善」乃與「道」之理想相結合，並且此種特質與過程能夠深刻地影響周遭之人事發展。此種影響，便是蔡仁厚闡述儒家倫理思想的綱領，用孟子：「親親而仁民，仁民而愛物」這十個字來指述的內涵。〔註59〕

（二）〈儒行〉之社會倫理架構

　　〈儒行〉所述主要以「仁民」爲核心理念，過程中凸顯儒者在社會、政治運作環境的種種自我要求，分別強調上事君主、旁待賢人與朋友、下處人民的道理與做法。此範疇乃相對於親親之家庭倫理、愛物之天人倫理，焦點集中於仁民之國家政治的「社會倫理」，亦可稱爲「政治倫理」，因爲在古代社會中，政治、倫理、教育是合而爲一〔註60〕。此處借用陳德立的話：「在政

〔註57〕 王開府：《儒家倫理學析論》，頁8。
〔註58〕 柯雄文：〈儒家倫理思想的概念架構〉，《哲學雜誌》第19期，1997年2月，頁144～145。
〔註59〕 第一，在「親親」方面，表現的是「天倫愛」。當中又可分爲三點：上對父母，表現「孝順」之德；中對兄弟表現「友悌」之德；下對子女，表現「慈愛」之德。第二，在「仁民」方面，表現的是「人類愛」。包括通向社會、政治、世界三個方面。第三，在「愛物」方面，表現的是「宇宙愛」，由「民胞物與」而進到「與天地萬物爲一體」。詳見蔡仁厚：〈儒家倫理思想的反省〉，《鵝湖》第7卷第12期，1982年6月，頁11。
〔註60〕 劉眞認爲從中國古代的政治哲學看來，我們中國過去的政治是完全以倫理爲基礎的。因爲中國的政治以倫理爲基礎，所以中國的倫理思想與政治哲學是合一

治倫理方面，儒家所採取的乃是一種輔以禮義原則，並且是建立在某種人性論的基礎上的政治倫理，筆者把它稱之爲「德性的政治倫理」。這種政治倫理所關注的是如何在政治的領域裡把人的本質和人際關係中的美善實現出來。〔註61〕」，可以說明〈儒行〉所闡述的主要目的是：儒者透過學習禮義原則爲基礎，在國家政治、社會群體的環境中，發揮其內在德行之美蘊光輝，並將人的本質與人際關係（尤其是君臣、朋友關係）的美善展露無疑。這個總結不僅與儒家倫理的內容相互呼應〔註62〕，並且彰顯〈儒行〉旨在說明儒者在政治活動中應該遵循的規範與原則〔註63〕。

〈儒行〉全篇以修「己」爲核心，互動對象包括、「君」、「賢」、「友」、「民」四者，側重「社會倫理」（此處亦稱「政治倫理」）的個人修養與群體運作，而社會倫理的重點，乃是以「義」爲主。「義」，指儒者能明辨是非、直心行事，並決斷果敢而不畏強勢，且不以細節妨礙大道，方能簡閱考察、依義而行〔註64〕。因此，相較以柔性的、主觀的親恩仁德爲裁斷事務之考量，社會倫理更側重於剛強的、客觀的義理判斷，必要之時，還須「以義斬恩〔註65〕」

的。換言之，倫理是政治的基礎，政治是倫理的歸宿，倫理與政治是根本分不開的。詳見劉眞：《儒家倫理思想述要》，臺北：正中書局，1976 年，頁 8～10。梁啓超亦云：「儒家之言政治，其唯一目的與唯一手段，不外將國民人格提高。以目的言，則政治即道德，道德即政治；以手段言，則政治即教育；教育即政治。」詳見梁啓超：《先秦政治思想史》，上海：上海書店，1987 年，頁 83。

〔註61〕陳德立：〈試論儒家之政治理論型態：倫理的政治與德性的政治倫理〉，《香港社會科學學報》第 2 期，1993 年秋季，頁 146。

〔註62〕黃慧英針對儒家倫理，認爲須作出不同層面的劃分，並建議將之分成四層：儒家的終極道德原則；儒家的德目與道德規條；制度化的儒家倫理規範；禮俗習慣。第一，儒家的終極道德原則乃是「仁」。第二，包含儒家所肯定的各種德行，如仁、義、禮、智、忠、恕、孝、悌、敬、慈、恭、寬、信、敏、惠等。它們都具有兩重意義，一是作爲自我修養之目標，另一則是作爲維繫人間秩序的規範。第三，由歷代統治者在眾多儒家倫理規範中，選出能鞏固其統治的成分，加以制度化，藉由政治力量來推行。第四，儒家倫理作爲人類行爲的指導原則，應能體現於人倫日用中，將道實現於日常生活的禮儀習俗中。黃慧英：《儒家倫理：體與用》，上海：上海三聯書店，2005 年，頁 175～176。

〔註63〕黃藿曾對政治倫理作一簡單定義：「政治倫理簡單地說，就是人類在政治活動或行爲中相互對待之道，或在政治領域內所應遵循的規範，而尤指政治人物或政治領袖在擔任公職處理政務時，所應遵循的規範或原則。」黃藿：〈政治倫理的基本課題〉，《哲學與文化》第 36 卷第 1 期，2009 年 1 月，頁 70。

〔註64〕〈五行〉：「有大罪而大誅之，簡也」，詳見荊門市博物館編：《郭店楚墓竹簡》，頁 149。

〔註65〕〈六德〉：「人有六德，三親不斷。門內之治恩弇義，門外之治義斬恩」，詳見荊

或「以義斷恩〔註66〕」，故若儒者在事君、交友、舉賢、愛民之時，遇到意見分歧或道德衝突，除了選擇不畏迫害而堅守岡位，也可以選擇離去或斷絕彼此的關係。《論語》〈微子〉子路云：「君子之仕也，行其『義』也。〔註67〕」郭店楚簡〈語叢三〉說：「不『義』而加諸己，弗受也。〔註68〕」正是此意。清人趙良澍讀至〈儒行〉論儒「立義以爲土地」文句，先舉伊尹未遇商湯之前，「耕莘樂道，非其義，則祿之天下而弗從」，再舉伯夷、叔齊進諫商紂王，「叩馬陳辭，如其義，則餓于首陽而不悔」之志〔註69〕，以此二例皆凸顯「義」的特性，足以決斷儒者去留，甚至生死。

　　儒者在國家政治的人際之間，對於自己與他人的角色與地位，能有明確的認識與界定，並且對於彼此的關係與責任，有其合理的應對之道。此種倫常要運作得宜，往往仰賴儒者個人的知識、修養與對道德原則的把握。〈儒行〉以儒者爲主體，論述上事君主、中效賢人與朋友、下愛人民之道，並由這些角色的責任緊密相連，組織成一個國家社會的倫理網，如下【表四】所示：

表四　〈儒行〉之社會倫理架構

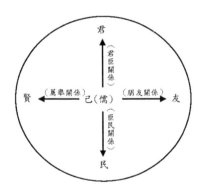

　　　　荊門市博物館編：《郭店楚墓竹簡》，頁188。仁，內也；義，外也。意指處理門內事務的原則，應以親情仁德之恩爲優先考量；而處理門外事務時，應以義理決斷之。

〔註66〕《禮記・喪服四制》：「門內之治，恩掩義；門外之治，義斷恩。資於事父以事君，而敬同，貴貴尊尊，義之大者也。故爲君亦斬衰三年，以義制者也。」詳見〔漢〕鄭玄注，〔唐〕孔穎達疏：《禮記正義》，頁1033。相似語義在《大戴禮記・本命》、《孔子家語・本命解》皆有記載。

〔註67〕〔魏〕何晏集解、〔宋〕邢昺疏：《論語注疏》〈微子〉，頁166。

〔註68〕荊門市博物館編：《郭店楚墓竹簡》〈語叢三〉，頁209。

〔註69〕〔清〕趙良澍：《讀禮記》，收入嚴一萍選輯：《百部叢書集成・涇川叢書98》，臺北：藝文印書館，1968年，頁2。

　　表中所示〈儒行〉闡述的倫理範疇，乃是以修「己」爲核心，透過與「君」、「賢」、「友」、「民」四者的互動，落實各種關係應盡的道德內涵。

　　縱向而言，君主、儒（臣）與人民之間，以政治位階爲分界，用「上」、「下」之語詞做意義與彼此關係之連貫，延伸出君臣互動與臣民互動的內容或原則，「上」的主語多指君主，「下」的主語時而指儒（臣），時而指民。例如：「上荅之不敢以疑，上不荅不敢以諂」，意指君上確立政令，臣子不以揣測諂媚之心奉受推行；「上弗援，下弗推」意指臣子同時遭遇上方的君主不諒，下方讒諂之民又結黨而危之，雖因此而身危，卻仍不奪其志，且不忘百姓之病。這是對儒者在「君」、「民」之間的使命責任。郭店楚簡〈語叢一〉說：「上下皆得其所之謂信」，實是不辱儒者「懷忠信以待舉」、「忠信以爲寶」的精神與職責所在。

　　橫向而言，儒者、朋友與賢人之間，以志同道合爲前提，建立彼此之間互相學習、勉勵與推舉的共識，然三者中，個人的情志個性各有特色，對於習得的道德領悟與複雜的政治議題，意見也未必相同，故多用「同」、「異」之語詞，觀察彼此志向之分合或對道德義理的看法，並據此作出儒者應有的風範。儒者之「同」，有指志向之相同、正當義理之贊同，如「合誌同方，營道同術」、「同而進，不同而退」。三者之間若遇到位階相同、但意見不同，或位階不同、意見也不同時，儒者則展現「同弗與，異弗非」的特立獨行狀態，孔穎達疏：「同，弗與者，言儒之仕，彼位雖與齊同者，行不是善，則不與之相親合也。異，弗非也，謂彼人與己之殊異，所爲是善，則不非毀之也。」說明儒者不以位階、政見之差異，輕易廢言或廢人〔註70〕，顯示儒者不鄉愿的一面。郭店楚簡〈語叢一〉也說：「君臣、朋友，其擇者也」，證明儒者是以義理來決定對外關係的延續，而非親情、利益或名位。況且，正因爲儒者、朋友與賢人，彼此的特質、能力、長處皆有所不同，儒者便應以國家整體利益爲核心考量，而有「內稱不辟親，外舉不辟怨」的薦舉風度。

　　整體而言，〈儒行〉記載的是一個「群體」的言行概念，當中包含「國家」的整體思維及「倫理」的細部架構，是用以確立儒家學說在門外之治與社會倫理的範疇，經時空積累而成豐富的文化內涵。這份內涵是上承三代禮樂文化，經過孔子的轉換與開創，及眾多儒者共同身體力行的實踐結果與心得，

〔註70〕　〈衛靈公〉子曰：「君子不以言舉人，不以人廢言。」見於〔魏〕何晏集解、〔宋〕邢昺疏：《論語注疏》〈微子〉，頁141。

所形成的集體意識及思想。無論是儒者透過個人生命之德行實踐，成為儒家團體當中的精神楷模，或是整個儒家核心的思想與精神，透過儒家教育的內容，協助儒者肯定道德實踐的可能性與價值性，我們皆可解釋為個人對於團體有所貢獻，而團體的力量又增強內部成員的核心能力，如此交織成一穩固、綿密、具體且富生命力的儒家社會倫理體系。

二、修己待人的三種原則

〈儒行〉既然側重的是群體思想，在人我之間的互動，必然同中有異，異中有同，豐富與多元的言行面貌是其「異」，理想的道德完成是其「同」，兩者在〈儒行〉中相互呼應、不斷發揚。儒者活動於複雜的團體，有其修己待人的原則，立下原則的目的在促進社會倫常運作得宜，且用以作為學習術藝、技能的基本前提，也是往後履行道德的總範圍。以下從三個角度觀察儒者修己待人的三種原則：一是儒對待自身的基礎原則，二是儒考量他人的調整原則，三是儒在現實環境的應變原則。

（一）對待自身的基礎原則

儒者對待自身強調遵循禮義、敬慎、養身與節用等基礎原則，同時含括生活態度與物質運用兩部分，以下從儒之容貌、備豫、出仕三方面進行討論。

1. 動「容貌」，表現進退之禮

彭美玲（1961～）論儒家之「容」，包括表情神態、儀容外貌、動作姿勢、行止節奏與情境氣氛等，且與「禮」有著密不可分的關係〔註71〕。彭林（1949～）在〈論郭店楚簡中的禮容〉一文中，也提到先秦儒家的禮容不僅是內心德行的外化，更有反作用於德行的效用，即保持禮容有助於養內心之德。君主若能顯現出發乎真情的容色，就能喚起民眾內心的共鳴，將其心志引導至最佳狀態〔註72〕。因此，觀儒者之容貌除了明其進退之禮，更含括其內在德行。〈儒行〉論儒之容貌有兩層意義，具體而言乃根據各種禮儀場合，儒者實際呈現的進退步伐與面容表情，抽象而言則是儒者在不同的政治環境中，根

〔註71〕詳參彭美玲：〈君子與容禮──儒家容禮述義〉，《臺大中文學報》第 16 期，2002 年 6 月，頁 1～48。

〔註72〕彭林更進一步根據〈語叢〉推論云：「至遲在禮學初成的戰國早中期，儒者就已經注意到真容與偽作的問題，極力防止禮的迷向與禮義的走失。」詳見彭林：〈論郭店楚簡中的禮容〉，收入《郭店楚簡國際學術研討會論文集》，武漢：湖北人民出版社，2000 年，頁 139～141。

據道德對於仕途或政策採取積極爭取或消極隱蔽的進退抉擇。這兩個層面可相互解釋，重疊表意。

〈儒行〉論儒之容貌從「衣冠中，動作慎」開始論起，觀儒者禮讓之事，再論其表現出「大讓如慢，小讓如偽，大則如威，小則如愧」不同面容，張載釋曰：

> 讓國讓位，是謂大讓也，大讓則誠然而後讓，若不有之，故似慢也……。若夫飲食辭辟之間，是小讓也，小讓時如偽爲之，以爲儀爾，未必實讓。〔註73〕

故重點在儒者之心誠敬、負責，無一己之私，對事情有全盤性的整體考量。鄭玄認爲儒者對於事物面容，乃因恭敬如有所畏，但並非真正驚怕〔註74〕。呂大臨則強調儒者大讓之慢乃因「尊道」而非自尊，小讓之偽乃因「由禮」而非矯飾，又因尊道之「大」其面容有「威儀」，由禮之「微」其面容有「愧謝」〔註75〕。道大禮微，儒者根據不同對象與事物，有各自相對合理的回應面容，與荀子口中批評一味重視外在衣冠、顏色細節，對於事物態度冷淡、言語沉默，甚至求嗜飲食而失廉恥之「賤儒」，並不相同。荀子解釋君子與賤儒的不同，在於君子應萬變而不離其宗，各得其宜，故有「彼君子則如不然，佚而不惰，勞而不慢，宗原應變，曲得其宜，如是然後聖人也〔註76〕」之語。荀說正好顯示〈儒行〉之「慢」、「偽」、「威」、「愧」不同容貌，乃權衡輕重而多變化，且不失以禮義爲本原，不似賤儒對於外界僅求假飾之名，實際上對社會倫理漠不關心。

儒者無論在實際禮儀的步伐或進仕隱蔽的進退，皆據禮義之本原，擇道

〔註73〕張載之說，見於〔宋〕衛湜：《禮記集說》，頁18527。

〔註74〕〔漢〕鄭玄注，〔唐〕孔穎達疏：《禮記正義》，頁975。

〔註75〕〔宋〕呂大臨：《禮記解》，頁245。呂氏之解可從《儀禮》闡述君子辭讓的禮節找到答案，君子依據不同的禮儀場合與身分對應，而有「禮辭」、「固辭」、「三辭」與「終辭」的各種應對，辭的次數往往要根據彼所謙讓的事物而定。《禮記‧禮器》也云：「三辭三讓而至，不然則已蹙。」說明君子多次辭讓，目的在使人事進行不至於促迫，行禮不至於草率。詳見〔漢〕鄭玄注，〔唐〕孔穎達疏：《禮記正義》，頁461。

〔註76〕王先謙案：「宗原者，以本原爲宗也。應萬變而不離其宗，各得其宜，是謂聖人。」見於〔清〕王先謙撰，沈嘯寰、王星賢整理：《荀子集解》〈非十二子〉，頁104。據荀子學說之主要核心在「禮」，可將其強調之「宗」，視作禮義，釋爲以禮義爲本原。

而處，故而尙有「難進而易退」之理、「粥粥若無能〔註77〕」之貌。彼之「難
進而易退」，清人莊有可（1744～1823）引《禮記·表記》：「君子三揖而進，
一辭而退，以遠亂也〔註78〕」之語，說明儒者事君乃是「進以禮」、「退以義」，
「粥粥」視作循謹貌〔註79〕。延伸莊氏之說，儒者依循「禮」、謹守「義」，
尙且不易達致不憂、不惑、不懼〔註80〕，故看似粥粥無能之貌，實反襯其內
在對義理之堅定態度。因此，好逸惡勞、裝模作樣之賤儒，言行進退無道者，
都與儒者不能相提並論。年代早於莊氏的姚際恆（1647～1715）認爲，〈儒行〉
「難進易退」與該段論儒之容貌事無關，反批此句爲「塡湊」之語〔註81〕，
實是不理解經義。

2. 居「備豫」，順守敬恕之道

「備」，愼、順也〔註82〕。「豫」，順以動，故樂、安也〔註83〕。儒者居處
敬愼，順應天地之道，謹守人倫之常，依理而行、依道而動，使自己與他人
的身心皆獲愉悅、安適之感，此謂儒之「備豫」。〈儒行〉論儒之備豫，從儒
者「居處齊難，坐起恭敬，言必先信，行必中正〔註84〕」，指出其居無求安的
立己之道，又有「道塗不爭險易之利，冬夏不爭陰陽之和」之語，點出其行
不由徑、善待他人的恕道，因秉持己立立人的志向，故愛死、養身皆爲有所

〔註77〕 「鬻」爲古，「粥」爲今，「鬻」、「粥」古今字。

〔註78〕 〔漢〕鄭玄注，〔唐〕孔穎達疏：《禮記正義》，頁918。

〔註79〕 〔清〕莊有可：《禮記集說》，臺北：大通書局，1935年，頁1331。

〔註80〕 〈憲問〉子曰：「君子道者三，我無能焉：仁者不憂，知者不惑，勇者不懼」。
〔魏〕何晏集解、〔宋〕邢昺疏：《論語注疏》，頁129。

〔註81〕 清人姚際恆之說，見於〔清〕杭世駿：《續禮記集說》，頁5694。

〔註82〕 《說文·人部》：「備，從人葡聲。心部曰：『愼者，謹也』，言部曰：『謹者，
愼也』，得備而三字同訓。」詳見〔漢〕許愼撰〔清〕段玉裁注：《說文解字
注》，頁371。〈祭統〉：「備者，百順之名也。無所不順者，謂之備。」詳見〔漢〕
鄭玄注，〔唐〕孔穎達疏：《禮記正義》，頁830。

〔註83〕 《象傳》：「豫，剛應而志行，順以動，豫。豫，順以動，故天地如之，而況
建侯行師乎？天地以順動，故日月不過，而四時不忒；聖人以順動，則刑罰
清而民服。豫之時義大矣哉！」見於〔魏〕王弼、〔晉〕韓康伯注，〔唐〕孔
穎達疏：《周易正義》，《十三經注疏·附〔清〕阮元校勘記》，臺北：藝文印
書館，2001年，頁48。《爾雅·釋詁》：「怡，懌，悅，欣，衎，喜，愉，豫，
愷，康，妉，般，樂也。」、「豫，寧，綏，康，柔，安也。」見於〔晉〕郭
璞注，〔宋〕邢昺疏：《爾雅注疏》，頁9、25。

〔註84〕 《說文·人部》：「儺，行有節也。从人難聲。〈衛風·竹竿〉曰：『佩玉之儺』。
傳曰：『儺，行有節度』。」詳見〔漢〕許愼撰〔清〕段玉裁注：《說文解字
注》，頁368。

待用、有所作爲。呂大臨、李光坡、莊有可皆認爲此段文本其中充分展現儒者的「敬」、「恕」之道〔註85〕。

儒者依「敬、恕之道」，用以作爲備患之豫、明哲保身之靠山，宛如《說苑・雜言》：「恐懼所以除患，恭敬所以越難〔註86〕」之意，且備豫兼顧人事、地利、天時三方面，故晏光曰：「不以地利便己而移害於人」、「不以天道適己而移乖於人〔註87〕」。這當中除了顯示儒者節制身心的欲望，更蘊藏對於關懷天地人我的仁者德行，故郭店楚簡〈成之聞之〉：「君子斳（愼）六立（位）以巳（祀）天崇（常）。〔註88〕」除了說明人倫與天道相對應，更要求君子之蒞民須「身備（服）善以先之，敬斳（愼）以守之」。此點可與荀子論之「小儒」相互輝映。小儒之「志忍私」、「行忍情性」，故能公心一片、修己德行，屬爲國家所用之人才。

儒者不逞私慾，順應天地自然的法則，如〈月令〉記載天子遵循自然之寒暑冷暖以頒布政令，人民在各月份皆有其適合之作爲，方能調和陰陽之理，若有違背則諸事不順〔註89〕，尤其「夏至」、「冬至」〔註90〕是天地陰陽相爭之時，應更加注意。然而君子持守敬愼，莫過於齋戒〔註91〕，舉凡祭祀、歲

〔註85〕 呂大臨：「唯敬與恕，則忿懥懲窒，身立德充，可以當天下之變而不避，任天下之重而不辭，備豫之至有如此者也。」詳見〔宋〕呂大臨：《禮記解》，頁245。李光坡：「敬恕於平日，而有待有爲於方來，可謂備之豫也。」詳見〔清〕李光坡：《禮記述注》，收入《景印文淵閣四庫全書本》第127冊，臺北：臺灣商務印書館，1983年，頁913。莊有可：「自治以敬接物，以恕明哲保身，以任天下之重，則其進德修業，可謂勤矣，故云備豫也。」〔清〕莊有可：《禮記集說》，頁1332。
〔註86〕 〔漢〕劉向撰，向宗魯校證：《說苑校證》，北京：中華書局，2011年，頁433。
〔註87〕 晏光之說，見於〔宋〕衛湜：《禮記集說》，頁18528。
〔註88〕 六位的內涵包括君臣之義、父子之新（親）、夫婦之支（辨），詳見荊門市博物館編：《郭店楚墓竹簡》〈成之聞之〉，頁168。
〔註89〕 例如〈月令〉記載：「（仲夏）行春令，則五穀晚熟，百螣時起，其國乃饑。行秋令，則草木零落，果實早成，民殃於疫。」等風雨不調、水旱不濟、五穀不熟的情形。〔漢〕鄭玄注，〔唐〕孔穎達疏：《禮記正義》，頁318。
〔註90〕 例如〈月令〉記載：「（仲夏）是月也，日長至，陰陽爭，死生分。君子齋戒，處必掩身，毋躁。止聲色，毋或進。薄滋味，毋致和。節嗜欲，定心氣，百官靜事毋刑，以定晏陰之所成。」〔漢〕鄭玄注，〔唐〕孔穎達疏：《禮記正義》，頁317。
〔註91〕 齋戒依使用時機之不同而分成九大類：第一類是生命禮俗或過渡儀式前的齋戒，例如婚前、接子、繼承、即位、喪禮。第二類是農事齋戒，舉凡藉

時、面君、養病、戰前皆須齋戒，故儒居處之備豫，以敬慎、恭恕之道爲原則，有其實際生活之道理。

3. 從仕之生活看其節用

從儒「仕」之生活看其節用，分成居住、衣食、應事三部分。彼居於「一畝之宮，環堵之室，篳門圭窬，蓬戶甕牖」的宮室環境，用「易衣而出，并日而食」的方式維持基本的生存問題，並採「上答之不敢以疑，上不答不敢以諂」的應事態度，不以疑心與諂媚君主的管道牟利，並試圖在其仕途生涯恪守本分、中道而行。

首先，〈儒行〉描述儒之宮室，應看作「一畝之宮，篳門圭窬」、「環堵之室，蓬戶甕牖」兩個區塊，因爲「門」、「窬」歸屬於「宮」，而「室」、「戶」、「牖」歸屬於「寢」。以士階層爲例，全部整體的房室門牆組成的範圍稱作「宮」，「宮」包括左「寢」與右「廟」，前者是當家主人居住之處，後者爲祭祀祖先之所。君子營建宮室之時，應先建廟，方能蓋寢〔註92〕。

沈文倬在其〈周代宮室考述〉文章中，提及〈儒行〉此段論之宮室樣貌時，說：「有人以爲這是庶人的住所，從篳門蓬戶來看固屬窮困，但鄭注『宮爲墻垣』，有一畝之大，外面圍繞墻垣，似是破落貴族的宮室，而不是貧苦人民的住宅〔註93〕」。可以見得儒者之宮室，有其階級相對應的建蓋大小與方式，此處請參考沈氏所繪的士宮圖，詳見【圖一】。

田、祈穀、勸蠶、求雨、止雨，均屬此類。第三類是祭祀的齋戒。第四類是歲時節日的齋戒，例如立日、至日。第五類是神異方面的齋戒。第六類是人事方面的齋戒，包括見國君之前、考核政令之前、修身悔過、決刑等。第七類是養病齋戒，具有治療疾病功能，先秦養病的人和侍奉者均需要齋戒。第八類是戰爭前的齋戒。從「齋車」的準備，可以推測戰爭之前亦行齋戒儀式。第九類是凶事齋戒，不同於平日齋戒。張明娜：《先秦齋戒禮研究》，頁79～80。

〔註92〕〈曲禮下〉：「君子將營宮室：宗廟爲先，廄庫爲次，居室爲後。」〔漢〕鄭玄注，〔唐〕孔穎達疏：《禮記正義》，頁75。

〔註93〕沈文倬：〈周代宮室考述〉，《浙江大學學報（人文社會科學版）》第36卷第3期，2006年5月，頁38，夾注2。

圖一　士宮圖〔註94〕

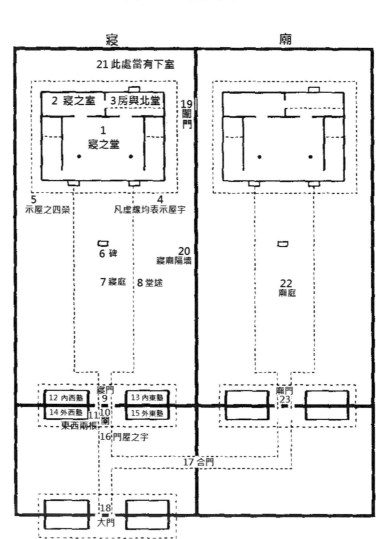

寝　　　　　　　廟

所謂「一畝之宮」，孔穎達疏：「徑一步、長百步為畝，若折而方之，則東西南北各十步為宅也」的文字說明，轉化成實際狀況，便如上圖所示「宮」之範圍。至於「篳門圭窬」，應指標示 18 的大門（外門）乃以竹編成，而門邊列有穿木作為圍欄，中間的縫隙形成圭形小洞〔註95〕。竹、木材質對於房

〔註94〕廟、寝同制。其中 8 堂途，示入門登堂之途徑；16 門屋之宇，亦稱門溜；18 大門，亦稱外門，詳見沈文倬：〈周代宮室考述〉，頁 39。

〔註95〕《說文‧竹部》：「篳，藩落也。」《說文‧穴部》：「窬，穿木戶也。從穴俞聲。

室而言，並非最牢固，但其所顯現的是主人的儉樸與禮節。

　　沈氏經過詳細的考據，論述周代士、卿大夫、諸侯、天子等不同爵位者，在住宅上存在不可逾越的等級制度，而〈儒行〉所描述的宮室樣貌，乃是屬於「士」的等級應有的規範，在其「正寢〔註96〕」之中，又含有「一室一房一堂」的結構，詳見【圖二】。

圖二　一堂一房一室圖〔註97〕

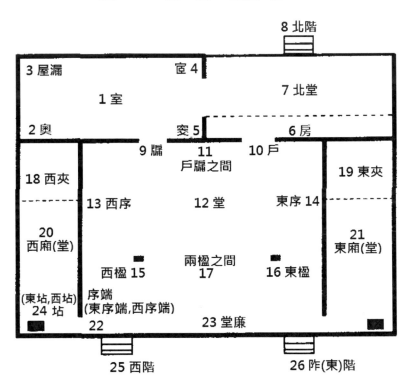

　　「寢」中分有「一室一房一堂」及其他數個的重要區域。右圖中標示 12 為「堂」，是主人會客行禮之處，後方標示 1 為「室」，是儒者主人常居之處，婚禮的臥房即是室。在室旁邊標示 6 則為「房」，是主人在堂上行禮時陳放有關器具的地方，也是主婦活動的場所。主人若要從「堂」入「室」，必須通過

　　　　一曰空中也。《左傳》作寶。」詳見〔漢〕許慎撰〔清〕段玉裁注：《說文解字注》，頁198、345。
〔註96〕正寢又稱路寢。士有正寢，無燕寢而有下室，此外還有一廟。沈文倬：〈周代宮室考述〉，頁40。
〔註97〕詳見沈文倬：〈周代宮室考述〉，頁38。

標示 10 的「戶」進出，先走入「房」中，方能入「室」，至於標示 9 只是「牖」，不能行走。因此〈儒行〉所謂「環堵之室」，是從「堂」入「室」的角度，視之如四面皆牆，不能直入。至於「蓬戶甕牖」，指儒者利用蓬草作爲標示 10 的門戶，利用毀壞之甕弸補堂、室之間標示 9 的窗戶，顯示其生活方式乃運用地利之便、自然之能，不刻意雕琢藻飾美其屋、華其室〔註98〕。

其次，論儒「易衣而出，并日而食〔註99〕」，意指平日則與兄長共衣，併二日用一日食，《論語》記載子路「願車馬、衣輕裘，與朋友共」便是一例，子路甚至已將共穿的對象擴展至朋友。此處強調的重點，不在以衣、食的粗劣凸顯儒者之能耐，而是儒者根據其身分節用衣、食，同時作人民的生活表率，與眾人同甘共苦。孔子曾贊禹「菲飲食」、「惡衣服」、「卑宮室」，因彼在致孝鬼神、致美黻冕、盡力溝洫等禮節與眾人之事，盡善盡美。《禮記‧哀公問》也載孔子曰：「即安其居，節醜其衣服，卑其宮室，車不雕几，器不刻鏤，食不貳味，以與民同利。昔之君子之行禮者如此。」孫希旦以爲節醜衣服的目的在「節之使各從其類，而不至於僭差也」，顯示儒者以儉爲德的動機，在「儉者不奪人，故能與民同其利」〔註100〕。孔子也認爲士志於道，若有「恥惡衣惡食者」，則不足與他議論，這是因爲儒之出仕乃爲國爲民，不爲一己爲官之便、衣華之美、口腹之慾。

綜上所述，優渥的物質生活對於儒者而言，並非首要考量，彼平日簡陋的居住環境與節約的飲食方式，強化孔子詳於修「身」而略於修「心」的思想〔註101〕，同時論證儒家之修己並非空談心性，而是能在刻苦的經濟情況下

〔註98〕孔穎達曰：「蓬戶，謂編蓬爲戶。蓬爲戶，又以蓬塞門，謂之蓬戶；甕牖者，謂牖牕圓如甕口也。又云以敗甕口爲牖。」詳見〔漢〕鄭玄注，〔唐〕孔穎達疏：《禮記正義》，頁 977。

〔註99〕關於「易衣而出」，孔穎達引王肅語：「更相衣而後可以出」，解釋道：「如王之意，是合家共一衣，故言出更著之也。」至於「并日而食」，孔疏：「并日而食者，謂不日日得食，或三日、二日并得一日之食。」詳見〔漢〕鄭玄注，〔唐〕孔穎達疏：《禮記正義》，頁 977。

〔註100〕〔清〕孫希旦：《禮記集解》，頁 1259。

〔註101〕王鈞林（1956～）從身、心層面下手討論儒家修己思想的議題，認爲孔子詳於修「身」而略於修「心」，而孟子大談修「心」的問題，方將「心」與「身」構成一種對立統一的身心關係，上升爲孟子思想體系中最重要的倫理學的範疇。但是孟子過於側重心與修心的問題，以至於後來荀子重新強調修「身」的重要性，當中〈大學〉的作者兼顧「身」「心」兩面，可說是比較恰當地表達了一種身、心雙修並重的概念。詳見王鈞林：〈從孔子到孟子的儒家「修己」

鍛鍊心志、怡然自得，這也是顏淵「一簞食，一瓢飲，在陋巷」仍「不改其樂」的原因。《禮記》記載「三十而有室」、「四十始仕」、「五十命爲大夫」、「七十致事」的生命進程，顯示儒仕之生涯，以四十歲爲重要起點，而全篇〈儒行〉論儒之仕的重點放在「士」階層，除了說明普遍儒者任官的身分階級從「士」開始，更強調儒者保有初入仕途時的謙卑、簡樸、愛民之心，即便之後升遷至大夫，其節用的態度依舊不變。

（二）考量他人的調整原則

所謂他人，在〈儒行〉中包括「君主」、「賢人」、「朋友」、「人民」四者，儒者與此四者之間的互動，有其因人因事的考量，並不拘泥於某一種合於道德的固定表現，作法雖無固定，但整體考量原則卻有其主軸性。以事君爲例，儒者有「靜而正之」者，也有「不臣不仕」者，二者待君的作法不同，但都是出自國家整體利益的考量，且同樣達到實踐道德的內涵。以下兩點論述〈儒行〉記載儒者考量他人的調整原則，包括以和爲貴、以公爲先。

1. 以和為貴

和，是指結合兩種以上的因素，產生互存、互動、互補、互用的協調結果。西方學者郝大維（1937～2001）與安樂哲（1947～）以中國傳統藉由日夜不斷地交互變換，譬喻陰陽之間的關係，進一步說明孔子所見世界上每個因素都是互相關聯的，一切因素都「互相依存」。他們說孔子的宇宙是一種環境，它既構成一切，又由構成它的因素所構成〔註102〕。這個研究提出的「互相依存」概念，很適合用來理解儒家之「和」，如同魚與水的關係，既是一種動態的依賴、互取的過程，也是一種靜態的和諧、和平的結果。因此，當我們討論「以和爲貴」一詞，便同時包含了「和」的動機、「和」的作法與「和」的狀態。

從互相關聯、互相依存的概念，切入評析〈儒行〉當中有關「和」的行爲，最明顯的莫過於論儒之寬裕「毀方而瓦合」當中的「瓦合」比喻。我們從「瓦」的形狀與堆疊來看，其圓弧的設計與砌合的方式，目的在構成房室的完整屋頂，「瓦合」除了具備遮蔽功能與美觀效果，當中呈現的團結力、整

思想——兼論曾子承先啓後的中介作用〉，該文收入張秋升、王洪軍主編：《中國儒學史研究》，濟南：齊魯書社，2004 年，頁 113～125。

〔註102〕 詳見美・郝大維（David L. Hall）、安樂哲（Roger T. Ames）：《孔子哲學思微》，南京：江蘇人民出版社，2011 年，頁 8～10。

體美與實用性，更象徵儒者在群體間的團結合作，不僅能獨立自身，且能放置一己之人於眾人當中，共同創造最大的效益。因此，張岱年（1909～2004）以為所謂「和」，不是不承認矛盾對立，而是認為應該解決矛盾而達到更高的統一﹝註103﹞，正是此意。

儒家透過「和」逐漸協調、統一的過程，最後能臻至「同」的境界，使得儒者從一人累積成一個團體，這個團體若能為國家社會所重用的話，在整體運作背後即可帶來強大的力量。因此，「禮之以和為貴」之珍貴處，就在以「和」建構出和平、合作到和諧的共好世界。這也是儒家提倡舉賢、任賢的重要原因，故在「毀方而瓦合」的前一句，強調的便是「慕賢而容眾」，由於慕賢故而親賢，如瓦與瓦相親、相互為用，扣緊容納彼此的空間與度量，方能給予大眾更多的利益。儒家論「和」的概念，便是在群體互依互助的思維底下，充分發揮。

和的重點，顯現在於儒者行事的動機與目的。前面論及儒之備豫時，提到「冬夏不爭陰陽之和」，歷朝學者對此多有解釋。唐代孔穎達以有感溫度來闡發陰陽，而有「冬溫夏涼，是陰陽之和處」之說，清代李光坡引熊氏曰：「冬不專陽，夏不專陰，是不爭陰陽之和」，至趙良澍則從反面論述「冬以陰勝，夏以陽勝」，闡發出倘若欲求其和，則會造成暑袗絺綌、寒襲貉狐，乃「窮物力以爭之」的結果﹝註104﹞。姚際恆更極端地認為「陰陽之和，即是冬寒夏熱，若冬必避寒求熱，夏必避熱求涼，便為與陰陽之和爭也」﹝註105﹞。無論從何人之說，大致上都不離開一個重點，就是一般人在冬時為禦寒求暖，在夏時為避熱求涼，但儒者在冬時不必定求暖，在夏時不必定求涼，原因在於儒者所見、所求之「和」乃合於大自然之和、合於社會規範之和﹝註106﹞，而一般人所見、所求之「和」乃己身冷暖之和，這兩者的差別在於考量的主體不同，這也證明「和」不僅是一種結果，更是一種可以付諸行動的決定。

2. 以公為先

公，在〈儒行〉表現有兩層意義：一是公天下之位，自身對於君位、爵

﹝註103﹞張岱年：〈中國文化的基本精神〉，收入李兆祥主編：《儒家教育思想研究》，頁9。

﹝註104﹞〔清〕趙良澍：《讀禮記》，頁1。

﹝註105﹞姚際恆之說，見於〔清〕杭世駿：《續禮記集說》，頁5697。

﹝註106﹞社會規範例如〈玉藻〉記載儒者穿衣之禮：「非列采不入公門，振絺綌不入公門，表裘不入公門，襲裘不入公門。」詳見〔漢〕鄭玄注，〔唐〕孔穎達疏：《禮記正義》，頁553。

位能夠禪讓相先，而有「久相待，遠相致」的情形；二是公國家之利，對於國家、人民採優先考量，爲國、民舉賢公正而能「內稱不辟親，外舉不辟怨」。黃俊傑（1946～）曾針對中國古代思想中「公」、「私」概念的發展作一探析，發現從西周至春秋時期，「公」、「私」多指具體的人或物，例如公田與私田、公家與私家、公門與私門等，但至戰國以後，各種典籍所見「公」、「私」二字逐漸走向抽象的意涵，並力倡「以公克私」，其中荀子又將「公」與「義」結合，強調「以公義勝私欲」〔註107〕。在此演變的脈絡底下，〈儒行〉全文雖未提及一個「公」字，但其所述之言行，已然將「公」的抽象道德展現無遺，當中除了有「爵位相先」的作法之外，更明確地點出「程功積事，推賢而進達之」的原因，乃出自於考量國家利益與人民教化之實際需要，而有「苟利國家，不求富貴」之語。

　　關於禪讓的概念，在儒家典籍有跡可循，從君主修德以作萬民表率的觀點出發，進而跨越個人之貢獻，更廣泛謀取天下賢能之才，甚至不介意有朝一日彼賢者能將自身取而代之。試觀《論語》〈堯曰〉記載堯勉舜「天之曆數在爾躬」、舜勉禹「朕躬有罪，無以萬方」之語，強調君主反躬自省修德之重要性，此觀念影響後來孟子論及道德實踐主體之性善「言必稱堯舜〔註108〕」。至〈儒行〉強調的核心在門外之治，檢視其所重之「義」，不僅含括個人的道德理性與適宜意義，且同時廣泛地涉及國家政治與社會眾人，此乃由「公」之考量轉入成「義」的表現之中，與郭店儒簡〈唐虞之道〉所「禪，義之至也」、「禪也者，上德授賢之謂也」可相對參〔註109〕。兩篇不同的是〈儒行〉所論側重臣道，而〈唐虞之道〉所論主闡君德，儘管如此，君主一人所聞有限，仍須藉由臣子的人才引薦方有更大效益。因此，儒家對「公」

〔註107〕黃俊傑：〈東亞近世儒者對「公」「私」領域分際的思考──從孟子與桃應的對話出發〉，《江海學刊》，2005年第4期，頁17～19。各種典籍包括《墨子》論公私不離開兼愛脈絡、《韓非子》五蠹篇以爲「背私謂之公」、《老子》《莊子》更以自然世界的變化原理，強調不私之美德。

〔註108〕〈滕文公上〉記載「孟子道性善，言必稱堯舜。」見於〔漢〕趙岐注，〔宋〕孫奭疏：《孟子注疏》，頁88。

〔註109〕陳麗桂曾撰〈郭店儒簡的外王思想〉一文，分析郭店儒簡所出現的各德目，至少就出現在〈六德〉與〈忠信之道〉中的仁、義、忠、信而言，其使用表面上看雖相當分歧，就基本意涵而言，其實仍是相牽繫而不相抵悟的。詳見臺大文史哲學報編輯委員會主編：《臺大文史哲學報》第55期，2001年11月，頁273。筆者以爲，〈儒行〉所論之「義」與〈唐虞之道〉所論之「義」，在「舉賢」的觀點上也有所交集。

的主要訴求，可說集中於「舉賢」，使其成為儒者幫助國家社會的重要方法。

〈儒行〉因「公」論「舉賢」有兩個重要的特色：一是不因時空的長短遠近而改變推賢之心或懷疑賢者之能，二是不因親疏的遠近來決定推賢的對象或調整薦舉的條件。前者表現在「久相待，遠相致」，馬晞孟曰：「久相待也，雖久而不忘；遠相致也，雖遠而不遺〔註110〕」，實中肯也。後者表現在「內稱不辟親，外舉不辟怨」，此句話乃源出自祁奚向晉平公推舉其讎人解狐與親生兒子之史事，此事在《左傳》、《韓非子》、《呂氏春秋》、《說苑》、《新序》皆有記載〔註111〕，不同的是前列典籍所載乃「內稱不辟親，外舉不辟『讎』」，唯獨屬於儒家典籍之〈儒行〉以「怨」字代「讎」字。此種現象，或許與儒家主張「父之讎，弗與共戴天；兄弟之讎，不反兵；交游之讎，不同國〔註112〕」有關，對於父親的仇人不共戴天、兄弟的仇人隨時攜帶兵器在身邊、朋友的仇人不與他同住一國，此乃儒者立基於親親而後仁人的態度，因儒者與讎家不同處一個家國天下，故在同國舉賢之時，便無辟讎、不辟讎的問題。至於「怨」在儒家典籍，則有較多的度量與風範，孔子曰：「伯夷、叔齊不念舊惡，怨是用希。〔註113〕」；孟子曰：「發而不中，不怨勝己者，反求諸己而已矣。〔註114〕」這也比較能夠解釋儒家為何以「怨」字代「讎」字，因為為了國家整體前途著想，有能力、品德為國家付出者，往往是儒者推舉的條件。

（三）現實環境的應變原則

所謂現實環境，是指儒者無法從個人主體把握的外在變化，舉凡利益的誘迫、性命的危難或時機的得失等，皆屬於儒者面臨的現實範圍。在利、命、時等外在因素的影響下，儒者在志向的堅守、正義的評判與出仕的進退問題上，面臨義、志的特殊抉擇，其言行的重點有三：「不因利益而悖義」、「不因

〔註110〕馬晞孟之說，見於〔宋〕衛湜：《禮記集說》，頁18536。

〔註111〕〔漢〕劉向撰，向宗魯校證：《說苑校證》〈至公〉，北京：中華書局，2011年，頁357～358。〔晉〕杜預注，〔唐〕孔穎達疏：《春秋左傳正義》，頁502。〔漢〕劉向編著、石光瑛校釋、陳新整理：《新序校釋》〈雜事一〉，北京：中華書局，2009年，頁46～52。、陳奇猷校注：《韓非子集釋》〈說疑〉，臺北，華正書局，1987年。陳奇猷校釋：《呂氏春秋校釋》〈孟春紀・去私〉，頁55～56。

〔註112〕鄭玄以「父者，子之天」說明殺己之父如「殺己之天」，若與共戴天，則非孝子。詳見〔漢〕鄭玄注，〔唐〕孔穎達疏：《禮記正義》〈曲禮上〉，頁57。

〔註113〕〔魏〕何晏集解，〔宋〕邢昺疏：《論語注疏》〈公冶長〉，頁46。

〔註114〕〔漢〕趙岐注，〔宋〕孫奭疏：《孟子注疏》〈公孫丑上〉，頁66。

危命而儒志」、「待時而仕行於中」。

1. 不因利益而悖義

　　〈儒行〉所述之利益，包括貨財、樂好、分國等，彼強調「見利不虧其義」、乃建立在廉潔、愛民、公正之「義」之中。所謂「貨財」，源自於大自然給予的豐富資源，透過人民辛勤的拓墾養殖而成，在〈禮運〉有「天生時而地生財〔註115〕」之說，在〈中庸〉有水一勺之多，及其不測，則「黿鼉、蛟龍、魚鱉生焉，貨財殖焉〔註116〕」之喻。所謂「樂好」，意指個人的慾望喜好，如孟子對於齊宣王好樂、好戰、好勇、好貨、好色等事，多有引導、輔正之語。至於「分國」，舉凡大夫掌權、蔑視天子與諸侯而僭越禮樂，甚至弒君奪國、倚強凌弱等分化國家地位、占用公家權勢及利祿之事，皆包括在內。儒者因「砥厲廉隅」之剛正清白，故「雖分國如錙銖」，寧可「不臣不仕」。

　　儒者異於俗人好利輕義，乃因其對於富貴之定義與人不同，當中有其對於秉持自身道德之肯定。黃道周曰：

> 道之絀於勢者無他，曰「貧賤」而已矣。自以為貧賤，則貧賤之人也；自以為富貴，則富貴之人也。貧賤富貴人所自命，眾亦共命之，而皆有恩於君王、累於長上、閔於有司，儒者無有也。〔註117〕

儒者因秉自身之「義」而富有，無須仰賴實質利益或他人認定之富貴填充之，也不受限於君主、長上與官吏之脅劫、困迫而有所退縮。因而君子愛財，取之有道，〈曲禮上〉：「貧者不以貨財為禮〔註118〕」，〈大學〉：「國不以利為利，以義為利也〔註119〕」，而〈郊特牲〉指陳諸侯、大夫僭禮之事，會造成「相貴以等，相覿以貨，相賂以利，而天下之禮亂矣〔註120〕」的結果，皆是儒者「見利思義〔註121〕」的重要考量。

　　重義輕利的目的，除了個人之道德操守，更大的原因乃是作為人民之表率，與帶動國家以禮為先、以財為後的美善文化。因為「德」為人之本，「財」為人之末，外本內末就會造成「爭民施奪〔註122〕」，若能先禮而後財，則「民

〔註115〕詳見〔漢〕鄭玄注，〔唐〕孔穎達疏：《禮記正義》〈禮運〉，頁423。
〔註116〕詳見〔漢〕鄭玄注，〔唐〕孔穎達疏：《禮記正義》〈中庸〉，頁897。
〔註117〕〔明〕黃道周：《儒行集傳》，頁1183。
〔註118〕詳見〔漢〕鄭玄注，〔唐〕孔穎達疏：《禮記正義》〈曲禮上〉，頁38。
〔註119〕詳見〔漢〕鄭玄注，〔唐〕孔穎達疏：《禮記正義》〈大學〉，頁989。
〔註120〕詳見〔漢〕鄭玄注，〔唐〕孔穎達疏：《禮記正義》〈郊特牲〉，頁486。
〔註121〕詳見〔魏〕何晏集解，〔宋〕邢昺疏：《論語注疏》〈憲問〉，頁46。
〔註122〕詳見〔漢〕鄭玄注，〔唐〕孔穎達疏：《禮記正義》〈大學〉，頁988。

作敬讓而不爭矣〔註123〕」。

2. 不因危命而懦志

　　命，在此指人之生命，非關時命、命運。羅新慧（1970～）在其《曾子研究》一書中，區分春秋戰國之際的「士」與「儒士」的差異，當中提到孔子對於士的內涵，有別於貴族階級之士，重點在賦予其內在道德情操、理想觀念之意義，從孔子「志士仁人，無求生以害仁，有殺身以成仁〔註124〕」氣概，至曾子任重道遠「仁以爲己任，不亦重乎？死而後已，不亦遠乎？〔註125〕」之使命，奠定儒家新型士人（儒士）之精神〔註126〕。據此可知，儒家自孔子開始，對於其所「志」之道，能置生死於度外。

　　〈性自命出〉：「心無奠志，……，待習而後奠〔註127〕」，〈語叢三〉：「嵩（崇）志，嗌（益）。〔註128〕」說明君子立「志」必須經過一段學習、強化的歷程，公西華對孔子言其願爲小相之「志」時，有「非曰能之，願學焉〔註129〕」之語；孟子曰：「聞伯夷之風者，頑夫廉，懦夫有立志〔註130〕」則是受教於古人之志之例。然而儒者堅守其「志」以至於能犧牲性命的地步，並非盲目赴死，也非荀子所言輕死而暴的「小人之勇〔註131〕」，而是需要具備「仁」、「知」、「禮」等種種條件考量方能爲之，故孔子答子路問「勇」，乃以「義」爲上〔註132〕。早從春秋開始，智、仁、勇三達德已並列論說〔註133〕，可見持「志」必須學習鍛鍊方能有德，故曰「德弗志不成〔註134〕」。

〔註123〕 詳見〔漢〕鄭玄注，〔唐〕孔穎達疏：《禮記正義》〈鄉飲酒義〉，頁1006。
〔註124〕 詳見〔魏〕何晏集解，〔宋〕邢昺疏：《論語注疏》〈衛靈公〉，頁139。
〔註125〕 詳見〔魏〕何晏集解，〔宋〕邢昺疏：《論語注疏》〈泰伯〉，頁72。
〔註126〕 羅新慧：《曾子研究——附《大戴禮記》「曾子」十篇注釋》，北京：商務印書館，2013年，頁78～79。
〔註127〕 詳見荊門市博物館編：《郭店楚墓竹簡》〈性自命出〉，頁180。
〔註128〕 詳見荊門市博物館編：《郭店楚墓竹簡》〈語叢三〉，頁209。
〔註129〕 詳見〔魏〕何晏集解，〔宋〕邢昺疏：《論語注疏》〈先進〉，頁101。
〔註130〕 詳見〔漢〕趙岐注，〔宋〕孫奭疏：《孟子注疏》〈盡心下〉，頁252。
〔註131〕 〔清〕王先謙撰，沈嘯寰、王星賢整理：《荀子集解》〈榮辱〉，頁57。
〔註132〕 〔魏〕何晏集解、〔宋〕邢昺疏：《論語注疏》〈陽貨〉，頁159。
〔註133〕 彭林曾考察《國語》，發現早在孔子之前，智仁勇三達德並提已是屢見不鮮，春秋士大夫時有說及，殆爲當時恆語。智仁勇，《國語》或作武、仁、智，勇與武，語意不異。詳見彭林：〈從三達德看孔子的述而不作〉《孔子研究》2012年第5期，頁33。
〔註134〕 〈五行〉：「善弗爲亡近，德弗志不成，智弗思不得。」詳見荊門市博物館編：《郭店楚墓竹簡》，頁149。

〈儒行〉在儒之備豫時，強調儒者「愛其死以有待也，養其身以有爲也」，是站在儒者出仕之前的立場，或者儒者雖出仕，但尙未有充分條件必須爲道而死的情況立論。在〈六德〉當中，所論臣德之忠，有「危其死弗敢愛〔註135〕」之言，意指當臣子面臨國家患難之際，不懼爲國犧牲，即如〈儒行〉所述，儒者能做到「雖危起居，竟信其志，猶將不忘百姓之病」，即便遭遇「劫之以眾，沮之以兵」的強大壓迫，仍能有「見死不更其守」的堅持勇氣，而此種勇氣來自於士人之志節。清人唐文治（1865～1954）《茹經堂文集三編》收入〈儒行篇大義〉之文，云：

> 自周初以迄暴秦，儒之名以由貴而之賤，儒之行亦每下愈況矣。聖賢者起而救之，於是有性情之教，有志節之教。〈孔子閒居〉篇，性情教也；〈儒行〉篇，志節教也。惟立志而後能立節。〔註136〕

唐氏之說更證〈儒行〉之志節，乃建立在亂世的考驗之中。在孟子眼中，君子爲道而死，謂之「正命〔註137〕」，因所尙之「志」乃「仁義而已矣〔註138〕」。時至荀子稱重死持義而不橈者，是「士君子之勇〔註139〕」也，此謂儒者不因危命而懦志。

3. 待時而仕中於節

「時」與「義」，是決定出仕與否的重要條件，而「中」往往是儒者面臨世道興衰採取的立足辦法。前者在〈儒行〉的原則，包括「非時不見，……非義不合」、「適弗逢世，上弗援，下弗推……志不可奪也〔註140〕」，後者則爲「不臨深而爲高，不加少而爲多；世治不輕，世亂不沮」。所謂「時」，有強調自然環境之時、人事困厄之時；所謂「義」，包括名分的正當性、政策的合理性等。〈儒行〉很明顯地以人事、道義來決定出仕之時，若無合適相應之君，則寧可獨善其身，但若一旦出仕，便堅守岡位以國家人民爲先，甚至做好犧牲性命之準備。

〔註135〕荊門市博物館編：《郭店楚墓竹簡》〈六德〉，頁187。

〔註136〕〔清〕唐文治：《茹經堂文集》三編，頁1306～1307。

〔註137〕孟子曰：「莫非命也，順受其正。是故知命者，不立乎巖牆之下。盡其道而死者，正命也。桎梏死者，非正命也。」詳見〔漢〕趙岐注，〔宋〕孫奭疏：《孟子注疏》〈盡心上〉，頁229。

〔註138〕〔漢〕趙岐注，〔宋〕孫奭疏：《孟子注疏》〈盡心上〉，頁240。

〔註139〕〔清〕王先謙撰，沈嘯寰、王星賢整理：《荀子集解》〈榮辱〉，頁57。

〔註140〕家語本作「若不逢世，上所不受，下所不推……」，詳見〔清〕陳士珂輯：《孔子家語疏證》，臺北：文海出版社，1968年，頁64。

　　〈儒行〉不輕言出仕乃有例可循，從閔子騫辭季氏請爲費宰一職，與原憲不願爲「仁義之慝，輿馬之飾〔註141〕」之事，顯示二人對於當世掌權者之違禮而有所不滿，但爲何同一時代也存有子路、子貢等儒者願意出仕甚至效死呢？重點就在於他們對「中」的權衡與抉擇不盡相同。〈中庸〉比喻中庸之難爲，比均國家、辭爵祿、蹈白刃還要困難，而君子依循中庸之道，能做到「遯世不見知而不悔」，唯有「聖者」能之。因此，〈儒行〉並未將儒者應該出仕或不出仕定下成規，反而強調儒者對於世治、世亂，應有不輕、不沮之「中」態度，鄭玄曰：「世治不輕，不以賢者並眾不自重愛也；世亂不沮，不以道衰廢壞已志也。」實爲精闢之解。

　　然而在儒者出仕之後，也未必能如其所願，仍舊可能遇到道德兩難之困境，〈儒行〉於此則主張儒者即便遭遇君上弗援、讒諂之民與比黨危命時，仍應堅守其「志」，以抵抗其「時」、「命」。陳麗桂（1949～　）曾撰儒家命論的文章，提到孔子「知命〔註142〕」卻不妨礙其成德，郭店楚簡〈窮達以時〉感慨：「有其人，無其世，雖賢，弗行矣」，認爲窮、達完全決定於外在機緣，而所謂的「遇」，與個人本身能力條件——才、智、德無絕對相關，最後仍以「惇於反己」應對之。至孟子雖承認「命」是一種人力範圍外的莫名的支配力，但天命的威力與運命的界牆，從未能真正阻擋或圈限住儒家進德的途程〔註143〕。〈儒行〉在此一脈絡底下，是完全符合儒家之精神。

　　綜上所述，〈儒行〉修己的三種原則，以第三種儒在現實環境的調整原則，闡述篇幅最多，意義也最爲特殊。原因在於第一、二種，是出自於個人的普遍修養與待人處事的通行原則，然而第三種，則涉及到儒者的志節、名譽與性命，具有實踐的獨特性，並非人人皆能有其所爲。杜維明曾論儒家學習做人必通過「爲己之學」，因爲一個人協調人際關係的能力，顯示了他的修身達到的水平〔註144〕。狄百瑞（W. T. de Bary）也說在西方，「個人」或「個人主

〔註141〕〔漢〕劉向編著、石光瑛校釋、陳新整理：《新序校釋》〈節士〉，頁918～924。

〔註142〕所謂孔子之「知命」，在陳麗桂文中是指一個人存在與活動歷程中無可奈何的定限。

〔註143〕陳麗桂：〈賢、德主軸下的儒家「命」論——兼論〈窮達以時〉與〈曹沫之陣〉〉，發表於出土文獻研究方法國際學術研討會會議論文集，2011年11月26、27日於臺灣大學文學院會議室，頁56～61。

〔註144〕所謂「爲己之學」，乃杜維明引《論語》〈憲問〉子曰：「古之學者爲己，今之學者爲人。」之語。他還提出儒家堅持主張的「爲己之學」，是指學（學習做人），而學的本身就是目的而非手段。詳見杜維明：〈儒家論做人〉，收入《儒

義」特別強調互不相關而孤立的個體，而儒家的人格主義卻重視個人與傳統、社群和他人之間的互動，並在此一互動中實踐自我的價值〔註 145〕。第三種論儒在現實環境的調整原則，便是證實了他的修身水平，以及自我實現的價值所在。

　　家思想：以創造轉化爲自我認同》，頁 52、57。

〔註 145〕 美・狄百瑞著，李弘祺譯：《中國的自由傳統》，臺北：聯經出版事業公司，1983 年。

第四章　忠與信

　　「忠」與「信」，意指人須「忠於內在心意」與「信於外在言語」，唯有內在心意與外在言語之相應一致，方可謂「忠信」之人。「忠信」之難能，在於對內要做到「忠滿於中而發於外〔註1〕」之無愧於己，對外要達致「外內相應〔註2〕」之取信於人，故《論語》之「主忠信〔註3〕」、《荀子》之「致忠信〔註4〕」，皆強調自身須主動、盡力為之。〈儒行〉多次以「忠信」合述之形式，申論儒者之總體信念精神，然儒者面對不同的對象與情境，其忠信的精神雖一致，但並無固定的做法表現。值得注意的是，該篇論及「忠信」時常與「禮義」並提，兩者之關聯內涵，有助於闡發「忠信，禮之本〔註5〕」之微言大義。故本章分成三節，說明〈儒行〉論忠、信／忠信的三大重點：「忠信分論及合述的意義」、「忠信的具體表現與做法」、「忠信與禮義的關係」。

〔註1〕　《大戴禮記・小辨》，詳見〔清〕孔廣森撰，王豐先點校：《大戴禮記補注（附校正孔氏大戴禮記補注）》，頁 207。

〔註2〕　《大戴禮記・子張問入官》：「非忠信，則無可以取親於百姓矣；外內不相應，則無可以取信者矣。」詳見〔清〕孔廣森撰，王豐先點校：《大戴禮記補注（附校正孔氏大戴禮記補注）》，頁 153。

〔註3〕　鄭玄注：「主，親也。」正義曰：「『主』訓『親』者，引申之義。《注》意謂人當親近有德，所謂勝己者也。然下文復言『無友不如己者』，於意似重，或未必然。皇疏云：『以忠信為百行所主。』是言忠信在己不在人，其義較長。」詳見〔清〕劉寶楠撰，高流水點校：《論語正義》，北京：中華書局，2011 年，頁 23。

〔註4〕　「致忠信」見於《荀子》〈富國〉、〈王霸〉、〈君道〉、〈議兵〉諸篇共 6 處，詳見〔清〕王先謙撰，沈嘯寰、王星賢整理：《荀子集解》，頁 188、193、211、220、228、280。

〔註5〕　〔漢〕鄭玄注，〔唐〕孔穎達疏：《禮記正義》〈禮器〉，頁 449。

第一節　忠信的分論及合述

　　〈儒行〉將「忠」、「信」分開論述，如「言必先信，行必中正〔註6〕」，
方愨曰：「言先信，則人斯取信矣；行中正，則人斯取正矣。〔註7〕」。「忠信」
之合併稱述，如「懷忠信以待舉」、「忠信以爲寶」、「忠信以爲甲胄」、「忠信
之美」等句，葉夢得曰：「忠信者，吉德也，故以爲寶。〔註8〕」、呂大臨曰：
「忠信則不欺，不欺者，人亦莫之欺也。〔註9〕」皆點明忠、信／忠信對於儒
者的重要性。以下先論「忠」、「信」分論的內涵，再論〈儒行〉「忠信」合述
的共通意義。

一、忠、信分論之意義

　　「忠」以心之眞誠敬意爲主，「信」以身之言語落實爲重，此二德的實踐
又涵蓋君、臣、民之上下關係，及己、友、賢之同儕關係等不同主體的道德
要求，若將「忠」、「信」二德分論，則可見其各自的定義之重點差異、應用
之範圍有別。

（一）定義不同

　　忠，從心中聲〔註10〕。從心，指忠德之發生與內在之心意有關。佐藤將
之（1965～）在《中國古代的「忠」論研究》一書，提到若要溯源「忠」概
念之原義，會立刻面臨甲骨文和西周金文中找不到能夠隸定爲「忠」的文字
之事實，故前人研究「忠」概念起源，大致皆採用由「忠」概念所涵蓋的內
容特質來推測其原意的方式。佐藤分析前人研究「忠」概念之起源，歸納出
四種見解：

　　第一種是不談春秋以前的用例，只推測「忠」字在春秋時期應該涵蓋「誠
心眞意」之個人倫理。此立場以屈萬里（1907～1979）斷定孔子爲首倡「忠」
的價值之人最爲明顯；第二種是將「忠」概念的淵源比附於「中」概念，此
種方式的分析態度是先注意漢代以後經典以「中」註「忠」的例子，其中王
子今（1950～）推測「中」字最早期的用例也許包含著某種程度的「宗教權

〔註6〕　《孔子家語‧儒行解》作「言必誠信，行必忠正」，詳見〔清〕陳士珂輯：《孔
　　　　子家語疏證》，頁64。
〔註7〕　方愨之說，見於〔宋〕衛湜：《禮記集說》，頁18528。
〔註8〕　葉夢得之說，見於〔宋〕衛湜：《禮記集說》，頁18529。
〔註9〕　〔宋〕呂大臨：《禮記解》，頁231。
〔註10〕　〔漢〕許愼撰〔清〕段玉裁注：《說文解字注》，頁502。

威性」；第三種主張「忠」概念是從「孝」概念分歧出來，經佐藤統計此看法在中國自童書業（1908～1968）以來，支持此種觀點的學者相當多。〔註 11〕佐藤針對前三種見解，提出了第四種見解——源自「敬」的概念〔註 12〕。

　　四種「忠」之概念起源，皆不離開內在之真誠敬意，且各有其表現對象之側重論述。黃開國（1952～）便提出春秋時，凡一切中正的內心真實情意皆為「忠」的體現，主要體現於對民眾與社稷的忠誠。至於先秦儒家文獻所論之忠德，也與「孝」、「敬」的諸多概念關係密切。如《論語》記載孔子曾答季康子以「孝慈」作為教民有忠之方法〔註 13〕；《禮記》曾子有「事君不忠，非孝也〔註 14〕」之警語；《大戴禮記・朝事》亦有「古者聖王昭義以別貴賤，以序尊卑，以體上下，然後民知尊君敬上，而忠順之行備矣。〔註 15〕」之說法。至於〈儒行〉所論之「忠」精神多半融入儒者言行舉止之「正」，並於事君、舉賢、交友之諸行中，表現其真誠心、盡責心、奉獻心等多種樣貌，如「行必中（忠）正」、「見死不更其守」、「苟利國家，不求富貴」等。

〔註 11〕　佐藤將之：《中國古代的「忠」論研究》，臺北：臺大出版中心，2010 年。該書綜合中、西、日三方學者研究，對中國古代「忠」和「忠信」的概念，在春秋戰國時代的演變進行深入研究，分析實為精闢入理。第一種見解還包括日韓學者如濱口富士雄、李承津、湯淺邦弘、城山宣陽、小崎智等人也皆以《論語》「忠」之用例為研究出發點。第二種見解則包括高田真治、手塚良道、王子今及金鵬程之研究，皆試圖由「中」字找出「忠」概念的淵源。

〔註 12〕　佐藤論「敬」與「忠」概念之關聯，取《國語》、《左傳》為主要文本，並以春秋時代與戰國早期的政治思想為重。彼針對前三種的見解，提出反駁：首先，他認為不能以孔子和《論語》作為「忠」概念研究的起始點，因為春秋時代作為對社稷之「忠」在當時已經是重要價值之一，孔子和早期儒家如曾參等人的貢獻，應是對「忠」的觀念化及其價值的內面深化功夫。其次，漢代以後以「中」釋「忠」的用例，並不能代表「忠」概念是由「中」概念發展出來的，且王子今對於其所推測的「忠」之「宗教權威性」並沒有適當的論證過程；第三，根據查昌國（1952～）將西周時代銘文中的「孝」字用例分成十種，發現西周時人「孝」的對象大抵上並非生人，「孝」在西周應是與崇拜祖先的禮儀息息相關的一種術語，因而「忠」字起源便無法在此種「孝」的意義上成立。然而，第三種說法帶給佐藤重要的啟示，即是「孝」與「忠」皆是在原始狀態的一種虔敬的心理，因此他提出了第四種見解——源自「敬」的概念。詳見佐藤將之：《中國古代的「忠」論研究》，臺北：臺大出版中心，2010 年，頁 48～49。

〔註 13〕　〔魏〕何晏集解，〔宋〕邢昺疏：《論語注疏》〈為政〉，頁 18。

〔註 14〕　〔漢〕鄭玄注，〔唐〕孔穎達疏：《禮記正義》〈祭義〉，頁 821。

〔註 15〕　《大戴禮記・朝事》，詳見〔清〕孔廣森撰，王豐先點校：《大戴禮記補注（附校正孔氏大戴禮記補注）》，頁 219。

信，从人从言〔註16〕。从言，指信德之發生與表達於外的言語有關。關於古代「信」字，馮時（1958～）考察西周金文資料，指出西周先民於誠信之「信」本作「申」，暗寓「信」的思想來源於生人對待鬼神的態度而通過敬神祭祖得到體現的事實。「信」德源自於祭祀之禮，自商代信奉鬼神之庇佑，至周代重視人自身的道德，祭禮當中對神明所溝通之「言」，是日後「信」的起源。作「人」、「言」之形的「信」字雖最早見於戰國，但誠信的觀念卻於較早時代形成〔註17〕。時至東漢劉熙《釋名》仍保有「信，申也。言以相申束，使不相違也〔註18〕」的說法，說明言語對於人們有約束、規範的作用。

「信」之古義是指君主祭祀時，祝史對神明、祖先祝禱之「言」無所欺瞞。《左傳‧桓公十六年》云：「祝史正辭，信也。〔註19〕」《禮記》亦載賢者藉由祭祀之禮，能夠彰顯其誠信、忠敬、孝順之德〔註20〕，林師素英曾言：「祭禮實為喪禮之延長，基於生者對於死去的親人，始終保有長久不渝的情感與深沉的孝思而來，具有曾子所謂『慎終追遠，民德歸厚』的作用。〔註21〕」由此可知，古人對於過世親人之情感甚是深刻，所呈言語誠實不欺。祝禱時的不欺之言，即為「信」德之表現。

信德和言語的關係，廣見於儒家經教典籍，可分成三種層次：一是人所說的言語合乎事實，如《論語》子夏曰：「與朋友交言而有信〔註22〕」、〈儒行〉：「言必先信」；二是人對於自己的言論能夠說到做到，如孔子對於宰予之言行不符，曾有從「聽其言而信其行」至「聽其言而觀其行」的轉變與感嘆〔註23〕；三是直接行動更能自然地取得他人的信任，不必藉由言語來證

〔註16〕 〔漢〕許慎撰，〔清〕段玉裁注：《說文解字注》，頁92。

〔註17〕 馮時：〈西周金文所見「信」、「義」思想考〉《文與哲》，第六期2005年6月，頁2～5。

〔註18〕 畢沅曰：「《御覽》引無『言以』二字。」皮錫瑞曰：「《儀禮‧士相見禮》注：『古文伸作信。』」《穀梁》范甯解云：「信、申字，古今所共用。」詳見〔漢〕劉熙撰，〔清〕畢沅疏證、王先謙補，祝敏徹、孫玉文點校：《釋名疏證補》〈釋言語〉，北京：中華書局，2008年，頁110。

〔註19〕 〔晉〕杜預注，〔唐〕孔穎達疏：《春秋左傳正義》，頁110。

〔註20〕 賢者之祭，旨不在受鬼神之佑助，所謂必受其福，謂受大順之顯名，因賢者忠、孝皆由順而出。詳見〔漢〕鄭玄注〔唐〕孔穎達疏：《禮記正義》〈祭統〉，頁831。

〔註21〕 林師素英：〈禮與普遍倫理的關係〉《禮學思想與應用》，臺北：萬卷樓，2003年，頁133。

〔註22〕 〔魏〕何晏集解，〔宋〕邢昺疏：《論語注疏》〈學而〉，頁7。

〔註23〕 〔魏〕何晏集解，〔宋〕邢昺疏：《論語注疏》〈公冶長〉宰予晝寢一段，頁43。

明自己的信用，如〈中庸〉：「君子不動而敬，不言而信〔註24〕」、〈表記〉：
「不厲而威，不言而信〔註25〕」、〈繫辭傳〉：「默而成之，不言而信，存乎
德行〔註26〕」，此乃人對於天德的效法與結果〔註27〕。其中，第一、二種重
視人對言說的實踐性，第三種則強調君子之信德如天，已然超乎言語的承諾
保證，甚至已能做到「言不必信，行不必果，惟義所在〔註28〕」的成熟判
斷。〈儒行〉所論之信德，包括信任、信用、信實之意，而有「言必先信」、
「聞流言不信」、「言加信，行加義」之語，凸顯儒者之信德仍與言語之實踐
所表現。

（二）應用有別

「忠」、「信」應用之範圍，從最早人對於天地鬼神的尊敬思維與祝禱之
詞，至春秋戰國以後逐漸轉變爲政教倫理運作中之道德標準。忠信二德應用
之範圍逐漸擴大，但仍可見其區別。陳麗桂考察儒家文獻中的忠信之德，發
現「忠信」之意義，從個人學文進德之基礎，拓展爲待人交友之社會倫理，
與政治臨民、爲官事上之政治倫理，這幾種層面不同卻彼此相關聯的「忠信」
義涵，推擴過程儘管有先後之別，其呈現時期則無明顯先後。並且，忠信於
不同的儒家文獻中所表現的狀況，亦因文獻的宗旨與教誨對象的不同而有輕
重不等的歧異與偏倚〔註29〕。據此分析，〈儒行〉所論之「忠」，從對他人之
真心敬意，逐漸側重於臣子對君主之真誠付出的種種作爲；「信」德之施行，
則從言語之信實逐漸強調爲交友、舉賢之間的道義信守。此二德於〈儒行〉
的表現，亦合乎孔子以來的「臣事君以忠〔註30〕」、「朋友信之〔註31〕」的理
念。

〔註24〕〔漢〕鄭玄注，〔唐〕孔穎達疏：《禮記正義》〈中庸〉，頁900。
〔註25〕〔漢〕鄭玄注，〔唐〕孔穎達疏：《禮記正義》〈表記〉，頁908。
〔註26〕〔魏〕王弼，〔晉〕韓康伯注，〔唐〕孔穎達疏：《周易正義》，頁159。
〔註27〕〈樂記〉與〈祭義〉：「天則不言而信」，詳見〔漢〕鄭玄注，〔唐〕孔穎達疏：《禮記正義》，頁698、820。
〔註28〕子曰：「言必信，行必果，硜硜然小人哉！」詳見〔魏〕何晏集解、〔宋〕邢昺疏：《論語注疏》〈子路〉，頁118。孟子曰：「大人者，言不必信，行不必果，惟義所在。」〔漢〕趙岐注，〔宋〕孫奭疏：《孟子注疏》〈離婁下〉，頁144。
〔註29〕詳見陳麗桂：〈從傳世儒典與郭店儒簡看先秦儒學的忠信之德〉，《國文學報》第四十七期，2010年6月，頁2。
〔註30〕〔魏〕何晏集解、〔宋〕邢昺疏：《論語注疏》〈八佾〉，頁30。
〔註31〕〔魏〕何晏集解、〔宋〕邢昺疏：《論語注疏》〈公冶長〉，頁46。

　　儒家所論之「忠」，應用於「臣德」，對於春秋時期的忠君觀念有所繼承，其中包括「不二」、「效死」、「敬」、「規諫」四種表現〔註32〕。不同的是，戰國時期儒家論臣子對於君主之忠，乃建立在彼此雙向、以禮義為前提的條件下，方有前述四種作為。陳麗桂曾分析在《論語》當中，忠德為臣操時，同時要求人君以「禮」相待，是雙向規範，非單向輸出，其顯示於《禮記》中也大致是這樣的狀況。〔註33〕由此可知孔子曰：「君使臣以禮，臣事君以忠」、〈六德〉：「忠者，臣德也〔註34〕」、〈禮運〉論人之十義有「臣忠〔註35〕」為一義、〈祭統〉有「忠臣以事其君〔註36〕」之語，皆建立在君臣之間以禮相待、以義相合的相對性倫理。此處所指的「禮」，並非西周的禮制意義，而是孔子以仁為核心、以義為判斷之「禮」。當《論語》提到臣下「事君能致其身」、「君命召，不俟駕行矣」、「勿欺也，而犯之」〔註37〕等種種因誠敬而盡力、因急切而諫言的態度，與郭店楚簡《魯穆公問子思》所述「恆稱其君之惡〔註38〕」及《孟子》論「格君心之非〔註39〕」的看法時，其所強調的乃是儒臣事君自主奉獻的忠誠赤心。因此，〈儒行〉所述儒者之出仕，能做到「**上答之不敢以疑，上不答不敢以諂**」、「**君得其志**」、「**上弗知也，麤而翹之，又不急為也**」等忠君之行為，有其君德彰明之先決條件〔註40〕。

〔註32〕張繼軍（1975〜）曾將春秋時期「忠君」觀念作為臣德的內容，大致分成幾種表現：一是臣下對君主的忠貞無欺，「不二」的思想已經存在，但前提條件是所事之君為賢良、明德之主；二是要求臣下盡心竭力的效忠君主，強調「效死」的奉獻；三是要求臣下並非出自於外在利害，而是發自內心深處的真實情感，集中體現對於君主之「敬」；四是把「規諫」君主的言行、匡正君主的缺失作為臣下的重要職責。詳見張繼軍：《先秦道德生活研究》，北京：人民出版社，2011 年，頁 205〜210。

〔註33〕陳麗桂：〈從傳世儒典與郭店儒簡看先秦儒學的忠信之德〉，頁 31。

〔註34〕荊門市博物館編：《郭店楚墓竹簡》〈六德〉，頁 187。

〔註35〕〔漢〕鄭玄注，〔唐〕孔穎達疏：《禮記正義》〈禮運〉，頁 431。

〔註36〕〔漢〕鄭玄注，〔唐〕孔穎達疏：《禮記正義》〈祭統〉，頁 830。

〔註37〕〔魏〕何晏集解、〔宋〕邢昺疏：《論語注疏》〈學而〉、〈八佾〉、〈憲問〉，頁 7、90、128。

〔註38〕荊門市博物館編：《郭店楚墓竹簡》〈魯穆公問子思〉，頁 141。陳麗桂曾論有關事君的「忠」道，郭店儒簡中正面涉及的，唯〈魯穆公問子思〉一例。該篇這種不以順從為貴，而以敢諫為「忠」的觀點和先秦傳世儒學孔孟（尤其孟子）的觀點，基本上是一致的，和荀子也有部分交集。陳麗桂：〈郭店儒簡的外王思想〉，頁 256〜257。

〔註39〕〔漢〕趙岐注，〔宋〕孫奭疏：《孟子注疏》〈離婁上〉，頁 136。

〔註40〕家語本於「君得其志」之後，尚有「民賴其德」之語，更顯君德之義。詳見

儒家所論之「信」，應用於朋友、同儕之間，在孔子之時，以信德對待朋友的思維已經建立，更明言「朋友信之」爲彼三大志向之一，在〈大學〉云：「與國人交，止於信〔註41〕」、〈文王官人〉云：「鄉黨之閒觀其信憚也。〔註42〕」然而，儒家主張儒者交友有「道不同，不相爲謀〔註43〕」之前提條件，亦有「毋友不如己者〔註44〕」之叮嚀提醒，唯有如〈儒行〉所言「合志同方，營道同術」、「其行本方立義，同則進，不同則退」，方有〈學記〉所論「安其學而親其師，樂其友而信其道，是以雖離師輔而不反也〔註45〕」之情景。朋友之間的「信」，立足於知識學問與道德修養上相學、相習、相輔、相成，當中隨之成就的，除了學問之信實與友誼之信任之外，更有因道義之信守，而進一步達致淑世之信願完成。因此，朋友之「信」乃終生之情誼，亦有別於師徒之間的功能與意義。

忠、信之應用對象雖然有別，但並非截然二分，例如子貢問友，子曰：「忠告而善道之〔註46〕」便說明對待朋友之眞心諫言仍可以「忠」示意；〈表記〉論臣下若欲取「信」於其君，必須有建設性的主張及受命拜官之獻身，方能取得國君之賞識〔註47〕。相對地，君主若欲取得有信之士，亦須以仁道行之，故《大戴禮記‧王言》：「君先立於仁，則大夫忠，而士信。〔註48〕」

綜而言之，儒家典籍之「忠」、「信」的意義與闡發對象雖然包含甚廣，但單就〈儒行〉而言，「忠於君」、「信於友」是其最主要的議題，亦是二德在此應用範圍之區別所在。

二、「忠信」合述之內涵

「忠信」合述，廣見於儒家典籍：舉凡《論語》7處、《孟子》4處、《小

〔清〕陳士珂輯：《孔子家語疏證》，頁64。
〔註41〕　〔漢〕鄭玄注，〔唐〕孔穎達疏：《禮記正義》〈大學〉，頁984。
〔註42〕　憚，《周書》作誠。詳見〔清〕孔廣森撰，王豐先點校：《大戴禮記補注（附校正孔氏大戴禮記補注）》，頁189。
〔註43〕　〔魏〕何晏集解，〔宋〕邢昺疏：《論語注疏》〈衛靈公〉，頁141。
〔註44〕　〔魏〕何晏集解，〔宋〕邢昺疏：《論語注疏》〈學而〉，頁81。
〔註45〕　〔漢〕鄭玄注，〔唐〕孔穎達疏：《禮記正義》〈學記〉，頁651。
〔註46〕　〔魏〕何晏集解，〔宋〕邢昺疏：《論語注疏》〈顏淵〉，頁110。
〔註47〕　子言之：「事君先資其言，拜自獻其身，以成其信。是故君有責於其臣，臣有死於其言。故其受祿不誣，其受罪益寡。」〔漢〕鄭玄注，〔唐〕孔穎達疏：《禮記正義》〈表記〉，頁917。
〔註48〕　〔清〕孔廣森撰，王豐先點校：《大戴禮記補注（附校正孔氏大戴禮記補注）》，頁19。

戴禮記》10 處、《大戴禮記》15 處、《荀子》27 處，皆爲數不少，甚至《郭店楚簡》有一專篇〈忠信之道〉，可知儒家對於「忠信」的重視程度。「忠信」合述的內涵共通點，可簡單歸納爲兩項：一是忠信皆出自人之性情的眞實本質，二是忠信皆展現出誠實正己的態度。

（一）性情本質

忠信，作爲人之性情本質，在《論語》以「主忠信」，最能彰顯「忠信」源出於人自身的主動意義。「主」作爲動詞，說明「忠信」爲一種人主動秉持內在眞實的美善，故〈儒行〉論儒之忠信有「『懷』忠信以待舉」、「不寶金玉，**忠信以爲『寶』**」之喻。同理，程子曰：「忠信，本也。〔註49〕」、朱子曰：「忠信如聖人，生質之美者也。〔註50〕」亦肯定「忠信」爲培育儒者之最基礎養分，而此養分乃源自其內在之美善本質。

周鳳五（1947～）考釋郭店楚簡〈忠信之道〉時，認爲該篇以忠信之道的不期不奪類比天地，從而推論忠信乃是人類順天地之道所產生的德行，故曰：「順天地也者，忠信之謂此。」〔註51〕所謂人類順應天地之道所生之德，便是〈中庸〉所言「天命之爲性」。然而，若要詳論「性」與「情」的內涵與關係，莫過於郭店另一篇名爲〈性自命出〉的文章。丁四新（1969～）曾將郭店楚簡《性自命出》等篇中的「情」義進行內涵分析，認爲「性」是一個根本的概念，而人人具有此性，且「四海之內其性一也」。具體說來，好惡、善不善及喜、怒、哀、悲之氣，皆是性；由性而生，就有所謂的情、欲、強弱、懼及喜、怒、哀、悲諸物。因此，郭店楚簡中的「情」是「眞實」，而不是「情感」之義。〔註52〕丁氏之觀點實爲灼見，原因在於若用朱熹提出「『未

〔註49〕 《論語・述而》：「子以四教，文行忠信」，程子（程頤）曰：「教人以學文脩行而存忠信也。忠信，本也。」《論語・顏淵》：「主忠信，徙義，崇德也。」朱子注：「主忠信，則本立。」分別見於〔宋〕朱熹：《四書章句集注》，臺北：大安出版社，2009 年，頁 133、145。

〔註50〕 《論語・公冶長》：「十室之邑，必有忠信如丘者焉」，朱子注：「忠信如聖人，生質之美者也。」見於〔宋〕朱熹：《四書章句集注》，頁 112。劉寶楠亦曰：「忠信者，質之至美者也。然有美質，必濟之以學，斯可袪其所蔽而進於知仁之道，故子以四教先文行於忠信，行即行其所學也。」詳見〔清〕劉寶楠撰，高流水點校：《論語正義》，頁 207。

〔註51〕 周鳳五：〈郭店楚簡《忠信之道》考釋〉，《中國文字》新 24 期，臺北：藝文印書館，1998 年 12 月，頁 126。

〔註52〕 丁四新認爲朱熹說「未發」之物皆是「性」，「已發」之物皆是「情」，「性」與「情」在此完全是對應關係，所以「情」在外延上可以包括人的各種欲望

發』之物皆是『性』，『已發』之物皆是『情』的論點，先秦儒家文獻所指稱
的種種德行（如溫良恭儉讓）便容易往「已發之情」的層面進行詮釋與發揮，
但是實際上「德」並非是一種純粹的情感，它應該有其自身的理性源頭，經
由外在事物引發自身採取道德行動，這或許是郭店〈五行〉之所以沒有稱作
〈五德〉或〈五情〉的原因，畢竟「德」之完成，行動是必要條件。

　　因此，當丁氏將郭店楚簡中的「情」解釋爲「眞實」，而不是「情感」之
義時，反而可以更清楚的看見「德」在理性判斷上的表現，因而在性情論的
觀點上討論「忠」、「信」之德時，忠、信／忠信所產生的行爲便不是一種情
感引發的衝動。故宋儒呂大臨批評〈儒行〉「有矜大勝人之氣，少雍容深厚之
風」，便可說是一種誤解。因此，〈性自命出〉：「忠，信之方也；信，情之方
也；情出於性。〔註 53〕」說明「信」與「情」之義雖有關聯，但並非等同，
李存山認爲此處的「方」，意同於孔子所說「能近取譬，可謂仁之方也」的「方」，
可以解釋爲「道」或「術」。此句的意思是說，情出於性，信是情所依循的道，
而由忠又可以達於信之境界〔註 54〕。這種將忠、信作爲方法、道術的解釋，
呈現了此二德的理性考量特色，故忠、信在商、周作爲一種眞情敬意與不欺
之言，到了戰國，逐漸將情感表達提升至理性道德的象徵。故〈表記〉所云
之「信近情」、「情可信」、「情欲信」〔註 55〕便有其意義的依據，無論是透過
信之道德理性促進眞誠情感，抑或情感之眞實帶來人際間的信賴，皆是要求
人要做到眞實不虛僞。

　　「忠」、「信」源於性情之眞誠，此論點已有多位學者論及，除了黃開國
考察春秋時期的仁義忠信觀時，提到當時所說的忠之基本含義，是指發自內
心的眞實情感之外〔註 56〕，勞悅強（1957～）也提過《論語》〈述而〉記載

及情感等等。可是在楚簡中，「情」只是「性」已發之一物，而「欲」與喜、
怒、哀、樂等，似難直接將其判定爲所謂的「情」。因此丁氏提出兩個結論：
第一，喜、怒、哀、悲之氣從「性」發爲喜、怒、哀、樂的具體情感，是由
「心」面對外物反應、作用出來的。第二，在郭店楚簡中「情」是由「性」
而出，它是已發的至眞至實者，是事物本來既有、本來應有的內在規定，而
不是人爲作用的結果，也不是心面對外物產生的心理反應。詳見丁四新：〈論
郭店楚簡「情」的內涵〉，《現代哲學》2003 年第 4 期，頁 61～63。

〔註 53〕荊門市博物館編：《郭店楚墓竹簡》〈性自命出〉，頁 180。

〔註 54〕李存山：〈忠信：儒家「以德治國」的重要思想——《論語》與郭店楚簡論「忠
信」〉，收入郭店楚簡研究（國際）中心編：《古墓新知——紀念郭店楚簡出土
十周年論文專輯》，頁 295。

〔註 55〕〔漢〕鄭玄注，〔唐〕孔穎達疏：《禮記正義》，頁 911、920。

〔註 56〕黃氏之論如下：《國語·周語上》載周內史過說：「考中度衷，忠也。」《國語·

「子以四教，文、行、忠、信」當中的「忠」與「信」皆指性情而言。他認為孔子所修的「德」，其實根本於性情。孔子修德，即是修此性情之德，而非空泛的仁義道德。至於孔子所說「十室之邑，必有忠信如丘者焉」之「必」字的深意，在於自己與他人共同的地方在於「忠信的性情」，孔子所謂的性之相近處，應該就是人人共有的忠信性情。〔註57〕歐陽禎人（原名張杰，1961～）在其《先秦儒家性情思想研究》的書中，同樣提到〈學而〉的「主忠信」，完全是一個性情上的要求。「忠」指的是學者自己心中的內在之誠，是人之所以為人者；「信」指的是內在之誠表現出來之後的狀態，是「忠」的顯發。〔註58〕眾多學者之說，在在都指向「忠」、「信」於性情論中的重要地位，嚴格說來，「忠」、「信」應該說是同屬於「性」，但其「情」的表達方式不同，忠以心（意）為主，信以身（口）為主：

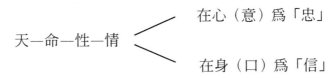

天—命—性—情 〈 在心（意）為「忠」 / 在身（口）為「信」

　　另外，陳麗桂認為《論語》中孔子述及忠、信，有多則是針對子張之問所作的回答。過去學者因而有以忠信之德，即為子張一系所傳者，但陳氏認為《論語》所見忠信之義與郭店楚簡〈忠信之道〉、〈魯穆公問子思〉所論忠臣之義涵，不但有忠信或誠敬之意，且都在強調內心由衷的真純與竭盡，因此若由講究心性功夫之曾子、子思一系來傳承與推闡，可能性或許更大。〔註59〕這個觀點讓

周語下》載，晉公子周事單襄公「言忠必及意」，單襄公有「忠，文之實也」與「帥意能忠」之說。實是誠實、真實之義。忠是發自人的內心，所以內史過與單襄公言忠都講到意，這種心意深處發出的忠，沒有一點虛假成分，因而，被看作是一種最真實的德行。……忠因發自內心，故忠字從心、從中。意亦心之屬，因而春秋時人多用意釋忠。情亦心之屬，所以，春秋時也有以情訓忠的。在與忠的關聯上，情與意是同一的。《左傳》莊公十年，著名的曹劌論戰記載：公曰：「小大之獄，雖不能察，必以情。」（曹劌）對曰：「忠之屬。」這是以情解釋忠的例證。總之，凡屬發自人內心的真實情意，都可稱之為忠。詳見黃開國：〈春秋時期的仁義忠信觀〉《孔孟月刊》第三十四卷第七期，頁22。

〔註57〕勞悅強：〈從學術、修養、信仰論孔門儒學〉，收入劉笑敢主編：《中國哲學與文化》（第十輯），桂林：漓江出版社，2012年9月，頁110～111、119～120。

〔註58〕歐陽禎人：《先秦儒家性情思想研究》，武漢：武漢大學出版社，2006年，頁112。

〔註59〕陳麗桂：〈從傳世儒典與郭店儒簡看先秦儒學的忠信之德〉，頁8～9。

我們不禁延伸思考「忠」、「信」落實於政教倫理之中的君德、臣德或友德時，是否與「誠」概念的發展有緊密的關係？尤其「誠」概念來自〈中庸〉，過去傳世文獻與今世出土文獻又時常討論子思與〈中庸〉的關係，因而「忠信」與「誠」概念的聯繫值得深究。從儒家強調內外一致、身心一如的觀點來看，「忠信」極可能涵括了「忠」之內在心意與「信」之外在身行的結合意義。倘若「誠」字的出現取代「忠信」一詞，往後「忠」、「信」二字的意義便會逐漸開出不同的詮釋道路：「忠」在戰國末年以後逐漸走向忠於君主個人利益的道路，「信」則於個人修身與交友層面的信用意義運用最廣。

〈儒行〉當中所論之忠、信／忠信，在行為與名詞上仍保有春秋以來的風範，不至於如法家走向「忠」於君主個人之利益，「信」字也保留與《論語》相同之意義，說明朋友有密不可分的關係。由此可知〈儒行〉所論之「忠信」仍保有孔子時代的意義，且可相合於子思提出之「誠」的概念。若大膽推論「忠信」一詞作為「誠」字意義的前身，似也可再深論。

（二）誠實正己

古代文字學家、經傳注疏家對於儒家典籍所出現之「忠」、「信」、「忠信」等詞，多以「誠」作為註解。此現象包括東漢許慎《說文》：「信，誠也。〔註60〕」、唐代楊倞《荀子・禮論》注：「忠，誠也。〔註61〕」、宋代程頤《論語・學而》注曰：「人道惟在忠信，不誠則無物〔註62〕」、清代孫希旦《禮記・祭義》注曰：「愉愉乎其忠者，言其和順之發於誠也。〔註63〕」等，其中又以清代劉寶楠運用「實」的概念，串起「忠」、「信」皆指向「誠」的意義，最為清晰：

　　《周語》：「忠者，文之實也。」楊倞《荀子・禮論》注：「忠，誠也。」
　　「誠」、「實」義同。誠心以為人謀謂之忠，故臣之於君，有誠心事
　　之，亦謂之忠。〔註64〕

〔註60〕〔漢〕許慎撰〔清〕段玉裁注：《說文解字注》，頁92。

〔註61〕〔清〕王先謙撰，沈嘯寰、王星賢整理：《荀子集解》，頁352。

〔註62〕《論語・學而》：「主忠信」，程子曰：「人道惟在忠信，不誠則無物，且出入無時，莫知其鄉者，人心也。若無忠信，豈復有物乎？」見於〔宋〕朱熹：《四書章句集注》，頁65。

〔註63〕〔清〕孫希旦：《禮記集解》，頁1210。

〔註64〕《論語・學而》：「為人謀不忠乎」之注，〔清〕劉寶楠撰，高流水點校：《論語正義》，頁10。

蓋忠恕理本相通，忠之爲言中也。中之所存，皆是誠實。《大學》：「所謂誠意，毋自欺也。」即是忠也。《中庸》云：「誠者，非自成己而已也，所以成物也。」《中庸》之「誠」，即《大學》之「誠意」。誠者，實也；忠者，亦實也。〔註65〕

忠者誠實之謂，誠實則順理可知。〔註66〕

劉氏之「實」，同時能夠用以注解「忠」、「信」、「誠」三字，並將三者之意義加以會通，此種意義的會通，孫希旦也有類似之論，如孫注《禮記》曰：「忠信，謂存諸心者無不『實』，故爲禮之本〔註67〕」、「忠，謂待以『實』心也。〔註68〕」、「大信不約，謂至『誠』感物〔註69〕」等句。雖說此種以某字注解某字、某字又取以注解他字的方式，僅能說明該些字義的部分面向有其通同處，並非全面等同，然「忠」、「信」、「誠」、「實」之相通處，運用於人事的意義深遠。

「忠信」之誠、實意義，運用於人自身修德，以「正」的形式表現。儒家論「正」，包括心正、身正兩大區塊。〈大學〉論君子「意誠」而後「心正」〔註70〕，說明「心正」是「意誠」的結果；孟子云：「胸中正，則眸子瞭焉；胸中不正，則眸子眊焉。〔註71〕」認爲人心之正，可從人之眼神判斷一覽無遺。張春英（1964～）曾論孔子之道德教育即在於「正心」，並以「禮」、「《詩》樂」、「射」爲最主要教材教法〔註72〕。然而，「身」有所忿懥、恐懼、好樂、憂患，「心」皆不得其「正」〔註73〕，故孔子重視「身正」，堪稱表率。〈鄉黨〉便記載孔子「割不正，不食」、「席不正，不坐」、「升車，必正立執綏」〔註74〕。

〔註65〕《論語·里仁》：「夫子之道，忠信而已矣。」之注，〔清〕劉寶楠撰，高流水點校：《論語正義》，頁153。

〔註66〕《論語·季氏》：「君子有九思……言思忠」之注，〔清〕劉寶楠撰，高流水點校：《論語正義》，頁664

〔註67〕〈禮器〉：「忠信，禮之本也」之注，〔清〕孫希旦：《禮記集解》，頁625。

〔註68〕〈緇衣〉：「忠敬不足」之注，〔清〕孫希旦：《禮記集解》，頁1210。

〔註69〕〈學記〉：「大信不約」，孫注曰：「大信不約，謂至誠感物，不待有所要約，而人無不信之。」〔清〕孫希旦：《禮記集解》，頁972。

〔註70〕〔漢〕鄭玄注，〔唐〕孔穎達疏：《禮記正義》〈大學〉，頁983。

〔註71〕〔漢〕趙岐注，〔宋〕孫奭疏：《孟子注疏》〈離婁上〉，頁134。

〔註72〕該篇亦兼論御、書、數與正心的關係。詳見張春英：〈論孔子「正心」的育人觀〉，《齊魯學刊》2000年第3期（總第156期）。

〔註73〕〔漢〕鄭玄注，〔唐〕孔穎達疏：《禮記正義》〈大學〉，頁986。

〔註74〕〔魏〕何晏集解，〔宋〕邢昺疏：《論語注疏》〈鄉黨〉，頁89～91。

另外，〈禮器〉論「忠信」爲禮之本，認爲「無本不正」，〈儒行〉所論「中（忠）正」，在〈樂記〉亦有：「中正無邪，禮之質也。〔註75〕」皆在在說明人「忠信」之誠、實，可透過「心正」與「身正」表現。

　　儒家將「忠」、「信」譬如天地四時之運作恆常不變，且長養萬物而不居功。郭店楚簡〈忠信之道〉：「至忠女（如）土，蝸（化）勿（物）而不肇（伐）；至信女（如）時，必至而不結〔註76〕」，即是將忠比喻成土（地）、將信比喻成（天）時，說明天地四時毋須盟誓，便能使萬物皆得所化。此論不僅與《大戴禮記・王言》：「多信而寡貌。其禮可守，其信可復，其跡可履其於信也，如四時春秋冬夏。」之喻相互呼應，也與〈中庸〉論唯天下至誠，爲能盡其性、盡人之性、盡物之性，最終能參贊天地之化育緊密相連。然而，人之性命不如天地久長，此種「與天地合其德，與日月合其明〔註77〕」的理想精神，落實於人之道德踐履，往往會形成超越能耐的奉獻，朱子曰：「盡己之謂忠〔註78〕」由此而來，〈儒行〉論儒「忠信」亦與「生死」時常相連，故常有「見死不更其守」、「可殺而不可辱」、「患難相死」之態度。

　　人之「忠信」精神效法天地運行而不怠，且因其具有恆常不變的特質，故又有其大用。人之忠信乃從孝親開始，曾子認爲君子之事親孝，其忠便可移於君〔註79〕，並強調「忠養」父母必須至自身之終方可罷休〔註80〕。〈祭義〉：「忠臣以事其君，孝子以事其親，其本一也。」說明君子忠愛其親，能使君、臣、民上下相親，社會和諧國家安定，再加上「信」德具有經得起一再反覆運行與試煉的特性，促使人的「忠信」之德更爲堅固，且以「正」的型態表現於君子之身、心之中。故知「忠信」與君子身心之「正」，運用於儒家政教

〔註75〕　〔漢〕鄭玄注，〔唐〕孔穎達疏：《禮記正義》〈樂記〉，頁669。

〔註76〕　荊門市博物館編：《郭店楚墓竹簡》〈忠信之道〉，頁163。

〔註77〕　《周易・乾卦・文言傳》：「夫大人者，與天地合其德，與日月合其明，與四時合其序，與鬼神合其吉凶，先天而天弗違，後天而奉天時。天且弗違，而況於人乎？況於鬼神乎？」詳見〔魏〕王弼、〔晉〕韓康伯注，〔唐〕孔穎達疏：《周易正義》，頁17。

〔註78〕　朱子對《論語》記載曾子「三省吾身」之注，見於〔宋〕朱熹：《四書章句集注》，頁63。

〔註79〕　〔唐〕唐元宗御注，〔宋〕邢昺疏：《孝經注疏》〈廣揚名章〉，收入《十三經注疏附阮元校勘記》，臺北：藝文印書館，2001年，頁47。

〔註80〕　曾子曰：「孝子之養老也，樂其心不違其志，樂其耳目，安其寢處，以其飲食忠養之孝子之身終，終身也者，非終父母之身，終其身也。」詳見〔漢〕鄭玄注，〔唐〕孔穎達疏：《禮記正義》〈內則〉，頁531。

倫常的群體運作，成爲不可離的忠信之德。《大戴禮記‧小辨》便有孔子向魯
哀公闡述「忠信之備」的記載，更言：「唯社稷之主實知忠信」，強調「忠信」
運用於政治的重要角色。所謂「忠信之備」，孔子曰：

> 忠有九知——知忠必知中，知中必知恕，知恕必知外，知外必知德，
> 知德必知政，知政必知官，知官必知事，知事必知患，知患必知備。
> 若動而無備，患而弗知，死亡而弗知，安與知忠信？〔註81〕

唯有對自身眞誠相待、如實瞭解，才能體會禮尙往來之人之常情，並以自身
之德與外界互動，方可熟悉眾人之事運作的道理，也能知各種職守應處理之
分際，能熟知人我之分際，便更容易掌握困境，於禍患發生之前防範於未然，
此謂「忠信之備」。因此，自身之「忠信」能促使個人完備道德，也能帶動群
體和諧，並達致政治運作的順暢與安全。此處「忠信」的功能，已不僅限於
自身之操守，更推擴爲治國之基理。

第二節　忠信的表現與做法

　　前節所論忠信分論及合述的意義，彰顯人之忠、信／忠信之德，有其實
踐的重點與對象差異，然其表現之誠、實精神確是一貫的。因此，本節的重
點在論述〈儒行〉所載忠信的具體表現與做法，分成「人臣之道」、「交友舉
賢」兩部分說明之。

一、人臣之道

　　所謂上、下，在〈儒行〉文本中多用以表示君臣關係，部分指臣民關係，
或是用以表述君在上、民在下的客觀意涵。儒者肩負執行君命與傳遞民情的
責任，以臣子的身份表現「忠信」之德，並非單向的付出，它必須建立在人
君以禮相待的規範之中，其對於人民的基本關懷也超乎自身的利益，以下從
「輔佐君主施政」及「憂思人民生活」兩方面，說明儒臣的忠信精神表現。

（一）輔佐君主施政

　　爲人臣者，具有輔佐君主建立正確的爲君之道，並執行君主之政策兩大
責任。君主懷抱正確的志向，能夠帶領子民走向光明，因而擬定的策略符合

〔註81〕　〔清〕孔廣森撰，王豐先點校：《大戴禮記補注（附校正孔氏大戴禮記補注）》，
　　　　　頁207。

百姓需求，再遇忠信之臣輔佐其明志、執行其方策，國家前途便無可限量。前者在〈儒行〉有「**君得其志，苟利國家，不求富貴**」之語，後者則有「**上答之不敢以疑；上不答不敢以諂**」的執行態度。因此，以下從君主的施政策略爲軸心，論述儒者輔佐、執行的忠信之德。

　　林師素英研究孔子的君道思想，提到孔子一生志在從政，而記載孔子理想君道思想最完整而有系統之篇章，在《論語》之外的當今文獻中，實應以〈緇衣〉爲本。〈緇衣〉中所述君主的施政策略，對孔子理想君道思想的繼承，可歸納出四大實踐要項：第一，好賢惡惡禮敬大臣；第二，謹言慎行以爲臣民表率；第三，與臣民建立良好之連鎖互動關係；第四，以恆久不變之毅力貫徹實踐。〔註82〕此四點，囊括君主在施政方面的自我要求與臣民之相互對待，對儒者而言，彼之職責所在便是協助、輔佐君主達成這些目標，而在此過程中的作爲，便是本段所論的忠、信之德。以下在林師所歸納君主施政策略四點之基礎上，論述儒者輔佐君主之志、執行君主之策的內容：

1. 先勞後祿

　　先勞後祿，目的在報答君主禮敬大臣之意。君主禮敬大臣的前提，在於能好賢惡惡，而儒臣的功用，便是協助國君親賢遠佞，並爲國家拔擢人才舉賢援能〔註83〕。〈儒行〉所謂「**先勞而後祿**」，是指儒臣輔佐、執行君主治國，君主即依據彼所擔負之責任及所付出建立後之辛勞與功勞，給予相對之爵位、俸祿或其他特殊的獎賞。對於儒臣而言，乃秉持爲君主分憂解勞、使其不勞的精神〔註84〕，並抱持無功不食祿的心態，恪守本分的做好職務之事。

〔註82〕林師素英研究理想之君道思想應該包含人君典型之樹立、施政原則之確定、以及施政策略之貫徹。林師分別就此三部分，各發表一篇文章詳細論述之，其中關於簡本與今本〈緇衣〉的差異，不僅列析前人對於今本提出的看法與疑義，更論證今本〈緇衣〉之思想仍是立本於孔子之理想君道而來。詳見林師素英：〈從郭店儒簡檢視文王之人君典型〉《中山大學文與哲學報》第七期，2005 年 12 月頁 125～157。林師素英：〈從施政原則論孔子德刑思想之轉化～～綜合簡本與今本〈緇衣〉之討論〉，收入武漢大學簡帛研究中心主編：《簡帛》第二輯，上海：上海古籍出版社，2007 年，頁 193～208。林師素英：〈從施政策略論〈緇衣〉對孔子理想君道思想之繼承——兼論簡本與今本〈緇衣〉差異現象之意義〉《哲學與文化》第 34 卷第 3 期（總第 394 期），2007 年 3 月，頁 15～34。

〔註83〕此點在第三章論儒以公爲先，以舉賢爲核心作爲時，已有論述，此處不再覆論。

〔註84〕孟子曰：「湯之於伊尹，學焉而後臣之，故不勞而王；桓公之於管仲，學焉而

因此，晏光曰：「不以小言受大祿，故先勞而後祿〔註85〕」，強調儒臣為君主效力的目的，並非以功名利祿為優先，而是要求有益於國家人民之願。

然而，〈儒行〉「先勞而後祿」之後，緊接著「不亦易祿乎？」一語，本是呼應前面論儒者「難得而易祿，易祿而難畜」當中的「易祿」。但此「易祿」又該做成何解？難道是輕易接受俸祿？抑或容易以俸祿打發？熊十力（1885～1968）舉《漢書‧李尋傳》引《論語》「賢賢易色」顏師古注：「易色，輕略於色，不貴之也。」論述儒行所言之「易祿」乃輕祿利也〔註86〕。但此處若將〈中庸〉當中「忠信重祿，所以勸士也」加以對參，熊氏之解似乎又有矛盾。事實上，君主增加臣子的俸祿爵位，本有進勉臣下奮力之功效，無論是精神上的讚許或實質上的給予，都是莫大肯定。《禮記》〈燕義〉云：「臣下竭力盡能以立功於國，君必報之以爵祿，故臣下皆務竭力盡能以立功，是以國安而君寧。」因此，我們不能否定〈中庸〉當中「重祿」之意義，但從〈儒行〉論儒「易祿」之後緊接著「難畜」，我們便能認清儒者出仕考量的條件，最終仍以君主之德為參考依據，來決定儒者最終的去留。

《孟子》〈公孫丑下〉曾記載公孫丑問孟子曰：「仕而不受祿，古之道乎？」孟子回答他在崇邑見到齊王，退下後便有離去的意願，他不想改變自己的意願，因而不受取俸祿。其後因遭逢齊國有戰事，遂不便離去，但久留齊國並非其本意〔註87〕。此例便能證明儒者若遇明君當自效力無疑，但若君德敗失，儒也不因圖利貪功而為此停留。《大戴禮記》〈曾子立事〉也云：「無益而食厚祿，竊也。〔註88〕」因此，儒臣之易祿、難畜，關鍵在於君德。

先秦的君臣之道，乃雙向互動，而非絕對性道德規範。儒者重視古禮之保存，因此在〈祭統〉：「古者，明君爵有德而祿有功，必賜爵祿於大廟，示不敢專也。〔註89〕」仍可明見君主對於有功之臣的敬重與禮儀表現。孔子教導學生從政應具備的條件時，也曾告訴子張應該尊五美、屏四惡方能從

後臣之，故不勞而霸。」詳見〔漢〕趙岐注，〔宋〕孫奭疏：《孟子注疏》〈公孫丑下〉，頁73。

〔註85〕晏光之說，見〔宋〕衛湜：《禮記集說》，頁18529。

〔註86〕熊十力：《讀經示要》，臺北：廣文書局，1960年，頁114。

〔註87〕朱熹引孔氏（孔文仲）語：「仕而受祿，禮也；不受齊祿，義也。義之所在，禮有時而變。公孫丑欲以一端裁之，不亦誤乎？」見於〔宋〕朱熹：《四書章句集注》，頁349。

〔註88〕《大戴禮記》〈曾子立事〉，詳見〔清〕孔廣森：《大戴禮記補注（附校正孔氏大戴禮記補注）》，頁89。

〔註89〕〔漢〕鄭玄注，〔唐〕孔穎達疏：《禮記正義》〈祭統〉，頁836。

政，「勞而不怨」便是五美之一，後面說明儒者從政之所以能夠勞而不怨的原因，在於自身有理性的判斷、整體的考量，故「擇可勞而勞之，又誰怨？〔註90〕」。綜上所述，儒者之所以先勞後祿乃用以報答君主知遇、禮敬之恩，但若君德未足，也難畜良臣。

2. 浴德陳言

浴德陳言，目的在輔佐君主謹言慎行之志。〈儒行〉記載儒者輔佐君主謹言慎行的方式，乃從儒之修己——「澡身而浴德」開始。澡、浴之本意爲清潔手部與身體〔註91〕，此處借以表示儒者以道德沐浴己身，洗淨欲望與利益鬥爭所產生的各種汙染，蘊藏君子敬己敬人且能反求諸己的意義。儒者崇尚道德，從自身做起，方能透過「陳言而伏，靜而正之〔註92〕」的方式，進一步勸勉君主言行中正且合於善，並等待君主之思考與回應。倘若君主仍舊不明白，便會再粗略地、委婉地提醒與暗示，而非急躁的要求君主明瞭，故稱作「上弗知也，麤而翹之，又不急爲也」。鄭玄曰：「麤，猶疏也、微也，君不知己有善言正行，則觀色緣事，而微翹發其意使知之，又必舒而脫脫焉，己爲之疾，則君納之速，君納之速，怪妁所由生也。〔註93〕」說明儒者不急於無效之諫言，而是有次第地一一引導君主自身思考，此點亦闡發於〈曲禮〉：「爲人臣之禮：不顯諫，三諫而不聽，則逃之。〔註94〕」說明臣子不公開批評君主的錯誤，僅以再三規勸，若君主不願採納，方選擇離開。

以《禮記‧哀公問》記載魯哀公與孔子的問答爲例，哀公以「大禮何如？君子之言禮，何其尊也？」之提問於孔子，孔子自謙爲小人不知禮，哀公再次請孔子言，孔子才描述無禮造成的人倫悖亂情形，並且再論昔之君子之行禮的種種做法。相對於昔之君子，哀公對於今之君子行禮的情形進一步提問，孔子方以「今之君子莫爲禮也」告訴魯哀公。後面接著記載哀公與孔子一問一答，孔子從「人道，政爲大」、「政者正也」、「夫婦別，父子親，君臣嚴。三者正，則庶物從之」、「愛與敬，其政之本」、「冕而親迎」、「爲政先禮」、「昔三代明王之政，必敬其妻子也」、「敬身」、「成親」、「成身」、「貴乎天道」等

〔註90〕　〔魏〕何晏集解，〔宋〕邢昺疏：《論語注疏》〈子張〉，頁179。

〔註91〕　浴：洒身也。从水谷聲。澡：洒手也。从水喿聲。詳見〔漢〕許慎撰〔清〕段玉裁注：《說文解字注》，頁198、345。

〔註92〕　靜，或作諍。《經典釋文》：「而靜如字，徐本作諍，音爭。」說明徐先民本，知《禮記》「靜」本作「諍」。詳見胡楚生：《儒行研究》，頁118。

〔註93〕　〔漢〕鄭玄注，〔唐〕孔穎達疏：《禮記正義》〈儒行〉，頁978。

〔註94〕　〔漢〕鄭玄注，〔唐〕孔穎達疏：《禮記正義》〈曲禮〉，頁95。

環環相扣之德治議題，步步引導、啓發哀公自身之反省，最後哀公終於有「寡人蠢愚，冥煩子志之心也」及「寡人既聞此言也，無如後罪何？」的深沉醒覺，孔子當下即肯定其心曰：「君之及此言也，是臣之福也。」〔註95〕此篇之對答，足以見得孔子循循善誘人之功力，以及不推功於己的謙虛態度，最終仍回到君主自身的作爲，實爲浴德陳言以輔佐君主謹言愼行之標準典範。

另外，臣下輔佐君主雖有功但不居功，故在〈儒行〉「**上弗知也，麤而翹之，又不急爲也**」的後面，緊接爲「**不臨深而爲高，不加少而爲多**」之語，孫希旦曰：「人臣之事君，雖功如伊、周，皆分之所當盡，無可以自高而自多也。苟臨深爲高，加少爲多，則是有自滿假之心〔註96〕。」說明臣子澡身浴德以輔佐君主乃是本分內之事，即便事君有成，也不應自滿得意。

3. 身正言信

身正言信，目的在承接君命及執行政令。儒者之身正言信，在有德之君主下達政策與命令時，最爲明顯的表現是，儒臣能夠不預設、左右君意之立場，表示其不自專己能的意義，並且避免有凌駕君命之嫌疑。此種態度，在〈儒行〉則有「**上荅之不敢以疑；上不荅不敢以諂**」之表現，此段話是說君上對於儒者所提政策能夠同意，儒者不會再表示懷疑；倘若君上對儒者所提政策沒有表示同意，儒者也不會因此口吐讒諂之言、面露阿諛之色，以達己求。方愨以爲儒者之不疑，乃出自「自信之篤」；其不諂，乃起因於「懷忠之深」〔註97〕。陳澔則認爲前者乃君臣之道合，故曰「道合則就，即信之不疑，無患失之心」，後者乃君臣不合，故曰「不合則去，即安之而不諂，無患得之心」〔註98〕。二人之解，皆凸顯儒者事君之中正，故能做到自信而懷忠、不患得患失。

所謂「不敢」是一種敬語，強調臣下對君主的敬重，並非懼怕或受迫於權威，此種用語在先秦文獻與儒家禮書中時常可見〔註99〕。舉例而言，孔子

〔註95〕〔漢〕鄭玄注，〔唐〕孔穎達疏：《禮記正義》〈哀公問〉，頁848～852。
〔註96〕〔清〕孫希旦：《禮記集解》，頁1407。
〔註97〕方愨之說，見於〔宋〕衛湜：《禮記集說》，頁18533。
〔註98〕〔元〕陳澔注，萬久富整理：《禮記集說》，南京：鳳凰出版社，2010年，頁461。
〔註99〕「敢」與「不敢」都是周初以來不離口的敬語，廣見西周文獻和金文，但久經交替使用以表敬意或自謙之後，「敢」遂逐漸產生「不敢」的意思。詳見葉國良：〈先秦禮書中保存的古語及其意義〉，《經學研究集刊》第三期，2007年10月，頁146。

對於陳成子弑簡公之事不敢不告，乃敬於自身過去曾任大夫之職位與國際之間本應有的禮義；孟子非堯舜之道，不敢以陳於王前，而有「齊人莫如我敬王」的說解。二者所言「不敢」，皆指向敬於君、敬於位、敬於禮的深刻意涵。由此可知，儒者乃秉持身正言信、不疑不諂的態度，承接君命及執行其政令。

〈緇衣〉：「君以民爲體，民以君爲心〔註100〕」，臣下的角色便是溝通君意與民情之間的重要橋樑。君主與臣民須保持良好的互動關係，在《論語》當中有君禮臣、臣忠君的原則，落實在〈儒行〉，則告訴君主對於臣下之過失「可微辨而不可面數」，方顯君主寬裕之氣度與對臣下的尊重之禮。君若欲使臣做事，也須秉持正當之義理，而不能以脅迫、污辱的方式逼臣屈就其策，因爲儒者「可親而不可劫也，可近而不可迫也，可殺而不可辱也」。君主若能做到上述之美德，儒臣便能清楚地承接君命，並且執行其養民、教民之具體政令。

儒臣執行君命，因秉持先王之道爲準則，故能中正處事，不受權位利祿所迫，以致反其道而行。〈儒行〉論儒「行必中正」用以論述儒者事君時，乃採取中道平和的心態與正直無邪的做法。中正之行的重要條件在於無詖、無邪，意指心思之純粹、意念之正直、態度之無私、行爲之切時，因而對於君上決策的結果能不預設或左右其立場，對於身處仕道之通達秉持超然的態度，對於進諫時機與內容能做到恰到好處的拿捏、對於自身所持意見不卑不亢並堅持道義，因而不受君王、長上、官吏的困辱或迫使其做出違心之言行，故最終能做到「不愍君王，不累長上，不閔有司」之地步。

4. 效死盡職

效死盡職，目的在貫徹君主守國安邦之策。儒之忠信乃出自對國家、人民的一片眞心，當此眞心發揮至極限處，便時常以超乎儒者自身之能耐的姿態出現，故而對於當下道德的實踐能有超越極限的承擔。如此承擔的發生，建立在儒者的自主意願爲前提條件，透過外在的環境與局勢，觸發、引動儒者產生無限的道德勇氣。因此，在〈儒行〉所述的部分行爲，在一般人的眼中是異於常人、超乎能人的表現，例如：「劫之以眾，沮之以兵，見死不更其守」、「鷙蟲攫搏不程勇者，引重鼎不程其力」、「雖有暴政，不更其所」等。

效死盡職，並非儒者從政的最終目的，但有時卻是道德實踐過程中，不得不面臨的眞實挑戰與決斷勇氣。尤其在面臨國家存亡之際，忠信之德勢必

〔註100〕〔漢〕鄭玄注，〔唐〕孔穎達疏：《禮記正義》〈緇衣〉，頁933。

與犧牲性命有所關聯。這種「自我犧牲〔註 101〕」並非盲目濫情，實乃出於對於國家人民有崇高的道德義務。蔡元培（1868～1940）論孔子之道德，曾云：「其（孔子）實行道德之勇，亦非常人之所及。〔註 102〕」伍曉明（1958～）也云：「『忠』必然是我對於作爲他者的義不容辭的英勇承擔。其所以「英勇」，是因爲這一承擔在某種非常深刻的意義上始終非我之力所能及。在我之『忠』中，我所承擔者始終多於我所能承擔者。」至於「信」，則蘊藏在我所擔負的責任之中〔註 103〕。因此，〈儒行〉「不更其守」、「不更其所」的行爲，乃建立在其盡忠職守、信於君民的道德基礎上。

　　然而，儒者此種超越自身能力所及的行爲，由於其承擔的程度與範圍過大，又涉及其自身性命，因而「鷙蟲攫搏不程勇者，引重鼎不程其力」的表現，時被前人認爲是「暴虎馮河」之事，例如胡銓曰：「鷙蟲攫搏雖猛，引重鼎雖有力，然不敢與儒者較量勇力堪之與否，當之則往，此乃暴虎之爲，非儒者也。〔註 104〕」晏光曰：「信如是，則一勇之夫，豈儒者之事哉！〔註 105〕」王夫之曰：「按此節所言，皆剛愎冒昧之行，以此爲特立，其妄明矣。〔註 106〕」等，歷代注家對〈儒行〉此論多有批評。

　　事實上，「鷙蟲」是指特別兇猛的鳥禽，如鷹、隼之類。當人力勞動之

〔註 101〕高兆明（1954～）從倫理學的角度，來論説「關於自我犧牲」：道德生活總是以或多或少自我犧牲精神爲前提。但是自我犧牲是否無條件、盲目任意的？是否任何能給他人帶來福利的自我犧牲無條件地就是善的？具體來説，自我犧牲有三個重點：第一，只有出於崇高道德義務而非任性與義氣的自我犧牲，才有可能是善的；第二，只有爲眞實社會的整體利益、他人的根本利益做出的犧牲才是崇高的善，這樣自我犧牲就並不排斥維護與爭取自身的正當利益；第三，自我犧牲是種特殊的自我肯定。高兆明：《存在與自由：倫理學引論》，南京：南京師範大學出版社，2004 年，頁 221～222。

〔註 102〕蔡元培：《中國倫理學史》，臺北：五南出版公司，2010 年，頁 36。

〔註 103〕「任」的基本意義是動詞意義上的擔負，而我所擔負者是我的負擔：我所「任」者爲我之「任」。「任」之「信」，任所必然蘊含的信，乃是他人對我的被明確了的信（任）。忠所劃出的是一條由我向他或以我爲他的軌跡。雖然勇者不必有忠，但是忠者必有勇。忠於他人、承擔他人、對/爲他人負責的最終表現就是讓他者作爲他者而存在——而這就是仁，就是我對他者之仁。伍曉明：〈忠於/與他人——重讀孔子關於忠的思想〉，收入胡軍、孫尚揚主編：《詮釋與建構——湯一介先生 75 周年華誕暨從教 50 周年紀念文集》，北京：北京市哲學會，2001 年，頁 155、167。

〔註 104〕胡銓之説，見於〔宋〕衛湜：《禮記集説》，頁 18530。

〔註 105〕晏光之説，見於〔宋〕衛湜：《禮記集説》，頁 18530。

〔註 106〕〔清〕王夫之：《船山全書・第四冊・禮記章句》，頁 1456。

作息未能配合天時運作時，不經意會造成許多自然的傷害，導致牠們提早發育成熟，而對人民或土地造成傷害，故〈月令〉記載：「（季夏）行冬令，則風寒不時，鷹隼蚤鷙，四鄙入保。」鄭玄解釋鷹、隼之所以早日變得兇猛，起因於「得疾厲之氣也」，孔穎達更明確指出風寒不時屬於天災，鷹隼蚤鷙則是地災的現象〔註107〕。即便人事能順應天時，在秋分之日也會有「雷始收聲，蟄蟲壞戶，殺氣浸盛，陽氣日衰，水始涸〔註108〕」的自然情形。因此，儒者作為君令的執行者，第一線要面對人民的農事與日常生活，並解決他們遇到的種種災害問題，在此當下，自然不能畏懼退縮。至於引重鼎之事，與禮的關係密切，在《儀禮》多有記載，如〈士冠禮〉有「舉鼎陳于門外〔註109〕」、〈士昏禮〉有「陳三鼎于寢門外〔註110〕」、〈聘禮〉有「鼎九，設於西階前〔註111〕」、〈公食大夫禮〉有「士舉鼎去鼏於外，次入，陳鼎于碑南〔註112〕」等，諸多禮儀皆須用到「鼎」。儒者重禮、執禮，遇禮之事不會推辭，故引重鼎有其守禮、依禮而行的意味，並非逞能。

　　總言之，儒者此種超越極限之力量，乃是一種自然的道德驅力，而非刻意為貪祿而僥倖、為美名而犧牲的政治手段。真正奸佞邪巧之人，並不會用自己的生命去冒險，更不用說對於道德的追求抱有任何殺身成仁的理想與氣度。因此，儒者之大勇，出自於彼對道德的負責積極、心意迫切，其致力於行的極限，不僅並非俗人能及，其「剛健之德〔註113〕」也足以支撐他面對艱困、迎接挑戰。

　　綜上所述，〈儒行〉論及儒者表現臣子對於君主所表現的忠信之德，包括

〔註107〕正義曰：「以丑未屬巽，十二月建丑得巽之氣，故為風。又建丑之月，大寒中，故多風寒，此天災也。鷹隼蚤鷙，季夏地氣殺害之象，地災也。」〔漢〕鄭玄注，〔唐〕孔穎達疏：《禮記正義》〈月令〉，頁321。

〔註108〕〔漢〕鄭玄注，〔唐〕孔穎達疏：《禮記正義》〈月令〉，頁326。

〔註109〕〔漢〕鄭玄注，〔唐〕賈公彥疏：《儀禮注疏》〈士冠禮〉，《十三經注疏（附清阮元校勘記）》，臺北：藝文印書館，2001年，頁30。

〔註110〕〔漢〕鄭玄注，〔唐〕賈公彥疏：《儀禮注疏》〈士昏禮〉，頁42。

〔註111〕〔漢〕鄭玄注，〔唐〕賈公彥疏：《儀禮注疏》〈聘禮〉，頁255。

〔註112〕〔漢〕鄭玄注，〔唐〕賈公彥疏：《儀禮注疏》〈公食大夫禮〉，頁301。

〔註113〕胡楚生論儒學思想中剛健之德所呈現的人格特質，並不是暴虎馮河、剛猛易怒，也不是咄咄逼人，逞強鬥狠。剛健之德所形成的人生態度，應該是體魄雄健、意志堅定，能夠面對艱困、迎接挑戰。胡楚生：〈儒學思想中的剛健之德與新世紀理想的人格特質〉，收入國際儒學聯合會編：《紀念孔子誕辰2550周年國際學術研討會論文集》，北京：國際文化出版公司，2000年6月，頁885。

「先勞後祿」、「浴德陳言」、「身正言信」、「效死盡職」等行為。由此可知，儒者之「忠」，乃是眞心全力奉獻一己之才能，而非鬥狠逞能以爭功；儒者之「信」，則是先修自身之德，再以不卑不亢的態度執行君令、向君諫言，而非媚言嘩眾以取寵。

（二）憂思人民生活

儒者對於百姓所實踐的「忠信」之德，在於彼對於人民安居樂業的渴望，能眞心感受並盡心付出，對於自身立志養民、教民的理想，能夠信守承諾，不因利誘而改志，不因世亂而畏懼，此謂孟子所謂「大丈夫〔註114〕」。〈儒行〉論儒「忠信」於人民，重點有三：一是效法賢臣愛民，二是憂思百姓之苦，三是面對世道變化。以下分述之：

1. 效法賢臣愛民

〈儒行〉明言儒之志願乃「今人與居，古人與稽」，說明儒者雖與今人同處一世，心中卻以古代聖賢爲效法對象，依據其仁政德治教化萬民，深刻體認並要求自身之言行舉止，留給後世君子做一榜樣楷模，不改其愛民之心、護民之志。〈中庸〉記載孔子「祖述堯舜，憲章文武」，〈曲禮上〉亦提及君子「必則古昔，稱先王」，皆說明儒者始終有古代聖哲典範在心中，作爲效法力行的對象。

所謂賢臣，即是大臣。嚴格說來，若無賢人／善人（成人）的境界莫能爲之〔註115〕，例如周公輔佐成王，有勛勞於天下，因而成王封周公於曲阜，地方七百里，革車千乘，命魯公世世祀周公以天子之禮樂〔註116〕，故即便孔門賢哲仲由、冉求，孔子也以爲他們只能稱作具臣而已〔註117〕。至於愛民，從儒家典籍所記載先王治民之道的內涵看來，以「禮樂」及「仁政」對於人民最爲重要，也是孔子主張爲政以德的重要施政策略。孟子曾云：「君行仁政，斯民親其上、死其長矣。〔註118〕」，〈禮器〉也載：「觀其禮樂，而治亂可知也。

〔註114〕孟子曰：「富貴不能淫，貧賤不能移，威武不能屈，此之謂大丈夫。」〔漢〕趙岐注，〔宋〕孫奭疏：《孟子注疏》〈滕文公下〉，頁108。

〔註115〕士爲治國之重要基層，君子爲治國之中堅，賢人/善人（成人）爲國之大臣。詳見林素英：〈《大戴禮記》〈哀公問五義〉思想析論——與《論語》政治人才觀相驗證〉，頁246～265。

〔註116〕〔漢〕鄭玄注，〔唐〕孔穎達疏：《禮記正義》〈明堂位〉，頁577。

〔註117〕〔魏〕何晏集解，〔宋〕邢昺疏：《論語注疏》〈先進〉，頁100。

〔註118〕〔漢〕趙岐注，〔宋〕孫奭疏：《孟子注疏》〈梁惠王下〉，頁45。

〔註 119〕」由此可知，儒者學習古代聖王治世之道，不僅才能與道德必須兼備，彼對於人民所投注的一切努力，背後更有其深遠的文化影響。

儒者忠於君民並溝通二者，以達國家政令推動之和諧，此乃空間意義的「承上啓下」之道；儒者忠於先王之道並傳承於當代，以作爲後世之法，此乃時間意義的「承先啓後」之道。儒者透過闡述、傳承古道以輔佐當代之君，故能以中正之心事君而無偏頗，並且透過以身作則爲後世天下臣子所效法。晁福林（1943～）便認爲孔子提出「君民同構」的理念，揭示了君民之間和諧的理想〔註 120〕。儒者身爲臣子，站在「保民〔註 121〕」、「親民〔註 122〕」的立場，彼之忠信除了輔佐君志、執行君令外，更要擔負著人民的憂思者與保護者。

2. 憂思百姓之苦

所謂憂思，既憂且思。孟子曾述古代帝堯憂心洪水氾濫、五穀不登，舉舜敷治、禹疏九河，然後中國可得而食。接著使后稷教民稼穡，契爲司徒教以人倫：父子有親，君臣有義，夫婦有別，長幼有序，朋友有信，使人有道〔註 123〕。帝堯之憂，造就中國文明的起源，從整飭土地、飲食來源到人倫各歸其位，無一處不堪稱爲聖人憂民之典範，《大戴禮記・用兵》云：「聖人愛百姓而憂海內，及後世之人思其德，必稱其人。故今之道堯、舜、禹、湯、文、武者，猶威致王今若存。〔註 124〕」實爲印證。由此可知，君子之憂並非夜半空想、獨自惆悵，而是有其建設性的規劃、舉薦合適的人才，共同治理國家，故〈曲禮上〉：「四郊多壘，此卿大夫之辱也；地廣大，荒而不治，此亦士之辱也。〔註 125〕」由此可知，君子之憂，以治土地、養人民爲重要

〔註 119〕〔漢〕鄭玄注，〔唐〕孔穎達疏：《禮記正義》〈禮器〉，頁 471。

〔註 120〕君民關係有其對立與統一的層面，兩者的欲望、利害不可能完全一致，但又由於兩者相互依存，所以欲望、利害在一定程度上又存在著一致性。詳見晁福林：〈「君民同構」：孔子政治哲學的一個重要命題——上博簡與郭店簡《緇衣》篇的啓示〉，《哲學研究》，2010 年 10，頁 50～57。

〔註 121〕孟子曰：「保民而王，莫之能禦也。」詳見〔漢〕趙岐注，〔宋〕孫奭疏：《孟子注疏》〈梁惠王上〉，頁 21。

〔註 122〕〈大學〉：「大學之道，在明明德，在親民，在止於至善。」詳見〔漢〕鄭玄注，〔唐〕孔穎達疏：《禮記正義》〈大學〉，頁 983。

〔註 123〕〔漢〕趙岐注，〔宋〕孫奭疏：《孟子注疏》〈滕文公上〉，頁 98。

〔註 124〕致王，當作「至干」。〔清〕孔廣森撰，王豐先點校：《大戴禮記補注（附校正孔氏大戴禮記補注）》，頁 209。

〔註 125〕〔漢〕鄭玄注，〔唐〕孔穎達疏：《禮記正義》〈曲禮上〉，頁 58。

考量，必加以「思」，方能有所作爲。

憂思皆起於患難之時並興起奮發之爲，《史記・夏本紀》記載禹「勞身焦思，居外十三年，過家門不敢入〔註126〕」，方能平治洪水。《孟子・離婁下》記載周公之思，夜以繼日，幸而得之，坐以待旦，至於其思之內容，則以先王治民之道爲標竿楷模，方能兼夷狄、驅猛獸而百姓寧〔註127〕。時至春秋，孔子之思繼承古代先王之道爲範，期許儒者能提升學做君子，故提出君子有九思：「視思明，聽思聰，色思溫，貌思恭，言思忠，事思敬，疑思問，忿思難，見得思義〔註128〕」之說，此九思皆可適用於修身、齊家、治國、平天下，因而戰國孟子以「天民之先覺者」自許，並有「思天下之民，匹夫匹婦有不被堯舜之澤者，若己推而內之溝中」之憂思，也具有沉重濟世之責〔註129〕。

〈儒行〉論儒之「憂思」的核心，在於「不忘百姓之病」。然而，何謂百姓之病？站在人民的角度而言，百姓之病即是百姓所面臨困擾、欲求遠避之事，例如民生之飲食、生命之安全等，即攸關孔子與子貢所言之「食」、「兵」之事。丁原明（1943～）曾針對「憂患」作爲一種思想意識進行分析，彼認爲憂患的內涵，在儒家主要是指憂國、憂民、憂道；具體而言，即包括儒者「對社會責任意識」、「社會正義意識」、「（君臣）合作意識」三大部分〔註130〕。站在儒者的立場而言，他們擔憂百姓遭遇困頓，期望透過自身的努力能夠加以改善百姓的處境，過程中即使付諸萬分的努力，仍會擔憂能否照顧到每一個人民過得安居樂業的生活。這就是聖人之心、儒者之志。

從上所述可知，聖賢之憂思皆以百姓之福祉爲主，不僅以爲己任，且於困頓中更顯其志。〈儒行〉所論「適弗逢世，上弗援，下弗推，讒諂之民有比黨而危之者，身可危也，而志不可奪也，雖危起居，竟信其志，猶將不忘百姓之病也，其憂思有如此者」一段，與先王、孔、孟之說皆能呼應相合。

3. 面對世道變化

身處治世，必因有明君賢相和諧萬邦，故百姓能安居樂業，其賢能之人

〔註126〕日・瀧川龜太郎：《史記會注考證》，頁37。

〔註127〕〔漢〕趙岐注，〔宋〕孫奭疏：《孟子注疏》〈離婁下〉、〈滕文公下〉，頁146、118。

〔註128〕〔魏〕何晏集解，〔宋〕邢昺疏：《論語注疏》〈季氏〉，頁149。

〔註129〕〔漢〕趙岐注，〔宋〕孫奭疏：《孟子注疏》〈萬章上〉，頁170。

〔註130〕丁原明：〈儒學的憂患意識與社會和諧〉，收入於張樹驊、宋煥新主編：《儒學與實學及其現代價值》，濟南：齊魯書社，2007年，頁224～226。

數眾多且適才適用、各司其職。對於儒者而言，不會因為身旁的賢能者眾多，因比較而自我輕視，此為〈儒行〉所論儒者「世治不輕」。「輕」字有兩種解釋，一是指儒者不自輕賤，如孔穎達曰：「不以賢者並眾，不自重愛也。〔註131〕」一是指儒者於治世時，其德行言語常受人重視，有其份量故不輕，如方愨曰：「世治而德常見重，故曰不輕〔註132〕」。兩種詮解的共通點，在於儒者即便處於亂世，也能自重自愛，恪守本分。

身處亂世，必因君昏臣亂加劇民生之苦，其小人當道，君子有志難伸，甚至出現盜賊橫生、官商勾結之不肖情形，故〈儒行〉強調儒「世亂不沮」、「適弗逢世……雖危，起居竟信其志，猶將不忘百姓之病。」所謂「竟信其志」，「信」讀如「伸」〔註133〕，乃伸張、堅守其志之義。《周易》〈象傳〉諸卦，皆有此種用法，如〈革卦〉九四爻有「改命之吉，信志也」、〈豐卦〉九二爻有「有孚發若，信以發志也」、〈兌卦〉九二爻有「孚兌之吉，信志也」〔註134〕等例，說明人事物革新之際，唯有秉持內心之誠信，貫徹職守之意志，方能抵抗局勢之劣。熊十力認為儒者面臨「民德民智之未進而相比黨，以圖政柄，則黠桀者為之魁，而無知之氓附之，相與顛倒是非、變亂黑白，諂行而正士危〔註135〕」之處境，古今皆同概，然卻須如孟子所言：「天下溺，援之以道〔註136〕」，君子秉持正道濟世，對於邪惡不應妥協。

正因儒者能透視飽暖生淫欲之弊，俗人、腐儒往往難以避免順境之沉淪，荀子便批評當世學者之鬼容，若處於「酒食聲色之中，則瞞瞞然，瞑瞑然」，對於飲酒享樂之事閉目茫享、昏暗迷亂；若處於「禮節之中，則疾疾然，訾訾然」，對於禮節草率敷衍、憎嫉毀訾〔註137〕。彰顯儒者有鑑於此便能警惕自身、謹守禮義，不因己之高位欺民、不因己之利祿諂君，故〈儒行〉有「上通而不困」、「不隕穫於貧賤，不充詘於富貴」、「不慁君王，不累長上，不閔有司」等語，說明儒者無論貧賤富貴、窮困通達，皆能依循為政以德之原則。

〔註131〕〔漢〕鄭玄注，〔唐〕孔穎達疏：《禮記正義》〈儒行〉，頁979。
〔註132〕方愨之說，見於〔宋〕衛湜：《禮記集說》，頁18536。
〔註133〕鄭注：「信讀如屈伸之伸，假借字也」，孔疏也說：「信讀為伸」。〔漢〕鄭玄注，〔唐〕孔穎達疏：《禮記正義》〈儒行〉，頁977。
〔註134〕〔魏〕王弼，〔晉〕韓康伯注，〔唐〕孔穎達疏：《周易正義》，頁112、126、130。
〔註135〕熊十力：《讀經示要》，頁118。
〔註136〕〔漢〕趙岐注，〔宋〕孫奭疏：《孟子注疏》〈離婁上〉，頁135。
〔註137〕《荀子》〈非十二子〉楊倞注：「瞞瞞，閉目之貌。」、「訾訾，謂憎嫉毀訾也。」詳見〔清〕王先謙撰，沈嘯寰、王星賢整理：《荀子集解》，頁103。

所謂上通而不困，孔穎達曰：

> 上通，謂身得通達於君，有道德被用者；不困，謂既在其位，必行
> 其正，使德位相稱，不爲困弊不足也，以儒德之備也。〔註138〕

意指儒臣之身心德行，受到君主的肯定與重用，但並不因爲政治地位、利祿的提升而失德，故能做到在對等、公正、以民爲主的考量上，不以君一己之利或臣一己之私而有所違民、害民之舉。此處可以與「不隕穫於貧賤，不充詘於富貴」相互呼應，鄭玄曰：「隕穫，困迫失志之貌；充詘，喜失節之貌。〔註139〕」陳澔曰：「隕者如有所墜失，穫者如有所割刈，充者驕氣之盈，詘者吝氣之欣。〔註140〕」皆指出儒者處於貧賤之時，不會自我輕賤墮落、如已收割之稻穫垂頭喪志；處於富貴之時，不會因歡喜而失去節度、待人驕吝且無禮失德。

然而，政治是一種複雜的活動，攸關君、臣、民三方的利益糾葛，時常有許多道德矛盾的考驗出現，此時儒者的權衡順序，仍舊以人民福祉及道德原則爲先。「不愿君王」指不因君主污辱自身而違背道義，「不累長上」指不因長官的連累而失志，「不閔有司」指不因群吏的困迫而失常。此三點，鄭玄認爲乃孔子自身的寫照，孔穎達進一步詳述：「案《史記・孔子世家》云：『在魯，哀公不用；在齊，犂鉏所毀；入楚，子西所譖；適晉，趙鞅欲害。伐樹於宋，削跡於衛，畏匡厄陳。則身被辱累多矣。』〔註141〕」除了強調儒者懷抱道德，但仕途未必順遂以外，儒者在出仕過程中遭受困辱，卻能堅守爲政以德之道，實爲可貴。此種對「不」的堅持，可謂對君守「忠」、對民守「信」之舉。

二、交友舉賢

儒者之「忠信」落實於交友之道，乃以由衷之眞誠情感尊敬前賢、提攜後進，彼此的關係建立在道義相合、志向相投之基礎，從初識到往來、從深交到共生死，經過現實的時間考驗與道德的切磋，雙方之個人氣質情性與品格修養逐漸了然於胸，時遇國家需要或政治取仕之際，朋友之間必然有機會相互薦舉、推賢援能，此乃「交友」與「舉賢」的關聯之所在。因此，本節

〔註138〕〔漢〕鄭玄注，〔唐〕孔穎達疏：《禮記正義》〈儒行〉，頁977。
〔註139〕〔漢〕鄭玄注，〔唐〕孔穎達疏：《禮記正義》〈儒行〉，頁980。
〔註140〕〔元〕陳澔注，萬久富整理：《禮記集說》，頁464。
〔註141〕〔漢〕鄭玄注，〔唐〕孔穎達疏：《禮記正義》〈儒行〉，頁980。

將儒者從交友到舉賢過程中的「忠信」表現，分成「同道修善」、「知遇薦舉」、「規範有為」三部分說明。

（一）同道修善

所謂同道，意指志向相同、道義相合的朋友。所謂修善，意指朋友之間相互修習品德、以善相勉。儒者之相交，從同道到修善的過程中，對於君子美德的追求態度，宛如《詩經‧淇奧》所論之「如切如磋、如琢如磨〔註 142〕」，此句話在〈大學〉則進一步闡釋為道德學問的討論商量及自我修養的磨練成就〔註 143〕，可謂從同道到修善的切磋琢磨。在〈儒行〉則以「合志同方，營道同術」、「聞善以相告，見善以相示」之語，呈現儒者對於朋友之間的志向共識及道義修養的重視性。

關於「合志同方，營道同術」一語，孔穎達疏「合志同方」乃據所懷意志，「營道同術」據所習道藝也〔註 144〕，說明儒者與朋友，小從具體的知識術藝，大至抽象的道德志向，皆互相切磋琢磨。然而，儒者對於志向不同的對象，並非斷然無情，若彼此曾有情誼交集，仍舊保持尊重的態度。因此，在郭店楚簡〈性自命出〉與上博簡一〈性情論〉皆記載：

> 同方而交，吕（以）道者也。不同方而交，吕（以）古（故）者也。
> 同兌（悅）而交，以德者也。不同兌（悅）而交，以懃（猷）者也。

〔註 145〕

指出朋友之間志向相同（同方），乃因彼此以道義相交往（以道）；但若志向不同（不同方），便是以過去的情誼相交往（以古）。若為師出同門、學說相同者，便是以師之德教為共識（以德者也）；但若師出不同門、不同學說者，便取其謀略相同為共識（以猷者也）〔註 146〕。由此可知，儒者交友的考量，是以道德義理相通者為主，而以故舊情誼及謀略相同者為輔，此點也與〈儒

〔註 142〕〔漢〕毛亨傳，鄭玄箋：《毛詩正義》〈淇奧〉，頁 127。

〔註 143〕〈大學〉：「如切如磋者，道學也；如琢如磨者，自修也。」〔漢〕鄭玄注，〔唐〕孔穎達疏：《禮記正義》〈大學〉，頁 983。

〔註 144〕〔漢〕鄭玄注，〔唐〕孔穎達疏：《禮記正義》〈儒行〉，頁 979。

〔註 145〕荊門市博物館編：《郭店楚墓竹簡》〈性自命出〉，頁 181。馬承源主編：《上海博物館藏戰國楚竹書（一）》〈性情論〉，上海：上海古籍出版社，2001 年，頁 257。

〔註 146〕所謂同兌（悅），陳偉認為應讀為「說」，指學說，而懃（猷）據《爾雅》為「謀」之義。詳見陳偉：〈郭店楚簡〈六德〉諸篇零釋〉《武漢大學學報》1999年第 5 期，頁 31。

行〉論儒者交友，所秉持「其行本方立義，同則進，不同則退」的道理相同。

　　然而，儒者忠信於朋友，不以私情而壞禮義，不竭盡朋友對彼此付出的情義與彼此往來的禮數，故〈曲禮上〉提到：「君子不盡人之歡，不竭人之忠，以全交也。〔註147〕」〈曾子立事〉亦載：「不絕人之歡，不盡人之禮……亦可謂『忠』矣。〔註148〕」，孔疏曰：「鄭云：『歡謂飲食，忠謂衣服。飲食是會樂之具，承歡為易；衣服比飲食為難，必關忠誠籌度，故名忠，各有所以也。明與人交者，不宜事事悉受，若使彼罄盡，則交結之道不全，若不竭盡，交乃全也〔註149〕」。意指儒者與朋友交，「不宜事事悉受」，否則竭盡禮數，有朝一日也會竭盡友情。此處所謂的「忠」，便是強調儒者不能利用朋友之間真心交往而謀取竭盡的利益，此在〈儒行〉以「往者不悔，來者不豫」表達，類似文句在〈曾子立事〉亦云：「來者不豫，往者不慎也〔註150〕」，其義相通。王聘珍引《爾雅》曰：「豫，樂也」、《方言》、《廣雅》云：「慎，憂也」〔註151〕。此句可有兩種解釋：一是從小處看，說明儒者面對己身送出之禮不會有憂愁吝嗇之貌，面對朋友送來之禮也不會過度歡欣快樂，此乃朋友之對等禮義，建立真誠之信任友誼。二是從大處看，說明儒者對於事事皆誠實盡心，因此對於過去之事能做到無所懊悔，對於未來之際遇亦能豁然以對、不亂猜測。

　　《乾卦‧文言傳‧九三爻》子曰：「君子進德脩業。『忠信』所以進德也；脩辭立其誠，所以居業也〔註152〕」。儒者進德以「忠信」為基底，更進一步為親近忠信之人、結交忠信之友，實踐「主忠信」以達到修正己身品德之功。此種進德之功，建立於儒者之間「聞善以相告，見善以相示」之相互提攜，孟子曾云：「責善，朋友之道也。〔註153〕」，點明儒者對於朋友有其應盡的道德責任，即真心的勸善。德國著名漢學家羅哲海（Heiner Roetz）在《軸心時期的儒家倫理》一書中，談到「友誼」一節時說：

〔註147〕〔漢〕鄭玄注，〔唐〕孔穎達疏：《禮記正義》〈曲禮上〉，頁53。
〔註148〕〔清〕孔廣森撰，王豐先點校：《大戴禮記補注（附校正孔氏大戴禮記補注）》，頁87。
〔註149〕〔漢〕鄭玄注，〔唐〕孔穎達疏：《禮記正義》〈曲禮上〉，頁53。
〔註150〕〔清〕孔廣森撰，王豐先點校：《大戴禮記補注（附校正孔氏大戴禮記補注）》，頁87。
〔註151〕〔清〕王聘珍撰，王文錦點校：《大戴禮記解詁》，北京：中華書局，2008年，頁72～73。
〔註152〕〔魏〕王弼，〔晉〕韓康伯注，〔唐〕孔穎達疏：《周易正義》，頁14。
〔註153〕〔漢〕趙岐注，〔宋〕孫奭疏：《孟子注疏》〈離婁下〉，頁154。

在儒家學說之中，朋友的重要性在於道德層面上。……友誼的前提
乃是良善，如果沒有友誼的支持，則人們幾乎不可能達致這種良
善。……友誼助長了許多倫理學目標的實現，甚至對於學習也是不
可或缺的。〔註154〕

這段話意味著儒者之交友乃建立在個體與個體之間獨立的意識上，彼此有著
相對位置的尊重，而非一種無規範的濫情與討好，彼對於朋友給予的道德示
範與規勸的重視程度，在於即便對方糾正自己的過失，自己也會虛心接受，
因為交友的目的在於自身道德的提升，而這種對於修「善」的共識，促使了
儒者與朋友之間的相互薦舉的諸多機會。

（二）知遇薦舉

　　所謂知遇，是指朋友經過相識、相交，對於彼此的品德與才能逐漸能夠了
解與掌握，進而賞識、看重對方的長處。儒者對於朋友的賢能，非但不吝嗇於
讚美，更能依其所適而薦舉於長官或君主，故仲弓為季氏宰，孔子勉其舉賢的
方法，便是：「舉爾所知」，並曰：「爾所不知，人其舍諸？」〔註155〕，此謂儒
者忠信於朋友，表現於從知遇到仕進的無私薦舉。此點在〈儒行〉，則有「爵位
相先也，患難相死也」的無私胸襟，與「久相待，遠相致」的真誠舉動。

　　儒者之所以能做到「爵位相先」，重點在於以國家大局為重、以道德美善
為先、以百姓人民之福為主，〈樂記〉：「刑禁暴，爵舉賢，則政均矣〔註156〕」
並非虛言。況且，儒者須先具備受到朋友信任的品德，方有能力獲得從政者
的信任，故〈曾子立事〉：「能取朋友者，亦能取所予從政者矣。〔註157〕」〈離
婁下〉亦云：「不信於友，弗獲於上矣。〔註158〕」〈文王官人〉更直接點出只
要觀察某人的交友情形，便能得知其為官之清廉〔註159〕。事實上，舉賢的重
點必須無私心，方能發揮最大效用，故荀子認為若「士有妒友，則賢交不親；
君有妒臣，則賢人不至〔註160〕」可謂切確之語。〈儒行〉記載儒者對於才德兼

〔註154〕詳見德‧羅哲海：《軸心時期的儒家倫理》，鄭州：大象出版社，2009年，頁129。
〔註155〕〔魏〕何晏集解，〔宋〕邢昺疏：《論語注疏》〈子路〉，頁115。
〔註156〕〔漢〕鄭玄注，〔唐〕孔穎達疏：《禮記正義》〈樂記〉，頁667。
〔註157〕〔清〕孔廣森撰，王豐先點校：《大戴禮記補注（附校正孔氏大戴禮記補注）》，
　　　　頁91。
〔註158〕〔漢〕趙岐注，〔宋〕孫奭疏：《孟子注疏》〈離婁下〉，頁133。
〔註159〕〈文王官人〉：「省其出入，觀其交友；省其交友，觀其任廉。」詳見〔清〕
　　　　孔廣森：《大戴禮記補注（附校正孔氏大戴禮記補注）》，頁189。
〔註160〕〔清〕王先謙撰，沈嘯寰、王星賢整理：《荀子集解》〈大略〉，頁482。

備之益友，有不吝推舉之美意，即便在其友之仕途中遭遇困頓、迫害甚至危難時，還能做到「患難相死」的地步。《大戴禮記》〈文王官人〉便記載：「合志如同方，共其憂而任其難，行忠信而不相疑，迷隱遠而不相舍。曰至友者也。〔註161〕」說明至友的條件，除了志同道合，更要患難與共，彼此以忠、信處事而不相猜疑，遇迷失困惑、地位卑微時，也不捨棄對方。因此，儒者為朋友或道義犧牲的前提，在於此「死」必須攸關於道義之捍衛或有其犧牲之價值方能為之。孟子曾云：「可以死，可以無死，死傷勇〔註162〕」，故知儒者之死並非貿然的行為，而是其道德完成不得已之最後一步。

再論「久相待，遠相致」之義，鄭玄解釋為：

「久相待」，謂其友久在下位不升，己則待之乃進也；「遠相致」者，

謂己得明君而仕，友在小國不得志，則相致達也。〔註163〕

孔穎達進一步說明「遠相致」之義，是指朋友在小國不得志，儒者會採取「遠相招致、共仕明君」的做法〔註164〕。由此可知，儒者薦舉賢才之無私態度，即便彼此當時的社會地位懸殊、距離遙遠，仍不減儒者提攜賢友之心，甚至為了同進退而願意等待。宋儒呂大臨認為此處「任舉」朋友的舉動，相較推舉於天下賢士更迫切的原因，在於「義有厚薄」之故也〔註165〕。換句話說，儒者同樣面臨選賢與能的國家責任，面對天下賢士之廣，彼對於親近自身、切實認識的朋友，更有義務委任薦舉之。

從儒者交友、知友、薦友到與友共同為官，商計國家大事，其所做的努力並非以取得個人之功名利祿為止步，而是彼此要能夠相互諫言勸善，秉持「不挾長，不挾貴，不挾兄弟而友〔註166〕」的原則，在輔助君主施政時做出公平客觀的建議，方能做到信於君，故如實進言；信於賢，故依能薦舉；信於友，故彼此成長；信於民，故堅守崗位，使目標一致、相互提升，進退皆合於道義。

〔註161〕〔清〕孔廣森撰，王豐先點校：《大戴禮記補注（附校正孔氏大戴禮記補注）》，頁196。幾乎相同之語，見載於《逸周書》〈官人解〉：「合志而同方，共其憂而任其難，行忠信而不疑，跡隱遠而不舍，曰交友者也。」詳見黃懷信、張懋鎔、田旭東撰，黃懷信修訂，李學勤審定：《逸周書彙校集注（修訂本）》，頁791。
〔註162〕〔漢〕趙岐注，〔宋〕孫奭疏：《孟子注疏》〈離婁下〉，頁151。
〔註163〕〔漢〕鄭玄注，〔唐〕孔穎達疏：《禮記正義》〈儒行〉，頁978。
〔註164〕〔漢〕鄭玄注，〔唐〕孔穎達疏：《禮記正義》〈儒行〉，頁978。
〔註165〕〔宋〕呂大臨：《禮記解》，頁249。
〔註166〕〔漢〕趙岐注，〔宋〕孫奭疏：《孟子注疏》〈萬章下〉，頁180。

（三）規範有為

儒者與朋友相交，以志道相同為謀；薦舉賢能，以事功適才為用。然而，〈儒行〉也記載當儒者面對不合道義之仕，雖為朋友舉薦，也會毅然取退，而有「上不臣天子，下不仕諸侯」之舉，並採取「慎靜而尚寬，強毅以與人」的柔剛並濟之態度應對。其更甚者，若涉於個人品德廉潔之事，儒者對於人我之過失並不苟且，惟須做到「過失可微辨而不可面數」的相互尊重及禮儀，方能對於前賢及後學之相處，更加得體、合乎禮義，其忠信之德的落實，更能貼近君子的作為。

所謂慎靜，乃自慮也。自我思慮者，必先透過靜、定、安之過程，方能自慮而有所得〔註167〕。儒者面臨仕途之進退、人事之考驗，無不謹慎地以「反求諸己」之思慮為先，方能於靜定之後，以「寬裕待人」為自身之得（德），許慎曰：「德，得也〔註168〕」，意即如此。因此，陳澔釋〈儒行〉「慎靜而尚寬」曰：「慎靜者，謹飭而不妄動，守身之道也。尚寬者，寬裕以有容，待人之道也。〔註169〕」。

所謂強毅，乃自制也。自我決斷者，必先經過道德之學習與判斷，先知困，然後能自強也〔註170〕，方能發強剛毅，足以有執〔註171〕。儒者面臨政治之立場差異、人我之得失，往往被迫面臨做出某些決定，在經過深思判斷之後，又必須有勇氣表達並決策事務的進行，孔穎達釋〈儒行〉「強毅以與人」曰：「慎強毅以與人者，若有人與己辨言行，而彼人道不正，則己不苟屈從之，是用剛毅以與人也。〔註172〕」陳澔也云：「強毅以與人，不苟詭隨於人也。〔註173〕」皆說明儒者之剛強並非意氣用事，而是以道義為基礎的堅定判斷。

〔註167〕〈大學〉：「知止而后有定，定而后能靜，靜而后能安，安而后能慮，慮而后能得。」詳見〔漢〕鄭玄注，〔唐〕孔穎達疏：《禮記正義》〈大學〉，頁983。

〔註168〕〔漢〕許慎撰〔清〕段玉裁注：《說文解字注》，頁76。《釋名・釋言語》亦載：「德，得也，得事宜也。」詳見〔漢〕劉熙撰，〔清〕畢沅疏證、王先謙補，祝敏徹、孫玉文點校：《釋名疏證補》，頁109。

〔註169〕〔元〕陳澔注，萬久富整理：《禮記集說》，頁463。

〔註170〕〔漢〕鄭玄注，〔唐〕孔穎達疏：《禮記正義》〈學記〉，頁648。

〔註171〕〔漢〕鄭玄注，〔唐〕孔穎達疏：《禮記正義》〈中庸〉，頁900。

〔註172〕〔漢〕鄭玄注，〔唐〕孔穎達疏：《禮記正義》〈儒行〉，頁979。

〔註173〕〔元〕陳澔注，萬久富整理：《禮記集說》，頁463。

從愼靜到強毅的規範作爲，就是一個人從自慮到自制的過程。這個過程
顯示了儒者嚴以律己不濫情，寬以待人不鄉愿的態度，此態度用於朋友薦舉
於仕道、君臣相見於官場，孫希旦曰：

> 君臣之義，無所逃於天地之間，儒者非不臣天子也，枉其道則有所
> 不臣矣，非不事諸侯也，枉其道則有所不事矣。不臣天子，其心可
> 謂愼靜，其操可謂強毅矣。愼靜則恐其規模之太狹，而又能貴尚乎
> 寬容，強毅則慮其風裁之太峻，而又能泛愛以與人。〔註174〕

孫氏之解不僅點出先秦君臣以義道相合之相對性倫理，更凸顯儒者持有的愼
靜之心、寬容之貴、強毅之操、與人之愛。晏光更以「仁」、「義」二字詮解
儒者之愼靜與強毅曰：「愼靜而寬者，『以仁而盡性』，強毅以與人者，『以義
而制事』。〔註175〕」展現儒者情理兼顧、剛柔並濟之一面，亦如〈說卦傳〉將
陰陽、柔剛、仁義相互對應之理〔註176〕。劉咸炘即曾論〈儒行〉全篇：「約言
其義，則爲『剛』、『柔』二端，剛者強而有爲，柔者靜而有守，是二者不可
以偏，偏則入於雜流而非儒。〔註177〕」說明儒之「剛」、「柔」兼備之重要性。

因此，儒之「剛」、「柔」表現於〈儒行〉，有論儒者之「剛毅」者，亦有
論儒之「寬裕」者：前者強調儒者「可親也不可劫也，可近也不可迫也，可
殺也不可辱也」、「其過失可微辨不可面數也」等事，意指不接受他人之脅迫、
污辱等維護尊嚴必要之硬性態度。其中「其過失可微辨而不可面數也」之語，
宋儒呂大臨認爲此句「待人可矣，自待則不可也」，並舉子路聞過則喜、成湯
改過不吝之例以強化其論〔註178〕。事實上，宋代與先秦的歷史背景與貴族階
級觀念都差距甚多，儒之所以在先秦不可面數，乃因其可能有「位」，此與宋
儒自平民通過科舉的致仕背景並不相同，故不能以宋禮非議先秦之禮。故熊
十力曰：「人不能無過失，儒者能容人之微辨，則未嘗怙過而阻人之忠告也，
面數則以盛氣凌人，意氣纏動，自有苛求過深處，有誣且辱之嫌，故儒者不
受也。〔註179〕」後者強調儒者有以禮爲前提，而「慕賢而容眾，毀方而瓦合」

〔註174〕〔清〕孫希旦：《禮記集解》，頁 1407。
〔註175〕晏光之說，見於〔宋〕衛湜：《禮記集說》，頁 18538。
〔註176〕〈說卦傳〉：「立天之道曰陰與陽，立地之道曰柔與剛，立人之道曰仁與義。」
　　　　詳見〔魏〕王弼、〔晉〕韓康伯注，〔唐〕孔穎達疏：《周易正義》，頁 183。
〔註177〕劉咸炘著，黃曙輝編校：《劉咸炘學術論集（哲學編上）》，頁 84。
〔註178〕〔宋〕呂大臨：《禮記解》，頁 246～247。
〔註179〕熊十力：《讀經示要》，頁 116～117。

之促進群體和諧之柔性精神，故趙良霑曰：「毀己之方以爲瓦合，亦欲引其人進於賢，使之有所遷改耳。〔註180〕」

　　綜上所述，儒者忠信於朋友與賢人之表現，並非一味地相互推舉長處、包容過失，而更加重視對於彼此短處的相互提醒，且對於不合義理之事，能毅然決然地勇於拒絕。此種朋友之間的道德乃屬於「德性的道德」，而非「權利的道德」〔註181〕，彼此所思、所言、所論乃爲「義」而發，並非「利」，旨在齊心戮力爲國家人民貢獻心力。

第三節　忠信與禮義的關係

　　忠信與禮義，在〈儒行〉時常將二者並稱，有「忠信以爲甲冑，禮義以爲干櫓」、「禮之以和爲貴，忠信之美，優游之法」之語，但並未進一步詳述兩者的關係。以下先論〈儒行〉所論「忠信」的層次與應用，再述「忠信，禮之本」的意義與發揮。

一、忠信的層次與應用

　　忠信，可分析成三個層次論說：一是忠信之心，二是忠信之理，三是忠信之教。所謂忠信之心，指忠信源自於人的根本性情流露之眞誠不欺的心意。所謂忠信之理，乃指儒者用忠信作爲修身待人的基礎道理。所謂忠信之教，乃是將忠信之德用於儒家的教育內容，以爲成人必備之德行與安邦治民之法。此三個層次，在〈儒行〉有重要的運用意義，且與「禮」息息相關。在〈儒行〉所論忠信之四種敘述：「懷忠信以待舉」、「忠信以爲寶」、「忠信

〔註180〕〔清〕趙良霑：《讀禮記》，頁2。
〔註181〕韓國學者李承煥曾經引用 Roger C. Palms：「我們生活在一個迷戀權利的時代」一語，感慨在現今商業組織、公會、學校、鄰居那裏，我們聽到的是：「我的權利，而非我的責任」、「我的權利，而非我的義務」以及「我的權利，而非我行動所留下的後患」的話語，進而討論儒學對自由權利與德性的看法。他提出在人類的經驗中，沒有什麼不包含道德的重大意義，並且，道德處境是每個人的整體生命，在這一意義上，儒家的基於德性的道德正與基於權利的道德相反，它是最高綱領主義的。基於權利的道德僅僅涵蓋了道德行動的最小維度（即，正確的、可允許的和錯誤的），而儒家道德涵蓋了作爲自我培養領域的人類行動的最大範圍。李承煥：〈自由權利與儒家德性〉，收入方旭東主編：《道德哲學與儒家傳統》，上海：華東師範大學出版社，2013年，頁59、67。

以爲甲冑」、「忠信之美」當中，忠信之心、理、教分別有其不同的應用與其
豐富的展現：

第一，忠信作爲儒者政治出仕條件（**懷忠信以待舉**），乃集結忠信之心、
忠信之理、忠信之教三者之內涵，造就儒者出仕的重要條件。「懷」者，心思
所念至之處，時刻秉持忠信之心、實行忠信之理、廣布忠信之教，自然獲得
他人之推薦任舉，這是自然順進的過程，也是儒者自我要求的品德，並非爲
名利而矯情以圖美名，此句可視爲〈儒行〉論忠信之綱領。

第二，忠信作爲品德修養的價值（**忠信以爲寶**），乃是忠信之教的教育結
果。「寶」者，珍也，爲人所珍視愛護者方稱作寶。一般俗人以財貨爲寶，儒
者卻以忠信爲寶，此乃儒家教育重視忠、信教育所帶來的價值觀念，〈述而〉：
「子以四教：文，行，忠，信。」〈梁惠王上〉：「壯者以暇日修其孝悌忠信」，
皆點出忠、信作爲儒家高尚道德的價值取向，持之爲寶。

第三，忠信作爲應變考驗的防禦（**忠信以爲甲冑**），乃以忠信之理爲道
德實踐之後盾。「甲冑」，與干櫓相呼應，前者爲防護工具，後者爲進擊利器，
〈儒行〉論儒「忠信以爲甲冑，禮義以爲干櫓」，意指儒者平日以禮義爲待
人處事之依據，若遇到不公、不平之事，便以忠、信作爲抵禦以捍衛道德之
正義。

第四，忠信作爲性情之美的和諧（**忠信之美**），乃以忠信之心爲其眞誠
本源。儒家論美，與和諧緊密相連，和諧又以禮爲最大程度的表現，因此內
在的性情透過禮樂活動，有其自然合律的流露與彰顯，故忠信之美應該放在
禮樂活動下進行理解，方能有所體會。

綜言之，〈儒行〉論忠信，包括四種意義之應用，乃以「**懷忠信以待舉**」
爲綱領，綜和表現在忠信之心、忠信之理、忠信之教三方面，再由「**忠信以
爲寶**」、「**忠信以爲甲冑**」、「**忠信之美**」，分別彰顯忠信之教化內容、處事理則、
心性美善之意義所在。以下列出〈儒行〉論忠信之層次、應用及其與「禮」
的關係，詳見【表五】：

表五　〈儒行〉論忠信之層次、應用及其與「禮」的關係

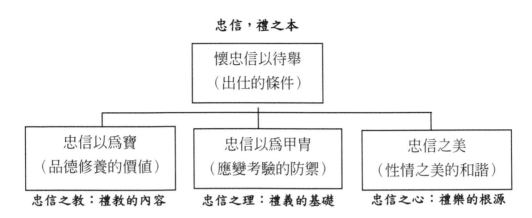

忠信，禮之本

懷忠信以待舉
（出仕的條件）

忠信以爲寶	忠信以爲甲冑	忠信之美
（品德修養的價值）	（應變考驗的防禦）	（性情之美的和諧）

忠信之教：禮教的內容　　**忠信之理：禮義的基礎**　　**忠信之心：禮樂的根源**

此表說明「懷忠信以待舉」爲〈儒行〉全篇論忠信之綱領，統合忠信之心、忠信之理、忠信之教三者之內涵者，即爲出仕爲政的優良條件。依次而下，「忠信以爲寶」可視作儒者重視忠信之教的價值取向及品德修養；再者，「忠信以爲甲冑」則是忠信之理運用於禮義方面爲其行道的依據；最後「忠信之美」則強調忠信之心在禮樂活動上的表現，是一種對於君、民的眞誠情感及國家政治的團結意識。儒者的忠信有同一貫徹的實踐信念——皆發自其內心之眞性情，轉換至道德義理之實際運用，終究凝鍊出儒家成人應有之道德教化，此謂忠信之心、理、教。

二、「忠信爲禮之本」的意義與發揮

忠信具備之綜合性倫理特徵，在〈儒行〉兼而有之。當討論該篇之忠信與禮的關係時，須從忠信的三個層次（心、理、教）多元切入，以下便從「忠信之心」、「忠信之理」、「忠信之教」，論述其分別對「禮樂活動」、「禮義實踐」、「禮法教化」進行的內涵發揮與相乘作用，並且進一步探究「忠信，禮之本」之命題在〈儒行〉當中存有的價值傾向與道德份量。

（一）忠信是禮樂的根源

禮樂，是一種協調身心、結合眞善美的活動，配合音樂規律和諧的節奏，透過各種場合的適宜禮儀動作，達到溝通情意、教化人心的目的。禮，乃身體根據儀節所需而發的合宜表現；樂，則以旋律爲帶動情意的音律節拍，當動作與內心的節拍相合，透過行禮者在禮樂活動中的虔敬表現，便能感化、

啓發觀禮者的善思善行，禮樂活動方爲完成。

　　忠信是禮樂的根源，是指忠信之心在禮樂活動中，既是方法也是目的。忠信作爲行禮者的性情本源，藉由禮樂活動的豐富內容，將其忠信之心加以流露展示，進一步彰顯忠信之德的巍巍風範，以達到啓發觀禮者的忠信情感與道德使命，藉由禮樂活動來達到陶冶政風、傳遞道德、教化人心的目的，此過程乃從性情至禮樂、由禮樂至道德的一脈發展，故稱忠信之心爲禮樂活動之本意。

　　從性情至禮樂，起因於禮本於人情、樂發自人心，因此「忠信之心」透過禮樂活動，所呈現的便是一種「忠信之美」，因此當〈儒行〉提及「忠信之美」，前面一句已了然點出關鍵「禮之以和爲貴」，說明忠信之美的彰顯，乃在禮樂活動的條件下完成。至於從禮樂至道德，彰顯禮樂並非封建制式的軀殼，而有其眞實情感的存在及道德意義發揮的價値所在，故在忠信之美的後一句爲「優游之法」，此「法」字在語境中仍指禮法，意指忠信之教爲禮法之目的，此處說明孔子以仁爲禮樂之核心，乃建立在忠信的基礎上進行發揮。

　　〈儒行〉論「忠信之美」包括性情之美、禮樂之美與道德之美三個進程，此三美並非割裂分離，而是透過禮樂活動依序顯現。首先，忠信的性情之美，交會於「誠」、「敬」二字，無論是儒之容貌衣冠中、動作愼，亦或忠信之源頭與祭禮之虔敬〔註182〕，二者皆指向忠信之性情美，源自於人內在的眞誠不欺。其次，忠信之誠敬僅在心中仍舊不夠，尙需外在的禮樂活動加以彰顯。此從《詩經》小雅諸篇可見君王宴饗群臣嘉賓之詩如〈鹿鳴〉，慰勞使臣之詩如〈四牡〉，其目的皆在藉由犒賞臣下之辛勞，以表揚其忠信之心，並盼其延續忠信之德，故禮樂之美尙蘊藏深刻的政治及歷史意義。末後，透過性情與禮樂二者的結合，方能彰顯忠信的道德之美，凸顯儒者內化於己、外施於人的理想。

　　因此，儒者秉持忠信之心，投注於禮樂活動，進而彰顯忠信之德行教化，是謂忠信之心爲禮樂活動之本意。

（二）忠信是禮義的基礎

　　「忠信之理」爲禮義實踐之基礎，意指忠信作爲禮義實踐的基本規範，

〔註182〕〈祭義〉：「祀之忠也，如見親之所愛，如欲色然。」〔漢〕鄭玄注，〔唐〕孔穎達疏：《禮記正義》〈祭義〉，頁 808～809。

不僅能用以展現禮儀所展現的重要意義，當面臨外在變動之考驗時，忠信之理更具有重要的堅毅後盾，〈儒行〉稱作「忠信以爲甲冑，禮義以爲干櫓」。甲與冑時常並稱，乃士兵出戰時用以護身的必要裝備，〈曲禮〉：「獻甲者執冑〔註183〕」，除了點出二者不相離的特點，更顯示頭盔象徵生命與榮譽，必須由手執捧之，若遇國家靡敝，則「甲不組縢」強調節用及刻苦勵志之精神〔註184〕。甲冑在古代多以皮革與金屬製作，象徵不易摧毀、極具韌性的耐受力，士君子穿上甲冑，便呈現一股令人不敢輕視的威儀，故〈表記〉：「甲冑則有不可辱之色〔註185〕」。

　　戰爭時士君子以甲冑護身並顯其勇猛的威儀氣勢，平日則以忠信爲操守，並顯其可親而不可劫、可近而不可迫、可殺而不可辱的正義精神，此爲〈儒行〉所謂「不斷其威，不習其謀」之特立表現。先秦儒家論「威」，與禮的關係十分密切，儒者之威出自於對於各種禮儀的執行與鍛鍊。彭國翔（1969～）認爲所謂「威儀」，很大一部分內容是就一個人在禮儀實踐過程中的言行舉止等「體態」而言，並舉《左傳・襄公三十一年》：「君子在位可畏，施舍可愛，進退可度，周旋可則，容止可觀，作事可法，德行可象，聲氣可樂，動作有文，言語有章，以臨其下，謂之有威儀也。」之語佐證之〔註186〕。彭氏之論述說明君子之威儀涵蓋的禮之範圍甚廣，而丁亮更進一步從「身體感」論中國古代君子之「威」，除了分成三個層次釐清君子之威的內涵，更認爲透過「威」感的分析，可以看到古代文化中符號與身體互動的具體成果〔註187〕。藉由丁氏之研究，此處可延伸說明〈儒行〉將儒者處事秉持的忠信之理，譬

〔註183〕〔漢〕鄭玄注，〔唐〕孔穎達疏：《禮記正義》〈曲禮〉，頁43。
〔註184〕〈少儀〉：「甲若有以前之，則執以將命；無以前之，則袒櫜奉冑。」；「國家靡敝，則車不雕几，甲不組縢，食器不刻鏤，君子不履絲屨，馬不常秣。」〔漢〕鄭玄注，〔唐〕孔穎達疏：《禮記正義》〈少儀〉，頁638。
〔註185〕〔漢〕鄭玄注，〔唐〕孔穎達疏：《禮記正義》〈表記〉，頁912。
〔註186〕彭國翔：〈作爲身心修煉的禮儀實踐——以《論語・鄉黨》篇爲例的考察〉，收入王中江、李存山主編：《中國儒學》第四輯，2009年12月，頁214～215。
〔註187〕丁亮分三個層次釐清君子之「威」的相關內涵：第一，「威」乃由斧鉞刑罰威嚇之威轉化而成「威而不猛」的君子之威，其本質屬身體感受，而能在日常生活中發揮「畏而愛之」的政治影響；第二，這種身體感乃衣冠服飾配合身體高難度的精準動作塑成，所謂「威儀三千」，其要求正是禮制與儀容上的繁複規定；第三，在「禮者，體也」的論述下闡明周人藉初民的身體經驗提煉成禮制之體，「威」感正是禮制之體相互感通的結果，具有人倫鑒識的功能。詳見丁亮：〈從身體感論中國古代君子之「威」〉，《考古人類學刊》第74期，2011年，頁89～118。

喻成戰士打仗之甲冑，除了彰顯禮義的執行與鍛鍊，更象徵士君子於各種禮節所顯示之威儀所帶來的強大力量，這種力量源源不絕，絕非來自外在身體的體力、耐力給予敵方小人短暫嚇阻作用，而是源自於內心堅持的忠信原則與道德理想，所拓展之君子爲國愛民之大人氣度，此謂忠信之理爲禮義實踐之基礎。

禮儀若能徹底實踐，則禮義便無所藏匿，而可隨之彰顯。禮義之彰顯，說明儒者持續地長養浩然之正氣，其思慮謀略自無疑惑暗生，故孫希旦曰：「不斷其威者，氣配道義而無所餒，不習其謀者，道立於豫而不疑其所行也。」儒者因忠信於道義，不屑於邪佞小徑，其於種種考驗之決策便光明磊落、無須習謀，故姜兆錫曰：「不斷者，威不可挫；不習者，謀不待試也。〔註188〕」此種情況便是建立在儒者秉持忠信之理，藉由禮儀之鍛鍊，彰顯禮義之可貴，進而辨別可爲與不可爲之事，以達其威不斷、其謀不習之境界，這也是忠信之理作爲禮義實踐之基礎的重要成果。

（三）忠信是禮教的內容

禮法教化，乃指以周禮爲法式與精神的教育內容，即孔子承繼郁郁周文之先王之道。儒者忠於學習古代聖王治世之道，藉由闡述、傳承古道以輔佐當代之君，因而能以中正之心事君而無偏頗，並且透過以身作則，爲後世天下臣子所效法。在儒家教育的過程，忠信爲重要內涵，且與儒家仁義之道息息相關。

「忠信之教」作爲禮法教化之內涵，包括「成德立身之法」與「治國化民之法」兩大部分，意指忠信作爲禮法教化的目的，涵蓋君子之內聖與外王，即〈冠義〉：「孝弟忠順之行立，而后可以爲人；可以爲人，而后可以治人也。故聖王重禮。〔註189〕」所謂忠信之教作爲成德立身之法，係指君子將忠信之德作爲自我人格塑造的重要元素，孔子有文行忠信之四教，孟子視仁義忠信爲天爵，在〈大學〉論君子有大道也是必以忠信得之。因此，〈學記〉對於君子成德立身之過程，有「安其學而親其師，樂其友而信其道」的期許。聖人無常師，儒者秉持忠信於道義、結交於賢友，是成就其爲大人、成人的重要方法。

〔註188〕 〔清〕姜兆錫：《禮記章義》十卷，收入《四庫全書存目叢書・經部第一〇一冊，臺南：莊嚴文化公司，1997年，頁230。此爲北京大學圖書館藏清雍正十年寅青樓刻本。

〔註189〕 〔漢〕鄭玄注，〔唐〕孔穎達疏：《禮記正義》〈冠義〉，頁998。

　　所謂忠信作爲治國化民之法，是指以忠信教國人以保子孫黎民之安康樂業，以德爲政，乃建立在以禮爲法度的基礎上，不僅向內足以成就自身，往外更能推己及人。〈爲政〉記載孔子答季康子使民敬、忠以勸的做法，孔子以「孝慈則忠」答之，說明忠乃出自於眞心，既能適用於個人家庭，更能推廣於社會國家，故〈坊記〉子云：「善則稱君，過則稱己，則民作忠。〔註190〕」與〈表記〉子曰：「君子不以口譽人，則民作忠。〔註191〕」則進一步點出君主使民作忠的做法，其中的共通點皆是以向內要求自身爲出發點，透過忠信之誠敬精神，脫去外在的矯飾，運用於修身與治國，便能在其內聖與外王之間，達至一種和諧的平衡之美。此美蘊藏於禮樂之法式，上足以合聖人制禮作樂之初衷本意，下足以明萬民之性情本爲同源〔註192〕。

　　綜上所述，儒者忠於百姓之福祉，以濟世爲志願，並肩負溝通君命與傳遞民情之責任，因而其憂思皆在於民。彼忠於自己，無論世之治亂或上下支持與否，皆秉其眞心敬意，貫徹其職、堅守其所，必要時甚至奉獻性命。因此，儒者之「忠」具有承先啓後與承上啓下的關鍵地位，而儒者之「信」，建立在明辨是非的基礎上，且恪盡職責，故儒之「忠信」不僅能超越時空之限制，在其心性、理則與教化的各種應用上，更彰顯了忠信作爲禮之本的意義與發揮。

〔註190〕〔漢〕鄭玄注，〔唐〕孔穎達疏：《禮記正義》〈坊記〉，頁867。
〔註191〕〔漢〕鄭玄注，〔唐〕孔穎達疏：《禮記正義》〈表記〉，頁919。
〔註192〕子曰：「言忠信，行篤敬，雖蠻貊之邦行矣。」〔魏〕何晏集解，〔宋〕邢昺疏：《論語注疏》〈衛靈公〉，頁137。

第五章　仁與義

　　仁與義，堪稱先秦儒家之思想精華，亦爲中華文化學識修養之核心精神，作爲儒者終生亦步亦趨之目標德行，實不爲過。古今學者對於「仁」、「義」之研究，可謂汗牛充棟、繁不勝數，本章僅就〈儒行〉所論二德之重點及特色作一闡發，盼能汲取前人思想精華於萬一。〈儒行〉論「仁」、「義」，有「戴仁而行，抱義而處」一處並舉，其餘皆爲二德之分論，此點與《論語》的情形相接近〔註1〕。因此，本章側重於「仁」、「義」於〈儒行〉各自發揮及占有之重點意義，以下從「仁之建立、形成與地位」、「義之表述、實踐與省思」兩部分說明之。

第一節　仁之建立、形成與地位

　　孔子論「仁」無明確唯一的定義〔註2〕，但彼對於「爲仁」之具體實踐甚

〔註1〕周何（1932～2003）論語中「仁」字凡百又八見，「義」字二十四見，然皆各自單獨出現，未嘗有以「仁義」二字連舉者。早期經典文獻，如《周易》、《尚書》、《詩經》中亦然。「仁義」二字連舉者首見於《孟子》，且〈梁惠王篇〉之首章即言「亦有仁義而已矣」。自是遂多以「仁義」並爲儒家思想之內涵重心，而略無軒輊矣。惟就其本質及功能言，仁、義二者固有所不同，似宜有所輕重。詳見周何：〈穀梁傳之仁義觀〉《教學與研究》第 12 期，頁 123。〈儒行〉論及「義」字並無依附「仁」，而多是「立義以爲土地」、「非義不合」、「見利不虧其義」、「禮義以爲干櫓」、「其行本方立義」的論述，可見仁、義在〈儒行〉乃分別獨立論說。

〔註2〕曾春海（1948～）認爲《論語》中談仁的地方不下百餘處，然而卻不易發現明確的定義。蓋孔子爲實踐的道德家，其論仁乃因人、因地、因時、因事之不同，而有所指點，因此「仁」一詞在《論語》中只是道德實踐的指點語，

為重視，方法不僅具體且多元豐富，舉凡先難而後獲、己欲立而立人、克己復禮、愛人、能行恭寬信敏惠五者等事〔註3〕，皆為仁者所須具備之德行。綜觀〈儒行〉論「仁」的內涵，乃符合孔子之仁學重點：

> 溫良者，仁之本也；敬慎者，仁之地也；寬裕者，仁之作也；孫接者，仁之能也；禮節者，仁之貌也；言談者，仁之文也；歌樂者，仁之和也；分散者，仁之施也；儒皆兼此而有之，猶且不敢言仁也。其尊讓有如此者。

〈儒行〉論「仁」有其次序、系統，展示儒者學「仁」之修習進程，其內容不僅與眾德之作為表現緊密相連，並繼承孔子不輕易以仁自許、許人的態度，同樣凸顯仁德之尊貴地位。以下從「仁建立在人與人相親愛之關係」、「仁為諸德積累之過程」、「仁之四種實踐特性」三方面說明之。

一、仁建立在人與人相親愛之關係

傳統文獻所論之「仁」，多採取《說文》：「仁，親也，從人二〔註4〕」之說，意指「仁」德乃建立於人與人之間的互動、親近關係。如〈經解〉：「上下相親，謂之仁。〔註5〕」〈中庸〉：「仁者人也。」鄭注：「讀如相人偶之人，以人意相存問之言。」孔疏：「仁，謂仁愛相親偶也。〔註6〕」說明仁德起於兩個人對於彼此能夠相互親近、尊敬、進而相愛之關係，此謂「相人偶〔註7〕」。然而，錢穆云：「仁中有愛，但愛不即是仁。」而孟子所說：「仁者愛人。」乃是先有了「仁」，乃發出此「愛」〔註8〕。錢氏之前述有

而非界定語。詳見曾春海：〈論語中禮義與仁的關係〉《儒家哲學論集》臺北：文津，1989年，頁21。另外，蔡仁厚（1930～）認為孔子沒有將「仁」視為固定的德目，孔子也沒有從字義訓詁上解釋「仁」，「仁」是人之所以為人的本質，是真實生命的本體。要實現這個本質，呈現這個本體，必須通過實踐，這就是所謂的「踐仁」或「為仁」。蔡仁厚：〈《論語》中「仁」的涵義與實踐〉《孔孟月刊》第15卷第11期，頁15～16。

〔註3〕〔魏〕何晏集解，〔宋〕邢昺疏：《論語注疏》〈雍也〉、〈顏淵〉、〈陽貨〉，頁54、55、106、110、155。

〔註4〕〔漢〕許慎撰〔清〕段玉裁注：《說文解字注》，頁365。

〔註5〕〔漢〕鄭玄注，〔唐〕孔穎達疏：《禮記正義》〈經解〉，頁846。

〔註6〕〔漢〕鄭玄注，〔唐〕孔穎達疏：《禮記正義》〈中庸〉，頁887。

〔註7〕《儀禮‧聘禮》：「公揖，入每門，每曲揖。」漢鄭玄注：「每門輒揖者，以相人偶為敬也。」〔漢〕鄭玄注，〔唐〕賈公彥疏：《儀禮注疏》〈聘禮〉，頁30。

〔註8〕因為單講愛，易流入於「欲」。欲的分數多了，反易傷其愛。詳見錢穆：《孔子與論語》（錢穆先生全集〔新校本〕），北京：九州出版社，2011年，頁322。

理，但後述先有仁、方發愛，則可再商榷。因爲愛人僅是仁德實踐的具體做法之一，而仁德在孔子看來是諸德實踐後所成之最高境界精神，有仁必已包含有愛。「仁」與「愛」不應視爲先後發生之條件，應爲總體與部分的關係。但是無論如何，仁德建立於人與人相親愛之關係，是可以肯定的。

　　出土文獻之「𢛳〔註9〕」（仁）字出現後，提供了另一「仁」之意義角度。梁濤認爲「𢛳」字「从身从心」，即表示心中想著自己，思考著自己，意指「克己」、「修己」、「成己」，並舉〈中庸〉：「成己，仁也」、《荀子‧子道》顏淵曰：「仁者自愛」之語加以印證，進而解釋孔子論「仁」，乃人之自我意識的自覺、自反，從孝悌出發，上升至君臣間的忠，朋友間的信，最後達到汎愛眾，上升爲普遍的人類之愛。因此，仁的內容是指「成己」與「愛人」〔註10〕。梁氏之說，根植於儒家論「仁」的範圍，乃自親親而後仁民、仁民而後愛物〔註11〕，其始終強調人情溫暖之根本、仁愛深厚之發展。

　　〈儒行〉前半段論仁之「本」、「地」、「作」、「能」，旨在闡述仁的源頭與發用，後半段論仁之「文」、「貌」、「和」、「施」強調仁之表現與效益的結果，此過程即建立於一個仁人「己立」而後「立人」的精神，不僅將儒者之個人身分，放置於社會群體中立論，更富涵個體與社會群體互動的雙向行爲，此種方式明顯地展現人與己、人與人、人與社會之間的親近互動性。據此，方愨提出詮解：

> 首以仁之本，有本然後可以有行，故繼之以地，有行則有所事，故繼以仁之作，仁之作則見其所能，故繼之以仁之能，有所能則行之於外，故繼之以仁之貌，行於貌則必有所飾，故繼之以仁之文，有其文則無乖於物，故繼之以仁之和，有所和則其餘足以利物，故繼

〔註9〕　從現有的材料看，古文中用作仁字，主要有兩個，一作「𡰥」，一作「𢛳」。「𡰥」顯然即後來的「仁」字，因「尸」與「人」在古文中同形，「𡰥」顯然即後來「仁」字。《說文解字》還記錄「从千心」的古文仁：「忎」。郭店竹簡出土後，人們意識到所謂「忎」，其實即是「𢛳」字的變形，「仁」的古文應作「𢛳」。詳見梁濤：〈郭店竹簡「𢛳」字與孔子仁學〉，收入梁濤主編：《中國思想史前沿——經典、詮釋、方法》，西安：陝西師範大學出版社，2008年，頁137～138。

〔註10〕　梁濤給「仁」下一定義：「仁表達、反映的是道德生命實踐超越，『成己』、『愛人』的整個過程，凡屬於這一過程的、凡有利於實現這一過程的，都可稱作是仁。」詳見梁濤：〈郭店竹簡「𢛳」字與孔子仁學〉，頁138～140。

〔註11〕　〈中庸〉言「仁者人也，親親爲大」，直言血緣對於儒家論「仁」的重要性，孟子曰：「親親而仁民，仁民而愛物」，則說明「仁」的表現不僅限於親人，對於無血緣關係的人民也有其「仁」道的意義。

之以仁之施。〔註12〕

方愨認爲仁之「本」、「地」、「作」、「能」、「文」、「貌」、「和」、「施」等八種作爲，乃是有其因由之關聯，並非拆散獨立的各自論說，該些作爲皆是培仁、成仁之法，並具有其發展之次序。彼以「有行則有事→有事則見能→有能則行外→行外必有飾→有飾則有文→有文則無乖於物→和則有餘能利物」之道理，闡發「仁」德從培育、運作到成熟、利用的過程乃環環相扣、緊密相連，猶如人之所以爲人，於「成己」中同時「成人」的道理。

〈儒行〉以有條理、層次的方式，呈現「仁」之本質、作用、文飾至和諧的美好道德過程，說明仁德並非閉鎖式的人格修煉，反而必須透過個人之修爲，在群體中所發揮的人際互動及溫情感通，方能得之、體之。方穎嫻論《論語》之「仁」義，乃是上承春秋時代以「善盡人際關係」爲「仁」，其中包括君臣、父子、兄弟之道，再進一步從一般之「人際關係」及人之「自處」上言仁，促使「善盡人際關係之仁」轉進至「綜合之德之仁」，故而「仁」此一觀念，乃兼涵「處人」與「處己」二義〔註13〕。徐復觀亦曾言：「孔子所說的『仁』，是把『修己』與『治人』，融合在一起的無限自覺向上的努力。〔註14〕」杜維明亦云：「仁的任務，遠遠不僅是從內部去主觀主義地尋求人自身的『個體』性，它像依賴個人的自省那樣也依賴於富有意義的『群體』的共同探求。〔註15〕」成中英（1935～）更推論：「孔子所謂「仁」的最好的解釋就是《易‧繫辭》中所說的『大生』」與『廣生』〔註16〕」。前人觀點歷歷凸顯仁德以人相親愛的互動性爲基礎，自個人家庭之親密聯繫，推展至社會國家緊依相連，若能達致郭店楚簡〈唐虞之道〉所云：「利天下而弗利也」，便稱得上「忎（仁）之至也」。〔註17〕這些仁德推擴的強調，在〈儒行〉仍保存其己立立人之原有意義，且蘊藏在諸德實踐之中。

〔註12〕方愨之說，見於〔宋〕衛湜：《禮記集說》，頁 18539～18540。
〔註13〕方穎嫻：《先秦之仁義禮說》，臺北：文津出版社，1996 年，頁 59～92。
〔註14〕徐復觀：《周秦漢政治社會結構之研究》，臺北：臺灣學生書局，1975 年，頁 97。
〔註15〕杜維明：〈仁：《論語》中一個充滿活力的隱喻〉，收入《儒家思想──以創造轉化爲自我認同》，臺北：東大圖書公司，1997 年，頁 96。
〔註16〕成中英：〈孔子哲學中的創造性原理──論生即理與仁即生〉，收入李翔海、鄭克武編：《成中英文集第二卷：儒學與新儒學》，頁 10。此篇原載於《孔子研究》1990 年第 3 期。
〔註17〕荊門市博物館編：《郭店楚墓竹簡》〈唐虞之道〉，頁 158。

二、仁為諸德累積之過程

　　仁，有連結、統攝諸德之地位。陳大齊（1886～1983）將「仁」與眾德的關係，視作總體與成分間的關係〔註18〕；蔡仁厚（1930～）論「仁」是超越一切德目之上，而又綜攝一切德目，認為仁是「全德」〔註19〕。曾春海（1948～）則說幾乎一切分殊之德，皆為「仁」所包含〔註20〕。劉蔚華更以「仁學網」一詞，標示孔子仁學的規範體系，認為當中每個與仁學相關的概念都能相互聯結、貫通〔註21〕。

　　然而，所謂「仁」能連結、統攝諸德，並非是指仁德具有專制性、獨斷性，相反地，仁德的培育成功與否，將與諸德的踐行息息相關。換句話說，〈儒行〉論「仁」之成功，奠基於諸多道德行為之累積組成，包括溫良、敬慎、寬裕、接孫、禮節、言談、歌樂、分散等事，本文簡稱「培仁八行」。此八行，說明仁的發展階段，有其成長之進程、修習之次第，以下逐一說明之：

（一）溫良為仁之本

　　本，有起始、源頭之義，又可細分精神之宗旨、對象之先後與行為之起始等，不同「本」的重點。例如〈禮運〉：「夫禮，必本於天，殽於地〔註22〕」，是指禮的精神本源自天地秩序，這是精神宗旨之「本」；《論語》記載有子論「仁之本」，乃以「孝弟」為論〔註23〕，說明仁道乃以親人為對象作始，這是

〔註18〕　關於仁與眾德，眾德（例如恭敬、忠恕）雖為仁所涵攝，但忠不是仁，清不是仁，推而廣之，恭敬忠恕等殆無一是仁，因此仁與眾德是總體與成分間的關係。詳見陳大齊：〈孔子所說仁字的意義〉《大陸雜誌》第 13 卷第 12 期，頁 375～377。

〔註19〕　蔡仁厚：〈《論語》中「仁」的涵義與實踐〉《孔孟月刊》第 15 卷第 11 期，頁 15。

〔註20〕　可以說各分殊之德皆為「仁」的必要條件，因此不能以分殊之德中任何一項德目，或數項德目稱之為「仁」。曾春海：〈論語中禮義與仁的關係〉《儒家哲學論集》臺北：文津，1989 年，頁 22～23。

〔註21〕　孔子建立一套仁學的規範體系，其中比較重要的概念，如：孝、悌、忠、恕、恭、寬、信、敏、惠、剛、毅、木、訥、訒、愛人、立人、達人、好人、惡人、博施、濟眾、有勇、無怨、不憂、不佞、克己復禮、先難後獲、殺身成仁等等，多達三十幾種。在這個仁學網中，每個範疇、概念，都是一個鈕結，起著互相聯結、貫通的作用。詳見劉蔚華：〈儒家仁學的演變〉，收入中國孔子基金會、新加坡東亞哲學研究所編：《儒學國際學術研討會論文集》上冊，濟南：齊魯書社，1989 年，頁 358。

〔註22〕　〔漢〕鄭玄注，〔唐〕孔穎達疏：《禮記正義》〈禮運〉，頁 414。

〔註23〕　〔魏〕何晏集解，〔宋〕邢昺疏：《論語注疏》〈學而〉，頁 5。

對象先後之「本」；而〈儒行〉所謂「溫良者，仁之本」，是從「仁」的實踐表現切入，意指「溫良」之容色面貌，是儒者「行仁」的起點，是行為起始之「本」。因此，孔子云君子九思：「色思溫〔註24〕」、子夏云君子三變：「即之也溫〔註25〕」，所論皆是外在的接觸與表現行為，孔疏「溫良者，仁之本也」云：「言仁者之儒，先從溫良而起，故云仁之本也〔註26〕」，正是此意。

　　溫良，作為君子行仁的起點，目的在成就內在之德，表現在容貌顏色之中，又有溫順、溫柔、溫和等的多元層次意義。〈內則〉記述兒媳為父母進食，要「問所欲而敬進之，柔色以溫之〔註27〕」，其「溫」如〈邶風‧燕燕〉記載衛君稱其妹「終溫且惠〔註28〕」，皆為溫順侍奉之義。〈玉藻〉「燕居告溫溫」，孔疏：「色尚和善，教人使人之時，唯須溫溫，不欲嚴慄」〔註29〕，是溫和待人之意。〈祭義〉說孝子祭祀當天，臉色要溫和，行動要戒慎，好像深怕見不著親人；奠放祭品時，容貌要溫柔，身體要卑屈，好像有話要告訴親人卻說不出口，是溫柔思親之義〔註30〕。《爾雅‧釋訓》：「晏晏、溫溫，柔也〔註31〕」，《詩經‧大雅‧抑》：「溫溫恭人，維德之基。」基，基址也，猶言本也〔註32〕，皆說明「柔」能使君子近於仁，表現在容色稱作「溫」。

　　「良」字，則含有「善」、「量」之意〔註33〕，在容色溫貌後，再增添善意、謙讓之義。〈繫辭傳〉：「剛柔者，立本者也〔註34〕」，〈述而〉記載孔子「溫而厲〔註35〕」，〈中庸〉述君子之道「溫而理〔註36〕」，可見「溫」並非心志懦

〔註24〕 〔魏〕何晏集解，〔宋〕邢昺疏：《論語注疏》〈季氏〉，頁 149。

〔註25〕 〔魏〕何晏集解，〔宋〕邢昺疏：《論語注疏》〈子張〉，頁 172。

〔註26〕 〔漢〕鄭玄注，〔唐〕孔穎達疏：《禮記正義》〈儒行〉，頁 980。

〔註27〕 〔漢〕鄭玄注，〔唐〕孔穎達疏：《禮記正義》〈內則〉，頁 518。

〔註28〕 〔漢〕毛亨傳，鄭玄箋：《毛詩正義》〈燕燕〉，頁 78。

〔註29〕 〔漢〕鄭玄注，〔唐〕孔穎達疏：《禮記正義》〈玉藻〉，頁 569。

〔註30〕 孝子之祭，可知也，其立之也敬以詘，其進之也敬以愉，其薦之也敬以欲；退而立，如將受命；已徹而退，敬齊之色不絕於面。〔漢〕鄭玄注，〔唐〕孔穎達疏：《禮記正義》〈祭義〉，頁 810。

〔註31〕 〔晉〕郭璞注，〔宋〕邢昺疏：《爾雅注疏》，頁 55。

〔註32〕 詳見屈萬里：《詩經詮釋》，臺北：聯經出版公司，2006 年，頁 519。

〔註33〕 《釋名‧釋言語》：「良，量也。量力而動，不敢越限也。」〔漢〕劉熙撰，〔清〕畢沅疏證、王先謙補，祝敏徹、孫玉文點校：《釋名疏證補》，頁 112。《說文》：「良：善也。」〔漢〕許慎撰〔清〕段玉裁注：《說文解字注》，頁 230。

〔註34〕 〔魏〕王弼、〔晉〕韓康伯注，〔唐〕孔穎達疏：《周易正義》，頁 165。

〔註35〕 〔魏〕何晏集解，〔宋〕邢昺疏：《論語注疏》〈述而〉，頁 65。

〔註36〕 〔漢〕鄭玄注，〔唐〕孔穎達疏：《禮記正義》〈中庸〉，頁 900。

弱，而是在適當的時機與身分表現和順，故夫子每至於邦，必聞其政的原因在於以「溫、良、恭、儉、讓〔註37〕」得之，也是同一理旨。因此，〈禮器〉云：「禮有擯詔，樂有相步，溫之至也〔註38〕」，說明透過禮、樂表現之「溫」色，最能凸顯君子踐「仁」之適當。此謂「溫良者，仁之本也」。

（二）敬慎為仁之地

地者，底也，其體底下載萬物也〔註39〕。大地孕育萬物，儒者用敬、慎的態度為基底，藉以培育、滋潤仁心之長養。孔疏曰：「仁者之儒，以敬慎為地，地所以居，止萬物仁者之儒，亦居止敬慎，故云仁之地〔註40〕」。〈儒行〉論儒有「衣冠中，動作慎」、「居處齊難，坐起恭敬」、「慎靜而尚寬」等恭敬、謹慎之態度，說明儒之敬、慎，表現在日常生活中的微禮細節，包括衣冠、動作、起居、飲食、應對、進退等事，該事皆以「敬」心自持，並「慎」其言行，以達「仁」之境。

敬慎是仁心孕育之地，君子秉持敬、慎的態度來展現仁意、實踐仁行，故〈季氏〉子曰：「事思敬」，〈憲問〉子路問君子。子曰：「脩己以敬」，〈衛靈公〉子曰：「事君，敬其事而後其食」〔註41〕，〈曲禮〉：「毋不敬」，〈哀公問於孔子〉：「禮，敬為大」〔註42〕，皆指出君子以「敬」心處事的重要性。君子處事有「敬」心，建立在愛護禮儀、通達禮義的情況，故仲弓問仁。子曰：「出門如見大賓，使民如承大祭〔註43〕」，說明「敬慎」行禮能用表達仁心。

孔子所「慎」之事有三：「齋、戰、疾〔註44〕」，指君子於齋戒、戰爭與疾病時，皆抱持謹慎的態度。君子慎於齋戒，因為其敬禮、愛禮；慎於戰爭，

〔註37〕　〔魏〕何晏集解，〔宋〕邢昺疏：《論語注疏》〈學而〉，頁7。
〔註38〕　〔漢〕鄭玄注，〔唐〕孔穎達疏：《禮記正義》〈禮器〉，頁467。
〔註39〕　《釋名・釋地》：「地，底也，其體底下載萬物也。亦言諦也，五土所生，莫不審諦也。《易》謂之坤。坤，順也，上順乾也。」《說文》：「地，元气初分，輕清陽為天，重濁陰為地。萬物所陳剡也。从土也聲。」詳見〔漢〕劉熙撰，〔清〕畢沅疏證、王先謙補，祝敏徹、孫玉文點校：《釋名疏證補》，頁24～25。〔漢〕許慎撰〔清〕段玉裁注：《說文解字注》，頁682。
〔註40〕　〔漢〕鄭玄注，〔唐〕孔穎達疏：《禮記正義》〈儒行〉，頁980。
〔註41〕　〔魏〕何晏集解，〔宋〕邢昺疏：《論語注疏》〈季氏〉、〈憲問〉、〈衛靈公〉，頁149、131、141。
〔註42〕　〔漢〕鄭玄注，〔唐〕孔穎達疏：《禮記正義》〈曲禮〉、〈哀公問〉，頁12、849。
〔註43〕　〔魏〕何晏集解，〔宋〕邢昺疏：《論語注疏》〈顏淵〉，頁106。
〔註44〕　〔魏〕何晏集解，〔宋〕邢昺疏：《論語注疏》〈述而〉，頁61。

因爲其敬德、愛民；愼於疾病，因爲其敬身、愛親。故孔子贊許管仲之仁，在於不須動用武力，便能輔助齊桓公九合諸侯〔註45〕；曾子愛護己身之手、足，乃因「身者，親之遺體也。行親之遺體，敢不敬乎？」、「父母全而生之，子全而歸之」〔註46〕的一片孝心。此外，儒者之敬愼還表現於「道塗不爭險易之利，冬夏不爭陰陽之和」，目的在不與自然法則相爭，以避免傷己、傷物。〈王制〉記載「五穀不時，果實未熟」、「禽獸魚鱉不中殺」〔註47〕等情形，皆不粥於市，乃因物未成熟不利人食、幼弱之禽獸魚鱉之殘殺易造成物種滅絕，此敬人愛物的仁德之心，正謂「敬愼者，仁之地也」。

（三）寬裕為仁之作

《說文》：「作，起也〔註48〕」、《爾雅・釋言》：「作、造，爲也〔註49〕」。儒者的仁心發動，使寬裕的胸襟油然生起，而有所作爲。「寬裕」之作爲，最常施行於政治教化方面，孔子曰：「『寬』則得眾」、《尚書》〈舜典〉帝曰：「契，百姓不親，五品不遜。汝作司徒，敬敷五教，在『寬』」、〈大禹謨〉皋陶曰：「帝德罔愆，臨下以簡，御眾以『寬』」〔註50〕；《詩經》〈長發〉：「敷政優優，百祿是遒〔註51〕」、〈淇奧〉也說有匪君子「『寬』兮『綽』兮〔註52〕」，皆是強調上對下要寬和，因爲「寬裕以容其民，慈愛以優柔之〔註53〕」，人民方能自得也。

孔子以德禮爲政的主張，並非完全不用刑罰，其眞諦乃以德禮爲先、爲主，再以刑罰爲後、爲輔。此種德刑相輔以爲政之思想，主要上承《尚書》〈呂

〔註45〕 〔魏〕何晏集解，〔宋〕邢昺疏：《論語注疏》〈憲問〉，頁126。

〔註46〕 〔清〕孔廣森撰，王豐先點校：《大戴禮記補注（附校正孔氏大戴禮記補注）》〈曾子大孝〉，頁95、97。

〔註47〕 〔漢〕鄭玄注，〔唐〕孔穎達疏：《禮記正義》〈王制〉，頁260。

〔註48〕 〔漢〕許慎撰〔清〕段玉裁注：《說文解字注》，頁374。

〔註49〕 〔晉〕郭璞注，〔宋〕邢昺疏：《爾雅注疏》，頁38。

〔註50〕 〔漢〕孔安國傳，〔唐〕孔穎達等正義：《尚書正義》〈舜典〉、〈大禹謨〉，收入《十三經注疏（附清阮元校勘記）》，臺北：藝文印書館，2001年，頁44、55。

〔註51〕 鄭注：優優，和也。〔漢〕毛亨傳，鄭玄箋：《毛詩正義》〈長發〉，頁127。《爾雅・釋訓》：「廱廱優優，和也。」〔晉〕郭璞注，〔宋〕邢昺疏：《爾雅注疏》，頁55。

〔註52〕 〔漢〕毛亨傳，鄭玄箋：《毛詩正義》〈淇奧〉，頁128。《爾雅・釋言》：「寬，綽也。」〔晉〕郭璞注，〔宋〕邢昺疏：《爾雅注疏》，頁46。

〔註53〕 〔清〕孔廣森撰，王豐先點校：《大戴禮記補注（附校正孔氏大戴禮記補注）》〈子張問入官〉，頁150。

刑〉，而明見於〈緇衣〉〔註54〕。孔子禮刑輔政的思想，以「德」爲主、以「刑」爲輔，故〈祭法〉：「湯以『寬』治民而除其虐〔註55〕」、〈誥志〉：「舜治以『德』使力」、〈盛德〉更有「德盛者治也，德不盛者亂也」、「德盛則脩法，德不盛則飾政」之說，盧辯曰：「法，德法。政，禁令」，孔廣森補注：「飾者，增修之。」〔註56〕，意指天子德盛則修其禮節法度，德不盛則以禁令施政，德之盛在與君德之修身爲要，若君主無德，便只能以增修繁複之禁令來彌補自身德教之不足。

然而「寬裕」不必等到事已發、罪將審之時，上位者先教民以禮，能防範於未然，〈禮察〉云：「『禮』者，禁於將然之前；而『法』者，禁於已然之後」，禮之可貴在於「絕惡於未萌、而起信於微眇，使民日從善遠罪而不自知也」〔註57〕，故孔子曰：「聽訟，吾猶人也，必也使無訟乎〔註58〕」，正是此仁心美意，也是「寬裕」的積極表現，故〈中庸〉：「寬柔以教」、〈樂記〉：「禮樂刑政，四達而不悖，則王道備矣」〔註59〕。此謂「寬裕者，仁之作也」。

（四）孫接為仁之能

能，意謂一群體中之擅長者、傑出者。在表現仁德的各種言行中，以謙孫的態度待人接物，最爲難能、可貴。孔疏曰：「孫辭接物，是仁儒之技能〔註60〕」，他將「能」釋作技能，乃建立在君子「相接」的語境脈絡，述說君子之間互相交往，有其表現禮讓之態度與實際落實之儀節，〈聘義〉便有：「敬、讓也者，君子之所以『相接』也〔註61〕」之語。至於相接時所秉持

〔註54〕 詳見林師素英：〈從〈四代〉再論孔子的禮刑輔政思想——結合〈呂刑〉、〈三德〉之探討〉一文，文中提到孔子以德禮爲政的主張，向來以《論語》所言「道之以政，齊之以刑，民免而無恥；道之以德，齊之以禮，有恥且格」爲最重要依據。而〈緇衣〉中有多處引《尚書》言「刑」之事，遂多有學者以其爲漢儒所竄入，依此林師綜合簡本與今本〈緇衣〉，從施政原則分析認爲這應與孔子早晚期之德刑思想轉化有關，可再參考林師素英：〈從施政原則論孔子德刑思想之轉化——綜合簡本與今本《緇衣》之討論〉，頁193～208。
〔註55〕 〔漢〕鄭玄注，〔唐〕孔穎達疏：《禮記正義》〈祭法〉，頁803。
〔註56〕 〔清〕孔廣森撰，王豐先點校：《大戴禮記補注（附校正孔氏大戴禮記補注）》〈誥志〉、〈盛德〉，頁185、153。
〔註57〕 〔清〕孔廣森撰，王豐先點校：《大戴禮記補注（附校正孔氏大戴禮記補注）》〈禮察〉，頁36。
〔註58〕 〔魏〕何晏集解，〔宋〕邢昺疏：《論語注疏》〈顏淵〉，頁109。
〔註59〕 〔漢〕鄭玄注，〔唐〕孔穎達疏：《禮記正義》〈中庸〉、〈樂記〉，頁881、667。
〔註60〕 〔漢〕鄭玄注，〔唐〕孔穎達疏：《禮記正義》〈儒行〉，頁980。
〔註61〕 〔漢〕鄭玄注，〔唐〕孔穎達疏：《禮記正義》〈聘義〉，頁1027。

「孫」的態度,與「讓〔註62〕」的關係密切,並表現於言語、動作、事理三方面。

言語層面之「孫」,如《論語》子曰:「孫以出之〔註63〕」、「邦無道,危行言孫〔註64〕」,或〈曲禮上〉:「長者問,不辭讓而對,非禮也〔註65〕」、〈哀公問五義〉謂君子「思慮明達,而辭不爭〔註66〕」與〈曾子立事〉論君子「遜而不諂〔註67〕」等。值得注意的是,言語層面之「孫」,往往以口頭之「辭讓」型態附入於動作層面。《儀禮》當中,便有一辭而許之「禮辭」;再辭而許之「固辭」;三辭而許之「三辭」;始終不許之「終辭」的分別〔註68〕。子曰:「無『辭』不相接也〔註69〕」,說明在冠、昏、喪、祭、聘、燕、鄉飲酒、射禮等各種禮儀,藉由「辭」的次數,表達「讓」的適宜程度。

動作層面之「孫」,最主要表現在賓主三揖至階、三讓升堂的揖讓之禮。古代士、大夫、諸侯、天子各階層的身分與場合皆須運用「揖讓」之禮,《周禮・秋官司寇》便有「司儀〔註70〕」一職,專門掌九儀之賓客擯相之禮,以

〔註62〕 《禮記》當中的「讓」有幾種情況,包括以年紀論先後的「齒讓」〈文王世子〉;入門至階以升堂的「揖讓」;諸侯相互交往的「敬讓」〈聘義〉;君子相接之「尊讓」〈鄉飲酒義〉等,皆是合於節度的禮讓。

〔註63〕 〔魏〕何晏集解,〔宋〕邢昺疏:《論語注疏》〈衛靈公〉,頁139。

〔註64〕 〔魏〕何晏集解,〔宋〕邢昺疏:《論語注疏》〈憲問〉,頁123。

〔註65〕 〔漢〕鄭玄注,〔唐〕孔穎達疏:《禮記正義》〈曲禮上〉,頁18。

〔註66〕 〔清〕孔廣森撰,王豐先點校:《大戴禮記補注(附校正孔氏大戴禮記補注)》,頁24。

〔註67〕 〔清〕孔廣森撰,王豐先點校:《大戴禮記補注(附校正孔氏大戴禮記補注)》,頁87。

〔註68〕 關於四種「辭」的意義:第一種「禮辭」的實際含義是對於對方的第一次邀請表示婉言謝絕,等到對方第二次發出邀請時才表示接受,意謂「接受」此禮;第二種「固辭」表示已經一再推辭而得不到允許,故不敢不從命,意謂「客氣地接受」此禮;第三種「三辭」,指在答許之前必須先辭三次,意謂「非常客氣地接受」此禮,如守喪三年期間,若有人贈送酒肉,則受之必三辭;第四種「終辭」,於禮書之中僅見一例在《儀禮・士相見禮》,士去見大夫,大夫對於士所拿的摯終辭不受。因大夫在士相見之後,並無回訪之禮,便不予答拜、回禮,而非無禮。四種「辭」之出處,見於《儀禮・士冠禮》:「主人戒賓,賓禮辭許。」鄭玄注:「『禮辭』,一辭而許;再辭而許曰『固辭』;三辭曰『終辭』,不許也。」賈疏補充:「若不許,至于三辭又不許,則為三辭曰『終辭』,不許也。又三辭而許,則曰『三辭』。」詳見〔漢〕鄭玄注,〔唐〕賈公彥疏:《儀禮注疏》,頁6。

〔註69〕 〔漢〕鄭玄注,〔唐〕孔穎達疏:《禮記正義》〈表記〉,頁909。

〔註70〕 〔漢〕鄭玄注,〔唐〕賈公彥疏:《周禮注疏》,頁575。

詔儀容、辭令、揖讓之節。除此之外，舉凡聘禮必須透過擯、介傳致辭命，由主君親自拜迎，並面向北拜謝聘使代表其國君賜與的禮物及聘問的盛情；鄉飲酒禮有一連串拜至，拜洗，拜受，拜送等獻酒、飲酒之儀節；射禮講求「射者，進退周還必中禮〔註71〕」等舉止動作，皆屬於謙孫以待人接物的表現。

　　事理層面之「孫」，即〈儒行〉所言「大讓」與「小讓」之別，其中又以讓國、讓天下之「大讓」最為不易。《公羊傳・昭公二十年〔註72〕》記載曹國公子喜時見公子負芻之當主也，逡巡而退。春秋經因喜時讓國之德，善及子孫，故不明言喜時之子曹公孫叛國，而稱其自鄆出奔。《爾雅・釋言》:「逡，退也〔註73〕」，此事便是透過逡巡讓避之「孫」，經由其德而庇佑子孫名聲的例子。《孟子・萬章上》亦記載堯崩，三年之喪畢，舜避堯之子於南河之南；舜崩，三年之喪畢，禹避舜之子於陽城；禹崩，三年之喪畢，益避禹子於箕山之陰。〔註74〕此三件禪讓國家主權之事，孟子用「避」字，彰顯讓國是一種隱德，更證明〈儒行〉「難進而易退」是指義理當退則退，而「粥粥若無能」是一種謙遜之詞。

（五）禮節為仁之貌

　　古籍論「貌」，多與敬、恭之態度相連。如《尚書・洪範》之「敬用五事」，此五事之首，即曰「貌」。鄭注:「貌，容儀。」孔疏補解為:「舉身之大名」〔註75〕，意謂「貌」乃全身舉止動作之總名，且為敬事之第一要則。《論語》亦曰:「貌思恭」，倘如「恭而無禮」則會陷入勞苦之困境，但若能「恭而有禮」則四海之內，皆兄弟也〔註76〕。由此可見，具有恭、敬態度的合禮儀節，足以說明一個人展現於外之樣貌，而「仁」之流露更是藉由「禮」來加以完成。

　　郭店〈五行〉論「仁」、「禮」，有以「其中心與人交」、「以外心與人交」

〔註71〕　〔漢〕鄭玄注，〔唐〕孔穎達疏:《禮記正義・射義》，頁1014。
〔註72〕　〔漢〕公羊壽傳，何休解詁〔唐〕徐彥疏:《公羊傳注疏》，《十三經注疏・附〔清〕阮元校勘記》，臺北:藝文印書館，1985年，頁292。
〔註73〕　〔晉〕郭璞注，〔宋〕邢昺疏:《爾雅注疏》，頁44。
〔註74〕　〔宋〕朱熹:《四書章句集注・論語》，頁430～431。
〔註75〕　〔漢〕孔安國傳，〔唐〕孔穎達等正義:《尚書正義》〈洪範〉，頁170。
〔註76〕　〔魏〕何晏集解，〔宋〕邢昺疏:《論語注疏》〈季氏〉、〈泰伯〉、〈顏淵〉，頁149、70、106。

之分別〔註77〕。中心，即發自內在眞誠之衷心。至於外心，鄭玄注〈禮器〉曰：「外心，用心於外，其德在表也。〔註78〕」意指外心是用心於與人外在交往的禮節上，而非屏除眞心。因此「禮節者，仁之貌也」，在強調儒者具有恭敬態度之外在禮節，最能表現其內在仁心之眞愨容貌。此與孔子所言「克己復禮爲仁」，以視、聽、言、動之禮，作爲仁心之具體踐行，實相謀合。

合禮的視、聽、言、動，從日常微禮細節到正式場合之禮儀，皆包括在內。第一，「視」的部分，例如〈曲禮上〉記載「入戶奉扃，視瞻毋回」、「毋淫視」〔註79〕等規範。另依對方身分不同，所視的高低也相異，如〈曲禮下〉：「天子視不上於袷，不下於帶；國君，綏視；大夫，衡視；士視五步。凡視：上於面則敖，下於帶則憂，傾則奸」〔註80〕。第二，「聽」的部分，例如「立必正方。不傾聽」、「聽必恭」、「毋側聽」〔註81〕，且君子懂得聽音，能知其有所合，故〈樂記〉說君子「聽琴瑟之聲則思志義之臣〔註82〕」，因其能辨樂，故能知禮。第三，「言」的部分，例如：「從於先生，不越路而與人言」、「居喪不言樂，祭事不言凶，公庭不言婦女」、「在官言官，在府言府，在庫言庫，在朝言朝」〔註83〕等，各有其身分、場合、內容之考量。第四，「動」的部分，與禮最是密切，〈儒行〉：「動作愼」、〈樂記〉：「禮也者，動於外者也」、〈中庸〉：「非禮不動」、〈祭統〉：「手足不苟動，必依於禮」〔註84〕等。

「仁」與「禮」之所以互爲表裏，乃因其目的皆在圓滿倫常之人情、存放道德之美善。《國語‧晉語五》：「夫貌，情之華也〔註85〕」之譬喻，說明人之眞情豐沛，自然滿溢於外貌，如花之綻放馨香。此種自然流露，在「禮」本源於人情、「仁」根植於親親的原則下，不限於生者與生者的互動，也存於生者對於死者的情感依戀，故〈仲尼燕居〉記載郊社之義、嘗禘之禮、饋奠

〔註77〕 荊門市博物館編：《郭店楚墓竹簡》〈五行〉，頁 150。
〔註78〕 〔漢〕鄭玄注，〔唐〕孔穎達疏：《禮記正義》〈禮器〉，頁 456。
〔註79〕 〔漢〕鄭玄注，〔唐〕孔穎達疏：《禮記正義》〈曲禮上〉，頁 31。
〔註80〕 〔漢〕鄭玄注，〔唐〕孔穎達疏：《禮記正義》〈曲禮下〉，頁 100。
〔註81〕 〔漢〕鄭玄注，〔唐〕孔穎達疏：《禮記正義》〈曲禮上〉，頁 21、35、36。
〔註82〕 〔漢〕鄭玄注，〔唐〕孔穎達疏：《禮記正義》〈樂記〉，頁 693。
〔註83〕 〔漢〕鄭玄注，〔唐〕孔穎達疏：《禮記正義》〈曲禮上〉、〈曲禮下〉，頁 31、74、100。
〔註84〕 〔漢〕鄭玄注，〔唐〕孔穎達疏：《禮記正義》〈樂記〉、〈中庸〉、〈祭統〉，頁 699、889、832。
〔註85〕 徐元誥撰，王樹民、沈長雲點校：《國語集解》，北京：中華書局，2002 年，頁 376。

之禮、射鄉之禮、食饗之禮之意義，分別有仁鬼神、仁昭穆、仁死喪、仁鄉黨、仁賓客的目的〔註 86〕，說明孔子論仁的精神一貫，因各式禮儀撙節的不同，便能表現對不同對象所付出之仁心，此謂「禮節者，仁之貌也」。

（六）言談為仁之文

《釋名·釋言語》：「文者，會集眾采以成錦繡，會集眾字以成詞誼，如文繡然也。〔註 87〕」孔子慕郁郁周文，所傳授詩、書、禮、樂的知識學問，以傳承道德文化為宗旨，故儒者學習廣博的知識學問，其言談或興起、或譬喻、或論述、或引證，多以《詩》、《書》、《禮》為主，不僅是文化傳承的載體，更能闡揚「仁」為孔子道德思想之核心。由此可知，言談係指以「雅言〔註 88〕」為主要表達。禮節若為仁心表達之整體容貌，言談則是指容貌底下的細部雕琢。

「言談者，仁之文也」，孔疏：「言語談說，是仁儒之文章也。〔註 89〕」古代君子學詩的目的，在於能適當地表達內心的意志，故有「志之所至，詩亦至焉〔註 90〕」之語，又因《詩》具有興、觀、群、怨的功能〔註 91〕，故於兩國外交、互動之時，須更小心、謹慎的引《詩》、用《詩》，以免引起不必要的誤會。子曰：「誦詩三百，授之以政，不達；使於四方，不能專對；雖多，亦奚以為？〔註 92〕」就是說明詩用以施政、出使，有其暢達、精準的必要，君子之仁心方能傳遞。二戴《禮記》記載孔子與弟子之言談，引用《詩》、《書》而闡其意旨者，繁不勝數。《詩》的重要性，乃是身為當時貴族交談必備的言語能力，因而孔子告誡孔鯉「不學《詩》，無以言〔註 93〕」。

郭梨華曾將「文」進行哲學的理解，彼認為「文」在《論語》中，有兩種不同的意義：一是指周之「文」，另一則是孔子對於「文」的轉化思維，後

〔註86〕 鄭玄注：「仁，猶存也，凡存此者所以全善之道也。郊社、嘗禘、饋奠，存死之善者也；射鄉、食饗，存生之善者也」〔漢〕鄭玄注，〔唐〕孔穎達疏：《禮記正義》〈仲尼燕居〉，頁853

〔註87〕 〔漢〕劉熙撰，〔清〕畢沅疏證、王先謙補，祝敏徹、孫玉文點校：《釋名疏證補》，頁109。

〔註88〕 子所雅言，詩、書、執禮，皆雅言也。〔魏〕何晏集解，〔宋〕邢昺疏：《論語注疏》〈述而〉，頁62。

〔註89〕 〔漢〕鄭玄注，〔唐〕孔穎達疏：《禮記正義》〈儒行〉，頁980

〔註90〕 〔漢〕鄭玄注，〔唐〕孔穎達疏：《禮記正義》〈孔子閒居〉，頁860。

〔註91〕 〔魏〕何晏集解，〔宋〕邢昺疏：《論語注疏》〈陽貨〉，頁156。

〔註92〕 〔魏〕何晏集解，〔宋〕邢昺疏：《論語注疏》〈子路〉，頁116。

〔註93〕 〔魏〕何晏集解，〔宋〕邢昺疏：《論語注疏》〈季氏〉，頁150。

者更是建構了孔子對於周「文」的重新理解。詳言之，郭氏推論「文」從一文字的呈現，由該字下方兩劃的交錯說明兩者的存在，同時也表明兩者共同形成一種「畫」（或說「圖象」）。此種「圖象」不是單一個別之物，而是展現個別物彼此之「關係」位置、網絡，並且是由兩者共同完成的。因此，「文」作爲一關係圖象，在孔子的哲學思維中，可乃轉化爲「人中之己」的德行表現〔註94〕。換句話說，「文」代表一種道德互動，這種互動透過雙方言談之表現，凸顯彼此的價值觀、學修養，乃共同展創美善之境遇。故言談不僅是各種場合之典雅文飾，更無形地能將道德之美好文飾於自身，此以孔子稱讚南宮子容「一日三復白圭之玷」之例最爲明白，孔安國曰：「南容讀詩至此，三反復之，是其心愼言也。」〔註95〕南宮紹之反覆誦讀，無形地將此愼言之美好道德文飾於自身，令聞者皆能欣賞並加以贊許，此謂「言談者，仁之文也」。

（七）歌樂為仁之和

「和」，乃君子喜怒哀樂「發而皆中節〔註96〕」，並處於內在情志相和之狀態。孔學尊崇周文，以正禮雅樂作爲教育君子內容，取「仁」爲禮樂的本質，並透過「正樂〔註97〕」的工作來恢復「樂教〔註98〕」的內涵。〔註99〕孔

〔註94〕 「文」，就甲骨字形，一般解爲兩畫之交，一說爲「紋」。《說文》解爲「錯畫，象交文」。詳見郭梨華：《出土文獻與先秦儒道哲學》，臺北：萬卷樓圖書公司，2008 年。頁 30、48、56。

〔註95〕 南宮紹所讀爲《大雅・蕩之什・抑》：「白圭之玷，尚可磨也。斯言之玷，不可爲也。」《論語・先進》：「南容三復白圭，孔子以其兄之子妻之。」〈魏將軍文子〉：「獨居思仁，公言言義；其聞之詩也，一日三復白圭之玷，是南宮紹之行也。」詳見〔清〕孔廣森撰，王豐先點校：《大戴禮記補注（附校正孔氏大戴禮記補注）》，頁 124。〔漢〕毛亨傳，鄭玄箋：《毛詩正義》，頁 646。〔魏〕何晏集解，〔宋〕邢昺疏：《論語注疏》〈先進〉，頁 96。

〔註96〕 〔漢〕鄭玄注，〔唐〕孔穎達疏：《禮記正義》〈中庸〉，頁 97。

〔註97〕 子曰：「吾自衛反魯，然後樂正，雅、頌各得其所。」〔魏〕何晏集解，〔宋〕邢昺疏：《論語注疏》〈子罕〉，頁 79。

〔註98〕 〈樂記〉論聲、音、樂三者有不同層次：「凡音之起，由人心生也。人心之動，物使之然也。感於物而動，故形於『聲』；聲相應，故生變，變成方，謂之『音』；比音而樂之，及干戚羽旄，謂之『樂』。」〔漢〕鄭玄注，〔唐〕孔穎達疏：《禮記正義》〈樂記〉，頁 662。戴璉璋解釋：「聲」，是感情的直接流露；「音」，是用曲調表達情意；而「樂」則是配合歌唱、演奏、舞蹈，表現悅樂的感情、和樂的心境，用以調和性情。戴璉璋：〈從《樂記》探討儒家樂論〉《中國文哲研究通訊》第 14 卷第 4 期，頁 39。

〔註99〕 李美燕：《先秦兩漢樂教思想研究》，國立臺灣師範大學國文研究所博士論文，王邦雄指導，1993 年，頁 66。

子曾評〈關雎〉不淫、不傷，何晏《集解》引孔安國語云：「樂不至淫，哀不至傷，言其和也〔註100〕」。《禮記》諸篇亦多論「禮」、「樂」、「仁」、「和」四者存在緊密之關係，如「樂者，天地之和也」、「仁近於樂」〔註101〕、「禮交動乎上，樂交應乎下，和之至也〔註102〕」等，說明禮樂的功用，足以彰顯仁心之和諧。

從正統雅樂的旋律、節拍，體會孔子所謂「仁之和」的境界，孔疏：「歌舞喜樂，是仁儒之和悅也。」李美燕（1961～）集結前人研究，歸納出「雅樂」具有齊奏、調簡、拍緩、音諧等特點〔註103〕，至今仍保留在詩譜與大成孔廟祭祀樂章的雅樂特質，正好符合《論語》子語魯太師樂。曰：「樂其可知也，始作，翕如也；從之，純如也，皦如也，繹如也，以成（八佾）」〔註104〕。至於「歌」作爲動詞，則指唱頌樂曲之整體表現；「歌」作爲名詞，用於指稱樂曲之篇章。

現存《儀禮》當中〈鄉飲酒禮〉、〈鄉射禮〉、〈燕禮〉和〈大射禮〉四篇，還保有禮樂相行的記載，其歌詩曲目主要來自國風、小雅、笙詩，過程包含正歌（包括升歌、笙奏、間歌、合樂）、無算樂、奏〈陔〉三部分。當中又以正歌之「升歌」最爲重要〔註105〕。以升歌使用〈鹿鳴〉、〈四牡〉、〈皇皇者華〉

〔註100〕 〔魏〕何晏集解，〔宋〕邢昺疏：《論語注疏》〈八佾〉，頁 30。
〔註101〕 〔漢〕鄭玄注，〔唐〕孔穎達疏：《禮記正義》〈樂記〉，頁 669、671。
〔註102〕 〔漢〕鄭玄注，〔唐〕孔穎達疏：《禮記正義》〈禮器〉，頁 471。
〔註103〕 齊奏爲主、曲調簡單、節拍緩慢、音色和諧、節奏分明、音階少變化，一調到底，不轉調；音域都在一個八度之內，無過高或過低之音；詩樂的配合以一字配一音爲原則，每個音四拍等。李美燕：〈「和」與「德」──柏拉圖與孔子的樂教思想之比較〉《藝術評論》第 20 期，2010 年，頁 132～133。
〔註104〕 〔魏〕何晏集解，〔宋〕邢昺疏：《論語注疏》〈八佾〉，頁 30。「始作，翕如也」，意指音樂一開始演奏的時候，以齊奏爲主；「從之，純如也」，一旦音樂放開來演奏時，音聲和諧；「皦如也」意爲節奏分明；「繹如也」曲式簡潔，一調連貫到底，少有變化。詳見李美燕：《中國古代樂教思想（先秦兩漢篇）》，高雄：麗文出版，1998 年，頁 188。
〔註105〕 關於笙奏、間歌、合樂的意義：「笙奏」，所用的〈南陔〉、〈白華〉、〈華黍〉三篇詩，有目無辭，今日難以瞭解其眞實情形。「間歌」，鄭玄注：「間，代也」，清張爾岐《儀禮鄭注句讀》曰：「謂一歌畢，一笙繼之也。堂上歌〈魚麗〉方終，堂下笙即吹〈由庚〉，餘篇皆然。」可知，間歌是一種歌與笙交互迭奏以樂賓的方式，至於所採用的詩篇，〈由庚〉、〈崇丘〉、〈由儀〉三篇詩辭已亡佚，如今尚存者只有〈魚麗〉、〈南有嘉魚〉、〈南山有臺〉。就這三首詩篇的內容來看，皆是作爲太平盛世燕饗慶賀之作。「合樂」，合樂即是大合奏的意思，亦即堂上之歌與堂下之笙同奏周南、召南六章，合樂時所用的周南：〈關雎〉、〈葛

等篇爲例，此三首詩皆屬燕饗嘉賓之作，然〈鹿鳴〉一詩旨在「德音孔昭，視民不恍、君子是則是傚」〔註106〕，強調君主之德，能教化萬民不逾越禮義、衆臣起而效法。〈四牡〉一詩的重點在於「豈不懷歸」、「王事靡盬」〔註107〕，以歌詩表現征人之臣不以私害公，不以家事辭王事的心志。至於〈皇皇者華〉詩篇則重在「周爰咨諏」、「周爰咨謀」、「周爰咨度」、「周爰咨詢」〔註108〕，闡述君王遣使臣出行尋找忠信之賢人以訪善求道。

　　上述三篇詩歌皆強調君德之重要、賢臣之心志、善道之美好，用於「升歌」目的在於透過其節奏與文辭，表現君子的仁心志向。因此，《禮記・學記》：「宵雅肄三，官其始也〔註109〕」有其重要性，而三篇稱作「歌」，顯然不僅用於念誦，更能進行「樂」之唱和，更凸顯儒者從「知聲」、「知音」、「知樂」，最終須達到「知政」的目的。此種「知」之境界，又以唱者、聽者皆以自己身心靈的全部融入了對象之中的「體知」爲最高〔註110〕，至此孔子的「樂教」功能發揮淋漓。由此可知，「歌樂者，仁之和也」的最高境界，並非儒者個人

<hr />

　　覃〉、〈卷耳〉；召南：〈鵲巢〉、〈采蘩〉、〈采蘋〉等六篇，此些歌詩篇章，亦是有其教化的意涵。李美燕：《先秦兩漢樂教思想研究》，頁28～29、36～37。

〔註106〕「德音」謂「先王道德之教也」。〔漢〕毛亨傳，鄭玄箋：《毛詩正義》〈鹿鳴〉，頁316。

〔註107〕盬，不堅固也。思歸者，私恩也。靡盬者，公義也。傷悲者，情思也。箋云：「無私恩非孝子也，無公義非忠臣也，君子不以私害公，不以家事辭王事。」〔漢〕毛亨傳，鄭玄箋：《毛詩正義》〈四牡〉，頁316。

〔註108〕忠信爲周，訪問於善爲咨，咨事爲諏。箋云：「爰，於也。大夫出使，馳驅而行見忠信之賢人，則於是訪問求善道也。」〔漢〕毛亨傳，鄭玄箋：《毛詩正義》〈皇皇者華〉，頁319。

〔註109〕鄭注：「宵之言小也。肄，習也。習小雅之三，謂鹿鳴、四牡、皇皇者華也。此皆君臣宴樂相勞苦之詩，爲始學者習之，所以勸之以官，且取上下相和厚。」〔漢〕鄭玄注，〔唐〕孔穎達疏：《禮記正義》〈學記〉，頁650。

〔註110〕陳昭瑛（1957～）從《禮記・樂記》：「唯君子爲能知樂。是故審聲以知音，審音以知樂，審樂以知政，而治道備矣。」看出音樂欣賞中「知」的四個層次：「知聲」、「知音」、「知樂」、「知政」，乃一層層的提高與深入。孔子認爲音樂就其形式、結構是可知的，但對音樂的「知」，以自己身心靈的全部融入了對象之中的「體知」爲最好、最高、最後的層次。另外，陳昭瑛針對江文也說孔子發現韶樂的價值，事實上是發現了新的自己，點出了共鳴與知音的奧秘：「共鳴」是與共鳴對象中的新的自己的感通，「知音」亦是感知到融入音樂的新的自己，而仁心的同情共感亦如音樂欣賞中的知音共鳴，故此處「體知」即江文也（1910～1983）《孔子的樂論》書中所言之「共鳴」。陳昭瑛：〈知音、知樂與知政：儒家音樂美學中的「體知」概念〉《臺灣東亞文明研究學刊》第3卷第2期（總第6期），2006年12月，頁46、50～55。

的享樂主義，而是君、臣、民三者內在情志的仁愛共鳴。

（八）分散為仁之施

施，給予、施惠之義。仁之施惠的內容不限於積蓄財富，有時施以仁義道德。《國語‧晉語》：「夫齊侯好示，務施與力而不務德〔註111〕」，是謂以財力、兵力為施；《廣雅疏證》：「堯能殫均刑灋以儀民，言其德無所不施〔註112〕」是謂以德行為施。所謂「分散者，仁之施也」，財、德、力之施兼有，故孔疏：「言分散積蓄而振貧窮，是仁儒之恩施也」，而儒者之所以願意施予恩惠，其己立立人、己達達人的仁心是很重要的因素。

自天子以至於庶人，皆能藉由分散培養內在之仁德。君主之分散，以「布功、散德、制禮〔註113〕」為主要內容，如堯舜率天下以仁，而民從之〔註114〕；大夫之分散，以「養民」、「惠民」為核心工作，如子產之政績匪淺〔註115〕；士君子之分散，以「積而能散〔註116〕」、「惠而能散〔註117〕」之樂善好施為前提，並須具有「分毋求多」、「利而不與民爭業」的羞恥心〔註118〕。如此層層分級、各司其職，當惠則惠、當施即施，方能謂之行仁之中道。

從國家祭禮之「餕」的分食，可觀其國政之德教，更蘊含「善終如始」的概念。「餕」，指的是剩餘的飯食。古代祭祀在最後的時刻，為了象徵鬼神

〔註111〕 徐元誥撰，王樹民、沈長雲點校：《國語集解》，頁287。
〔註112〕 〔清〕王念孫：《廣雅疏證》，臺北：鼎文書局，1972年，頁1046。
〔註113〕 〈少閒〉：「昔虞舜以天德嗣堯，布功散德制禮。」〔清〕孔廣森撰，王豐先點校：《大戴禮記補注（附校正孔氏大戴禮記補注）》，頁213。請問為人君？曰：「以禮分施，均遍而不偏。」〔清〕王先謙撰，沈嘯寰、王星賢整理：《荀子集解》〈君道〉，頁228。天子布德行惠，命有司發倉廩，賜貧窮，振乏絕，開府庫，出幣帛，周天下。勉諸侯，聘名士，禮賢者。〔漢〕鄭玄注，〔唐〕孔穎達疏：《禮記正義》〈月令〉，頁303。
〔註114〕 〔漢〕鄭玄注，〔唐〕孔穎達疏：《禮記正義》〈大學〉，頁986。
〔註115〕 子謂子產有君子之道四焉：「其行己也恭，其事上也敬，其養民也惠，其使民也義。」；或問子產。子曰：「惠人也。」〔魏〕何晏集解，〔宋〕邢昺疏：《論語注疏》〈公冶長〉、〈憲問〉，頁44、124。
〔註116〕 〔漢〕鄭玄注，〔唐〕孔穎達疏：《禮記正義》〈曲禮上〉，頁12。
〔註117〕 〔漢〕鄭玄注，〔唐〕孔穎達疏：《禮記正義》〈表記〉，頁916。孟子曰：「分人以財謂之惠。」〔漢〕趙岐注，〔宋〕孫奭疏：《孟子注疏》〈滕文公上〉，頁98。
〔註118〕 〔漢〕鄭玄注，〔唐〕孔穎達疏：《禮記正義》〈曲禮上〉，頁12。荀子曰：「從士以上皆羞利而不與民爭業，樂分施而恥積藏。」〔清〕王先謙撰，沈嘯寰、王星賢整理：《荀子集解》〈大略〉，頁486。

之福澤自尸、天子、三卿、大夫、士以至於眾吏，從上到下皆能普施恩惠，因而有依序食用祭祀食品之禮儀。餕禮每變換一次，吃的人數就增多一次，說明上位者並非積財以重富、使眾民受凍挨餓，相反地，整個國家人民皆共享恩澤〔註119〕。「善終如始」，是指餕禮是放在祭禮的最後，象徵分散於人民之恩惠，最終必將回到國家自身之充實，故好好地結束，便是另一嶄新的開始。

由此可知，所謂分散，並非失去，反而是一種供應後的良性循環，分散後的美好結果，最終會回到施放者之自身。這個觀念，放在培育仁德之八行的最末一項，有其深刻的寄意。彼彰顯儒者學習仁德，並非追求一種終極道德的到達，反而必須透過由末反本、由終反初的歷程，方能明白「仁」德的最大益處，為儒者找到自身生生不息之生命原動力。

綜上所述，〈儒行〉論培仁的歷程，包括「溫良」、「敬愼」、「寬裕」、「接孫」、「禮節」、「言談」、「歌樂」、「分散」八種付諸之行動，作為成仁的條件，孫希旦對〈儒行〉論「仁」之此段，注曰：

> 溫良稟乎性，敬愼存乎心，寬裕見乎事，孫接應乎物，本以基之，地以居之，作以發之，能以為之，貌以表之，文以飾之，和以積其順，施以廣其思，蓋道莫大於仁，儒者之為仁，必兼此八者而有之，然猶不敢自以為仁也。〔註120〕

這八種德行的學習，譬如種一顆仁心之樹，從溫良之本質播種開始，在敬愼之土地生根，依寬裕之作用長幹，憑接孫之能發枝，據禮節廣發仁心之芽，以言談豐茂仁之葉色，增歌樂之和催仁之花開，最後果實熟成分散施予萬民。過程當中尚須仰賴《詩》、《書》、禮、樂四教的牽成，其中又以「禮樂」最為重要，故吳澄曰：「自敬愼、孫接而禮節、言談，皆仁之所以為『禮』也，自溫良、寬裕而歌樂、分散，皆仁之所以為『樂』也。」高明（1909～1992）亦歸納《論語》裡面孔子論「仁」的話，列出做成一個「仁人」的程序：志仁、處仁、親仁、友仁、好仁、依仁、為仁、成仁。成為一個「仁人」的方法：第一是表現於「言色」，第二是表現於「行為」，第三是表現於「事業」。〔註121〕〈儒行〉中的溫良、敬愼、言談就是「言色」，寬裕、孫接、禮節、歌

〔註119〕〔漢〕鄭玄注，〔唐〕孔穎達疏：《禮記正義》〈祭統〉，頁833。
〔註120〕〔清〕孫希旦：《禮記集解》，頁1409。
〔註121〕高明：〈孔子倫理學說的基本精神〉，收入《高明孔學論叢》，臺北：黎明文化

樂、分散就是「行爲」，兩者表現在政治責任上就是「事業」。

三、仁之四種實踐特性

〈儒行〉在溫良、敬愼、寬裕、接孫、禮節、言談、歌樂、分散八事之後，緊接「儒皆兼此而有之，猶且不敢言仁也，其尊讓有如此者」之語。此處不敢，意謂儒者對於「仁」德的至上尊敬，陳澔注「其尊讓有如此者」一段曰：

> 仁包四德，百行之原，故於其終也，以仁爲説焉，兼有此仁之行，
> 而不敢自以爲仁，是尊仁而讓善也，故曰尊讓有如此者。〔註122〕

「仁」的地位之所以可尊可敬，就在於儒者必須具備源源不絕的「德力」，〔註123〕方能達成。源源不絕，說明仁德沒有窮盡、沒有極限、沒有結束的時候。此種行「仁」之恆久動力，從「道」而來，並且足以作爲儒家成「聖」之指標。以下藉由仁之實踐所具有之四種特性，說明仁之尊貴地位，實爲得來不易：

第一，自覺自發。孔子曾言：「我欲仁，斯仁至矣」、「欲仁而得仁」，〔註124〕直接點明「仁」乃出自於人內在之全然的主動，且在其自願選擇的情況下完成。這種自發性，至孟子發揮爲「惻隱之心〔註125〕」，其義上承孔子強調仁之主動性，下啓明代王陽明之良知學，中間經歷長時間細密且繁複的理性發揮。重點在於「仁」乃是一種精神的自覺〔註126〕，儒者以內在心

公司，1978年，頁45～54。

〔註122〕〔元〕陳澔注，萬久富整理：《禮記集説》，頁463。

〔註123〕馮耀明（1953～）提出「德力」，是指由心靈促成外部動作的因果動力，亦稱作「德性力量」。彼認爲孔子之仁乃是一發自人的內在心靈活動而能使一種道德行動出來的道德動力或性能。就其爲性言，它是一種德性，一種由心靈通往外部動作的相關性的性質（relational property）；就其爲能言，它是一種德力，一種由心靈促成外部動作的因果動力。故「仁」可被理解爲一種德性力量。馮耀明：〈論語中仁與禮關係新詮〉《政治大學哲學學報》第21期，2009年1月，頁154。

〔註124〕〔魏〕何晏集解，〔宋〕邢昺疏：《論語注疏》〈述而〉、〈堯曰〉，頁64、179。

〔註125〕〔漢〕趙岐注，〔宋〕孫奭疏：《孟子注疏》〈公孫丑上〉，頁65。

〔註126〕仁的自覺地精神狀態，即是要求成己而同時即是成物的精神狀態。詳見徐復觀：《中國人性論史》，頁78～79。仁是理、是道、也是心，孔子從心安不安這個地方來指點仁，就是要人從心這個地方有「覺」，即是道德的自覺。詳見牟宗三：〈儒家系統之性格〉，收入《中國哲學十九講》，1991年。臺北：臺灣商務印書館，2007年，頁、91。

性之自動自發，作爲踐仁的首要基礎。

第二，力行不倦。世上任何一事，能做到恆久不倦，已非尋常，更何況特指「爲仁」之事。所謂「不倦」，意味反覆去做，「仁」的境界地位之高，非指行仁之難，而是指「持續不斷地行仁」並不容易。孔門弟子之多、之能，也僅有顏回「其心三月不違仁」，故孔子仍力勉君子「無終食之間違仁，造次必於是，顛沛必於是」，此即凸顯「仁」之可貴，在於彼須透過無止盡的實踐，方能保存〔註127〕。因此，當曾子論君子「以仁爲尊」的內涵時，強調君子之思仁義，在於必須做到「晝則忘食，夜則忘寐，日旦就業，夕而自省」之「守業」功夫〔註128〕。

第三，無限可能。儒者透過自發性之意願，力行道德不厭不倦，即形成一種內在之經常性、良善性的循環，此循環能夠開啓個體道德運作之自有動能，並創造出儒者發揮於所屬時空之無限可能。徐復觀即言：

> 仁只有無限的展現，沒有限界，因之也沒有完成。以仁自居，即是
> 有了限界，有了完成，仁便在這裡隔斷了。孔子的不許人以仁，不
> 以仁自居，正是他對於仁的無限性的深切把握〔註129〕。

仁德具有此種發揮之無限性，孔子卻自謙「若聖與仁，則吾豈敢」，並言自己只是「爲之不厭，誨人不倦」，反而凸顯孔子從未自我圍限之「仁」德實踐〔註130〕。郝大維、安樂哲亦主張「仁」作爲一個過程性術語就沒有特定的終極限定〔註131〕。

第四，成聖之梯。「仁」作爲君子邁入賢關聖域之階梯，有經籍記載可循。孔子論「博施於民而能濟眾」不僅稱「仁」，更臻「聖」境〔註132〕；子貢亦曰：「孔子仁且智，夫子既聖矣！〔註133〕」，故鄭玄曰：「仁，聖之次也〔註134〕」並非虛言。林師素英亦論：「聖人之條件，在於擁有貫通天、地、人三才之道

〔註127〕〔魏〕何晏集解，〔宋〕邢昺疏：《論語注疏》〈里仁〉、〈雍也〉，頁52、36。
〔註128〕〔清〕孔廣森撰，王豐先點校：《大戴禮記補注（附校正孔氏大戴禮記補注）》〈曾子制言中〉，頁105。
〔註129〕徐復觀：《中國人性論史》，臺北：臺灣商務印書館，2007年，頁98。
〔註130〕〔魏〕何晏集解，〔宋〕邢昺疏：《論語注疏》〈述而〉，頁65。
〔註131〕因爲仁人永遠自我超越，可用自由開放的性質術語評價，而不可根據「終結」或「完滿」這樣的術語定義。美・郝大維（David L. Hall）安樂哲（Roger T. Ames）著，何金俐譯：《通過孔子而思》，頁135～136。
〔註132〕〔魏〕何晏集解，〔宋〕邢昺疏：《論語注疏》〈雍也〉，頁55。
〔註133〕〔漢〕趙岐注，〔宋〕孫奭疏：《孟子注疏》〈公孫丑上〉，頁55。
〔註134〕〔漢〕鄭玄注，〔唐〕孔穎達疏：《禮記正義》〈儒行〉，頁979。

的智慧，具備妥善處理各種事物遭遇非常狀況時的能力，同時還要能透徹理解萬物之性與情。……彼乃集五德之行之大成者，故而能以聖統領仁、義、禮、智之四德。〔註135〕」此種聖人之境界，必定包含：「仁指涉爲一種人性的已得狀態〔註136〕」、「仁是融合性與天道的眞實內容〔註137〕」、「仁的作用內在地講是成聖，外在地講則必定要遙契超越方面的性與天道〔註138〕」等看法，故視「仁」爲成「聖」之階梯。

第二節　義之實踐與省思

〈儒行〉論「義」，包括「立義以爲土地」、「見利不虧其義」、「抱義而處」、「禮義以爲干櫓」、「其行本方立義」、「行加義」諸多處，表示此德於當時已有重要的運用及普遍性。關於「義」的定義，蔡元培云：「知其法則而使人行之各得其宜者，是爲義。〔註139〕」此定義的描述爲一實踐的歷程，訴說人與外界事物，透過各種合宜法則之連結、運作，最終會達到和諧圓滿的情境。因此，義既是原則、方法，亦是行爲、結果。〈儒行〉論君子義德之實踐，涵蓋「立義：道德應然之原則」、「處義：情境適宜之作法」、「行義：明辨是非之勇敢」、「思義：事理本質之反省」〔註140〕四大重點，以下分項說明之。

〔註135〕詳見林師素英：〈《大戴禮記》〈哀公問五義〉思想析論——與《論語》政治人才觀相驗證〉，該文發表於南京師範大學文學院文獻學系、臺灣中央研究院中國文哲研究所聯合舉辦之「二〇一〇年中國經學國際學術研討會」，2010 年 11 月 15～16 日。

〔註136〕「仁」指涉的是一種人性的已得狀態，一個印在個體全部行爲中的特徵，它是獲得社群尊敬且擁有感召力量的源泉。（頁 134）詳見美・郝大維（David L. Hall）安樂哲（Roger T. Ames）著，何金俐譯：《通過孔子而思》，2005 年。

〔註137〕徐復觀：《中國人性論史》，臺北：臺灣商務印書館，2007 年，頁 93。

〔註138〕牟宗三曾論「仁」的作用內在地講是成聖，外在地講則必定要遙契超越方面的性與天道。後者稱作「超越的」遙契，即孔子所說「下學而上達」，從日常生活的實踐經驗著手，以上達天德爲最終目標，把知識消化於生命，轉化爲生命所具有的德性。人只須努力踐仁，便可遙契天道。前者稱爲「內在的」遙契，乃是將天命、天道收進來作爲自己的性，一方又把它轉化爲形上的實體，主要表於〈中庸〉所謂至誠，至誠以上達天德，便是聖人。詳見牟宗三：《中國哲學的特質》，臺北：臺灣學生書局，1978 年，頁 28、32～35。

〔註139〕詳見蔡元培：《中國倫理學史》，頁 48。

〔註140〕此處四項君子義德之實踐內容，參考自吳進安論「義」的四種意義：第一種意義，指的是「道德行爲的原則」；第二種意義，代表的是順應環境變化的準據；第三種意義，指的是從道德行爲與實踐中反省而得出的本質；第四種意

一、立義：道德應然之原則

所謂立義，乃以義立己，指人之言行建構、確立於道德應然之原則。孔子自述「三十而立〔註141〕」，匡亞明（1906～1996）認爲「立」的含義就是通曉古今各種文獻資料並聯繫當時的現實情況，從中抽象和概括出條理性的原則思想「義」或「道」，做到「一以貫之」的地步〔註142〕。事實上，匡氏的說法將「一以貫之」視作一個終極的目標，是一種結合理想道義與現實考驗的徹底覺悟境界。這樣義與道，造就了道德應然之原則，落實於儒家教育當中是如此的自然而且重要。換句話說，儒者實踐義德，必先以義德作爲修身處事之確立準則，〈儒行〉論儒「立義以爲土地」、「其行本方立義」，亦緊扣此重點。

「立義以爲土地」，強調儒者以「義」爲立足點，義之所在便是君子所居之處，故鄭玄曰：「立義以爲土地，以義自居也。〔註143〕」。至於李光坡引熊氏曰：「立義則所行光明正大，隨所處而咸宜，故以爲土地。〔註144〕」，進一步說明君子所居之處，不會一成不變，如同義德雖爲應然之道德原則，卻具有隨地制宜的彈性，譬如同一塊土地，可以有不同的用處。故孫希旦曰：「土地各有所宜者也，儒者之立義，亦因事制宜，故曰立義以爲土地。〔註145〕」趙良霈亦云：「土地者，君得之以爲國，臣得之以爲家，要必以義居之，而後上下各安其分。〔註146〕」由此可見，「立義以爲土地」，強調君子持守「義」德作爲處事原則，因其身分、居處之不同而保有彈性。

「其行本方立義」，強調儒者以義爲行，兼具方正、剛直之特色。君子之言行秉持「義」德之方正，如孔穎達引庾氏曰：「其行所本必方正，所以立必

義，是作爲君子與小人的判準。詳見吳進安：《孔子之仁與墨子兼愛比較研究》，臺北：文史哲出版社，1993年，頁197～198。

〔註141〕〔魏〕何晏集解，〔宋〕邢昺疏：《論語注疏》〈爲政〉，頁16。

〔註142〕詳見匡亞明：〈論孔子的「三十而立」和開創私學〉，原載於《文史哲》1984年第6期，今收入文史哲編輯部編：《儒學：歷史、思想與信仰》，北京：商務印書館，2011年，頁120。關於「一以貫之」，匡亞明取陳景磐（1904～1989）的解釋：「所謂『一以貫之』，就是把見聞的知識，歸納成爲一個中心原則，成爲一個思想體系，把全部知識貫穿起來。」參見陳景磐：《孔子的教育思想》，湖北：湖北人民出版社，1957年，頁69。

〔註143〕〔漢〕鄭玄注，〔唐〕孔穎達疏：《禮記正義》〈儒行〉，頁974。

〔註144〕〔清〕李光坡：《禮記述注》，頁913。

〔註145〕〔清〕孫希旦：《禮記集解》，頁1401。

〔註146〕〔清〕趙良霈：《讀禮記》，頁2。

存義也。〔註147〕」方慤曰：「本方者，以方爲本也。〔註148〕」黃道周曰：「本天者圓，本地者方，方而後能立，立而後能行，行而後義起焉，立義同而進，不同而退。〔註149〕」在在指出君子立義而行，對於外在誘惑、壓迫無所畏懼，進退皆以是否合義爲考量，此種以義作爲修身原則的功效，以孫希旦所論最爲精闢：「其行本乎方而存於心者，無阿諛取容之意；立乎義而見於外者，無便辟善柔之失。〔註150〕」

綜合上述二者，「立義以爲土地」凸顯「義」之道德原則具有隨地制宜的彈性，「其行本方立義」，強調「義」德雖有情境之彈性應變，卻仍存有其原則之固定性。

二、處義：情境適宜之作法

所謂處義，乃以義處己，指君子在立義的基礎上，能進一步將義德保存、留置於自身之言行，並根據不同之情境給予適宜的作法，此與禮之關係甚爲密切。〈儒行〉不僅直言儒者須「抱義而處」，乃建立於「禮義以爲干櫓」之前提，另外其強調「居處齊難」、「居處不淫」，亦是日常禮節。此處可以分成兩個部分說明之。

處，一則以「居處」釋之，以君子之燕居生活爲範圍，舉凡朝起、夜寐、更衣、用膳、論事、練琴等事皆在其中，屬於具體、細節之事務。〈文王官人〉：「省其居處，觀其義方」，說明從君子之居處是否恭敬謹愼、撙節有度，便能知其內在義德之方正。因此，孔子曾向魯哀公提及昔之君子之行禮乃「安其居處」，而曾子以「居處溫愉」作爲成就其孝順之志的內容〔註151〕，並認爲「居處不莊，非孝也〔註152〕」，可知儒君子之「處義」，必先從生活起居之舉止節度做起。

處，一則以「所處」釋之，以君子之面臨情境爲範圍，舉凡彼所處之角

〔註147〕〔漢〕鄭玄注，〔唐〕孔穎達疏：《禮記正義》〈儒行〉，頁979。
〔註148〕方慤之說，見於〔宋〕衛湜：《禮記集說》，頁18538。
〔註149〕〔明〕黃道周：《儒行集傳》，頁1175。
〔註150〕〔清〕孫希旦：《禮記集解》，頁1408。
〔註151〕〈曾子立孝〉：「禮以將其力，敬以入其忠；飲食移味，居處溫愉，著心於此，濟其志也。」孔廣森補注：「孝子必有和氣愉色」、「此者如上所言也，居心於此，以成其孝之志。」〔清〕孔廣森撰，王豐先點校：《大戴禮記補注（附校正孔氏大戴禮記補注）》〈曾子立孝〉，頁94。
〔註152〕〔清〕孔廣森撰，王豐先點校：《大戴禮記補注（附校正孔氏大戴禮記補注）》〈曾子大孝〉，頁96。

色、場合、情勢、時節等皆在其中，屬於抽象、原則之道理。以倫理角色而言，君臣、父子、夫婦、兄弟、朋友，各有其應盡之本分；以各種場合而言，冠、昏、喪、祭、燕、射、聘、觀禮等，各有其應答之規矩；以情境局勢而言，世治世亂、仕進仕退、出境入境、戰前戰後等，各有其當時之權變；以時間季節而言，農有四時：春作、夏長、秋斂、冬藏。食有四時：春多酸，夏多苦，秋多辛，冬多鹹、祭有四時：春祭曰礿，夏祭曰禘，秋祭曰嘗，冬祭曰烝〔註153〕，各有其節令之習俗。

處有居、留的意思，禮書當中所保存的便是禮節之「義」，《禮記》所載便有以倫理角色爲論之君臣、長幼、上下、夫妻、貴賤之義，有以天地運行爲論之陰陽、剛柔之義，有以各種場合爲論之冠義、昏義、祭義、聘義等。葉夢得曰：「禮以區別，義以裁制〔註154〕」，方苞曰：「禮義者應物之節，故義各有取〔註155〕」，皆說明君子以「義」處己，必先以「禮」行之，方能常保義德於心、言、行之中。

三、行義：明辨是非之勇敢

所謂行義，乃以義行己，指君子在確立義之原則、提出義之作法後，於其行義之過程中，除了展現明辨是非之態度，更要彰顯其執行義德之正直與勇敢，藉此也區分出君子與小人之差異。〈儒行〉記載魯哀公聽畢孔子所論之儒行，有「言加信，行加義，終沒吾世不敢以儒爲戲」之語，即是孔子以正道、義德傳導於君主，使其能自我尊重並尊重他人。

義之行，憑藉儒者內心道德力量之強大，向外推擴執行以達於「勇」的境地。例如聘、射之禮，乃極爲繁複、大型的禮儀，日明而始、日暮方成，君子於過程中飢渴不敢飲食、倦怠不敢懈惰，目的在完成此禮正君臣、親父子、和長幼之教化。〈聘義〉論此禮爲「眾人之所難，而君子行之，謂之有行」，而「有行之謂有義，有義之謂勇敢」，此種勇敢乃源自於對於「行禮義」之看重態度，並稱能完成此禮者爲「勇敢強有力者」。此種人能於天下無事時用之於禮義，使國內順服得治；天下有事時可用於戰勝，使國外無一敵手，若聖王選用此人，則謂「盛德」〔註156〕。由此可知，儒家論「義」與「勇」

〔註153〕〔漢〕鄭玄注，〔唐〕孔穎達疏：《禮記正義》〈樂記〉、〈內則〉、〈祭統〉，頁671、523、837。

〔註154〕葉夢得之說，見於〔宋〕衛湜：《禮記集說》，頁18531。

〔註155〕方苞之說，見於〔清〕杭世駿：《續禮記集說》，頁5707。

〔註156〕〔漢〕鄭玄注，〔唐〕孔穎達疏：《禮記正義》〈聘義〉，頁1030。

的關係，建立在禮之中，並非意氣之爭。

　　明末王繼廉感嘆當朝諸臣，已鮮有如先秦之儒行，故於其重刊黃道周《儒行集傳》之序中，論道：

> 今士靜治其文章，吏驅馳其宏勞，有能衣敝塞窗，灰中蘊火，堅忍餓寒，不求不忮乎？有能日星其胸，山嶽其骨，江河其口乎？有能會逢波流，挺脊戴頭，伉然而出乎？有能襲義秉恥，敦風尚節，不題安石之板，不讓茂弘之道，不走翟公之門，不受胡奴之米乎？有能朔雒不鬥，淄澠自辨乎？有能左握五典，右操七笈乎？有能癯擬卜商，萊廿庚郎，雖使矇者捫鐘揣籥，曙爲清臣乎？有能進善戢姦，以士測治亂，如以葭灰測氣乎？有能洞疏幽明，爲帝夷夔乎？舉一焉自立則已立，立則特，特則不二心，不二心則通，通則儒，儒者身沈而德飛，未爲失術也。〔註157〕

王繼廉此番感慨之語，重點在於儒者是否能於困頓、挫敗、脅迫中自立自強？若能經由自立至特立，特立至不二，不二至通，通至「身沈而德飛」的境界，便能促使其身雖處於沈溺之亂世，然其德卻能廣充於天地間自在翱翔。據此可知，儒者最終走向之特立「獨」行，並非一意孤行，而是道德完成之超越，此種超越必出現在由「義」至「勇」的過程，亦印證孔子曰：「見義不爲，無勇也〔註158〕」之言。

四、思義：事理本質之反省

　　所謂思義，乃以義思己，指君子在確立義之原則、擇取義之方法、執行義之勇敢言行時，於每一事件執行之前、當下與結果，皆能反躬自省、反求諸己以領悟義之眞諦。〈儒行〉記載儒者「見利不虧其義」、「見死不更其守」，其背後之動機原因，皆奠基於儒者自身深省思考過後之行爲決定。換句話說，思義也包括從自身或他人之行義後的結果，回頭加以觀察與省思，作爲下一次言行之參考。

　　義之思，重點在人如何處理「利」、「欲」、「私」的問題？君子之憂思在國家安、君主明、民用足與己修德，小人之憂思在存性命、擁榮祿、得情欲與謀己利。兩者在思義的議題上，便有天差地別之思考抉擇。《論語》有「見

〔註157〕黃俊郎編著：《禮記著述考（一）》，臺北：鼎文書局，2003 年，頁 535。
〔註158〕〔魏〕何晏集解，〔宋〕邢昺疏：《論語注疏》〈爲政〉，頁 20。

得思義」、「見利思義」〔註159〕之語；曾子論君子有「見利思辱」、「見惡思詬」、「嗜慾思恥」、「忿怒思患」〔註160〕終身戰兢之思；孟子論人有心，有心則「心之官則思，思則得之〔註161〕」，並勉勵君子先立乎其大者，小者弗能奪也；荀子論孔子之三思，為「少思長，則學；老思死，則教；有思窮，則施也〔註162〕」，提醒君子應當衡量自身之處境，把握光陰之可貴，做到少則學、老則教、窮則施之三事。因此，儒家自孔、曾、孟、荀以來，對於思義之事皆有志一同、有其共識，〈儒行〉亦不出其外。

綜上所述，〈儒行〉論「義」德，藉由君子所「不為」反敘其現實考驗之應對規範，藉此彰顯其真正「所為」之事。儒者透過「立義有道」、「處義有禮」、「行義有勇」、「思義有得（德）」之實踐次序，最終成就能夠儒家的君子表率與流芳風範。

〔註159〕〔魏〕何晏集解，〔宋〕邢昺疏：《論語注疏》〈季氏〉、〈憲問〉，頁 149、125。
〔註160〕〔清〕孔廣森撰，王豐先點校：《大戴禮記補注（附校正孔氏大戴禮記補注）》〈曾子立事〉，頁 86。
〔註161〕〔漢〕趙岐注，〔宋〕孫奭疏：《孟子注疏》〈告子上〉，頁 204。
〔註162〕〔清〕王先謙撰，沈嘯寰、王星賢整理：《荀子集解》〈法行〉，頁 519。

第六章　結　論

第一節　本研究成果之回顧

　　本研究之結果，分成三部份說明之：首先論「儒」的意義與發展，再點明〈儒行〉之主旨精神爲學、履、忠、信、仁、義六者，最後論述〈儒行〉思想與孔子學說相互呼應。

一、「儒」的意義與發展

　　本文以前人研究「儒」之起源與演變成果爲基礎，依照殷商、西周與先秦時代之次序，在傳世與出土文獻當中逐一尋證，最後統合、整理出「儒」的意義與發展，乃包括殷商原始術士之儒、西周師儒之儒與儒家君子之儒。

（一）原始術士之儒

　　原始術士之儒，具備服事天道的技能，參考甲骨卜辭中出現「需人」、「子需」、「丘需」的名詞，可探討原始之儒在殷商時期的政治身分與職務內涵，顯示儒之源流可溯至殷商「需」，又可稱作「術士之儒」。他們處理的事務，涉及「宗教祭祀」、「政治關係」、「禮儀秩序」三大面向，而「需」字在甲骨文中作 𗥞、𗥟，象以水濡身之形，透露古代的儒爲人相禮，祭祖，事神，辦理喪事，都必須先齋戒沐浴的訊息，也間接說明殷商「術士之儒」服事天道，有其一定的儀式、程序與技術。

　　殷商尊崇鬼神的思想，衍伸出頻繁、龐大的祭祀次數與陣仗，術士之儒在過程中必須經過占卜吉日、獵取或豢養犧牲、鑄作禮器等繁複的準備工作，

顯示其技術必須經過不斷磨練，並非一人所能擔負此職。由於彼須具備上通天道、下熟地道的能力，藉由掌握天地自然鬼神的力量，輔助君王治理國家人民，對於連繫萬物有特殊的技能、術藝，顯示其職責在於透過操執專門之「術」，來和諧天、地、人與群物之道，並致力於經營人與「道」之間的和諧關係。

（二）西周師儒之儒

周代「師儒之儒」的出現，乃承繼商代術士之儒以「術」合於「道」的精神為宗旨，並將「人道」的部分加以深化，透過周代官師合一之貴族教育，逐漸呈現出西周禮樂文明之德、藝內涵。從歷史文化傳遞的角度來看，殷代貴族的後裔在周王朝依然任官治民，有職有守，他們多是舊王室的祝宗卜史，對周王室的制度文物影響頗大。甚至有些貴族是留駐成周，擔任軍中武職的官吏，故有能力而且獲准鑄造家國重器，並共同參與周初王室的祭典、朝會、征伐等大型活動。因此，殷代政治人才與文化在周初得以延續，加上青銅器工業的技術，促使周代在此基礎上，開啟燦爛豐富的禮樂文明，並於西周政教一體、官師合一的系統中，經由師、儒之教導，促使國子之「德行」與「術藝」得以培植、發展。

由於周代師儒之儒的主體對象以「人」為主，教化貴族子弟熟習德、藝之學，並擔任發揚人道之責。教育內容從培養己身之德為中心，擴展至親父母、尊賢良與事師長之行為，藉由「禮樂以成仁」、「射御以養勇」、「書數以成知」之六藝訓練，達到人我關係與社會責任的和諧圓滿。因此，「師儒之儒」不僅開創西周禮樂文明之璀璨光輝，並透過德、藝並重的教育內涵，彰顯其肩負文化傳承之責任。

（三）儒家君子之儒

春秋末年孔子興辦私學以發揚王官之學，將貴族的教養知識普及化於一般庶民，打破原來階級的局限，邁向人人皆可為士、為君子的理想。孔子透過轉換、提升「德」、「藝」的內涵，將君子之「德」內化提升至之個人道德修養，並教導儒者學習「藝」的目的，不僅是傳承周代禮樂具體之「儀」與發揚抽象之「義」，更須以「仁」德之建立為思想目的，確立儒者在人倫關係中的角色責任，提出儒家所謂的「君子儒」有其重要的意義與使命。

「君子儒」的意義與使命，自孔子歿後，儒家在量變與質變上都有所分

化，時至荀子，「儒」之水準已參差不齊，例如為學不能好賢人、隆禮義，僅知頑固死讀《詩》《書》詞句之「陋儒」；雖擅長察辯，卻不知以禮義為綱領之「散儒」；僅重實質，卻不知文飾的「腐儒」；僅知重視整理外在衣冠、顏色之細節，神情自得卻終日沉默，或貪嗜飲食而失廉恥的「賤儒」等，說明戰國末年儒者品類流雜的情形相當嚴重。因此，〈儒行〉疾呼的思想與內涵，就更有其價值。

二、〈儒行〉六旨：學、履、忠、信、仁、義

本研究嘗試將〈儒行〉以「儒有……，其……有如此者」之形式，闡述十六種儒之言行內容加以打散並經由逐字、句、段之詳細解讀，考察前後文及其與整篇文本之意義關係，在漢唐注疏、宋明義理與清代考據之既有成果的基礎上，合以今日國、內外學者對於儒家之種種研究，擇定其文本訓詁之內涵，並從中歸納、尋找數個群組義理概念，最後架構出全篇呈現之思想體系，得到〈儒行〉的核心精神，乃以學、履、忠、信、仁、義六者為其主旨綱領，簡稱〈儒行〉六旨，以下論述之：

（一）學與履

學與履，作為儒者人格修養之起步，奠定君子成就德行之基礎內涵。

〈儒行〉論儒者對於「學」的態度有三，包括拓寬學習的廣度、增加學習的強度、累積學習的深度，而有「博學」、「強學」、「多文」三大重點。又因「學」與「教」相對，教、學兩方皆須用心，故而〈儒行〉中更提及儒者效古、示善、浴德的重要性，且提出儒者對於學生進行「教」的方法有三個管道，包括以「古」為教、以「善」為教、以「德」為教。「古教」是指古代《詩》、《書》等經典之教，「善教」是指賢者、君子榜樣之教，「德教」則指德行落實於生命之教。

〈儒行〉論儒者之「行」，以君、臣、民、友、賢所組成之社會倫理為範疇。全文以儒者為主體，論述上事君主、中效賢人與朋友、下愛人民之道，並由這些角色的責任緊密相連，組織而成一個國家社會的倫理網絡。儒者活動於複雜的團體，有其修己待人的原則：首先為動容貌、居備豫與節用生活之對待自身的「基礎原則」；其次為以和為貴、以公為先考量他人應注意的「調整原則」；最後為不因利益而悖義、不因危命而懦志、待時而仕中於節之現實環境的「應變原則」。整體而言，〈儒行〉記載的是一個「群體」的言行概念，

眾多儒者共同身體力行的實踐結果與心得，所形成的集體意識及思想，最終交織成一穩固綿密，具體且富生命力的儒家社會倫理體系。

（二）忠與信

忠與信，展現儒者內外一致之誠愨，說明君子秉行道德之普世價值。

忠、信分論，「忠」以心之眞誠敬意爲主，「信」以身之言語落實爲重，各有定義且重點有別，故而二者應用之範圍，亦可再作區別。儒家所論之「忠」，應用於「臣德」，對於春秋時期的忠君觀念有所繼承，包括「不二」、「效死」、「敬」、「規諫」四種表現。然至戰國時期儒家論臣子對於君主之忠，講求建立在雙向對待，且以禮義爲前提的條件下，方有前述四種作爲。至於儒家所論之「信」，應用於朋友、同儕之間，不僅於知識學問與道德修養上相互學習，其中更有因道義之信守，而有共同淑世之信願與行動。

忠信合論，首先指向「忠信」源自於人之性情本質，《論語》以「主忠信」之「主」作爲動詞，最能彰顯「忠信」源出於人自身的主動意義，且此種主動建立在「忠信」爲一種值得秉持於內在眞實的美善，故〈儒行〉論儒之忠信，有「『懷』忠信以待舉」、「不寶金玉，忠信以爲『寶』」之喻。其次，「忠信」所展現誠實正己的態度，運用於人自身修德，以「正」的形式表現，包括心正與身正。又因儒家將「忠」、「信」譬如天地四時之運作恆常不變，且長養萬物而不居功，故人之「忠信」具有恆常不變的特質。此一特質落實於人之道德踐履，往往會形成超越平常的奉獻，故〈儒行〉論儒之「忠信」，往往與「生死」時常相連，當其運用於國家政治，也往往能帶動群體和諧，促進整體運作順暢安全。

〈儒行〉所載忠、信／忠信的具體做法，可分成「臣道精神」、「交友舉賢」兩部分。前者乃從「輔佐君主施政」及「憂思人民生活」兩方面，說明儒臣的忠信精神表現，其所行包括儒者先勞後祿、浴德陳言、身正言信、效死盡職等事君之作爲，又因其效法古代賢臣以愛民，故能擔負解決百姓苦難之責，最後更以自重自愛、堅守道義的態度，面對世道的種種變化。後者則從「同道修善」、「知遇薦舉」、「規範有爲」三部分，說明儒者交友乃以志同道合爲條件，一旦眞心交往，便能無私薦舉、合力爲政，富含群體和諧之柔性精神，但對於不合義理之事，仍有其剛毅自強之規範，顯示儒者從自律到自制，皆秉持嚴以律己不濫情、寬以待人不鄉愿的態度。

〈儒行〉所論忠信包括三種層次的論說——忠信之心、忠信之理、忠信

之教,以及四種應用意義——出仕的條件、品德修養的價值、應變考驗的防禦、性情之美的和諧,此三層次、四應用,又與「禮」的實踐息息相關。綜觀〈儒行〉不僅時常將忠信與禮義並稱,對應於〈禮器〉:「忠信,禮之本」,更含括三種意義的詮釋。第一,儒者秉持忠信之心,投注於禮樂活動,進而彰顯忠信之德行教化,是謂「忠信是禮樂的根源」。第二,儒者之忠信作為,乃是禮義實踐的基本規範,能辨別可為與不可為之事,以達其威不斷、其謀不習之境界,這是「忠信是禮義的基礎」。第三,「忠信是禮教的內容」,包括成德立身之法與治國化民之法兩大部分,意指忠信作為禮法教化的目的,涵蓋君子之內聖與外王之道,上足以合聖人制禮作樂之初衷本意,下足以明萬民之性情本源。

(三)仁與義

仁與義,作為儒者終極理想之境界,彰顯君子掌握德行之核心精神。

仁建立在從人與人相親愛之關係,由孝悌出發,拓展至君臣間的忠,朋友間的信,進而達到汎愛眾的普遍之愛,其內容包含成己與愛人。〈儒行〉前半段論仁之「本」、「地」、「作」、「能」,旨在闡述仁的源頭與發用,後半段論仁之「文」、「貌」、「和」、「施」,強調仁之表現與結果。此種方式明顯地展現人與己、人與人、人與社會之間的親近互動性,對於孔子提倡「仁」之精神有所呼應。仁之形成,奠基於諸多道德行為之累積組成,於〈儒行〉則包括溫良、敬慎、寬裕、接孫、禮節、言談、歌樂、分散等事,本文簡稱「培仁八行」。此八行,說明儒者培育仁德,有其成長之進程、修習之次第。至於仁之地位,之所以備受儒者尊崇,在於仁德具有「自覺自發」、「力行不倦」、「無限可能」與「成聖之梯」四種實踐特性,此乃儒者始終謙讓、不敢以仁自居的原因。

君子義德之實踐與反思歷程,以「立義:道德應然之原則」、「處義:情境適宜之作法」、「行義:明辨是非之勇敢」與「思義:事理本質之反省」為四大重點,說明儒者透過立義有道、處義有禮、行義有勇、思義有得(德)之實踐次序,最終能夠成就有義君子之表率。

上述〈儒行〉六旨:學、履、忠、信、仁、義,作為本研究之核心概念,構成該篇之思想體系,並於儒者培德之過程中扮演重要的角色,進而彰顯〈儒行〉收入《禮記》一書之原因,在於該篇之六大主旨,皆與「禮」的意涵緊密相連。

三、〈儒行〉思想與孔子學說相應

　　本研究以「〈儒行〉思想與孔子學說相應」的觀點作結，在於經過〈儒行〉與儒家傳世典籍、出土文獻、歷代注疏、今人研究成果的內容，經過詳細之比較、論述、闡發的結果，發現〈儒行〉思想並無一處外於孔子學說。

　　首先，本研究考察〈儒行〉義理與《論語》內涵的比較著墨最多，發現兩者最大的關聯處，在於《論語》所曾提點言簡意賅之道德原則，於〈儒行〉之中不但大多能找到直述其義之語句，且在「忠信」連稱與「仁」、「義」分立的表述方式上，亦與《論語》相同。至於孔子極力發揚之「仁」德，於〈儒行〉亦最為尊貴。其次，〈儒行〉與二戴《禮記》、《郭店楚簡》、《孟子》之內容，多半亦有相合之處，如〈儒行〉之「合志同方」與〈性自命出〉之「同方而交」、〈儒行〉之「往者不悔，來者不豫」與〈曾子立事〉之「來者不豫，往者不慎」等句，無異皆同出於孔門之語。此種現象，說明〈儒行〉所論並不違背早期儒家之思想。再者，藉由《荀子》對於儒者與儒家思想之綜合點評，筆者發現荀子雖然重視君子對於「禮義」之理解與學習，但相較於〈儒行〉主動實踐的精神，荀子對於儒者之評鑑較偏於事功之有無，無形中似乎失去儒者自身挺立道德的修養宗旨，或許這亦是《荀子》作〈儒效〉而非〈儒行〉的原因。最後，經由歷代注疏與今人研究之成果，筆者發現宋、明、清之學者對於〈儒行〉的文句義理，除了少數學者如王船山指陳該篇部分不詳、不通之語句，姚際恆未論原因，便於每段皆下不合義理之評語外，其實多數學者皆持正面肯定的態度，甚且對於該篇內容還做出精彩又精確之詮釋，如方愨以「有行則有事➔有事則見能➔有能則行外➔行外必有飾➔有飾則有文➔有文則無乖於物➔和則有餘能利物」之道理推論，闡發「仁」德從培育、運作到成熟、利用的過程，不僅令筆者讚嘆有加，亦是本文用以理解〈儒行〉內涵的重要來源。再加上本文利用今人對孔學之研究成果，以印證〈儒行〉與孔子學說的關係，更見其歷歷有據。因此，綜上所論，〈儒行〉思想堪稱可與孔子學說能相呼應。

第二節　研究之所限與未來之展望

一、研究之所限

　　本研究旨在探析《禮記‧儒行》的核心內涵，屏除作者與年代之爭議，

先探儒之意義與發展，再分析該篇文本之字句，並與儒家典籍進行對參，旁從歷代注疏、前人研究當中汲取儒家思想之既有成果，以探討、論證該篇與孔子思想的關聯性，過程當中所累積各種義理群組之概念架構，最終逐漸形成該篇之思想體系，此為本研究總體歷程。然而，思想研究的方法，緣其涉及文化環境之客觀條件與個人詮釋之主觀意見，所能影響研究結果的因素甚多，以下簡述本研究之所限：

第一，儒家思想乃一長河，資料之運用難以完全截分、檢擇純粹孔子之言論。無論是《論語》或是《禮記》的語句，時常混合著整體儒家思想，若執意挑取孔子之言，便可能面臨資料不足之窘境。古書時常僅以「子曰」、「君子曰」的形式記述，未能明言語句出自於何人之說，甚至僅述其句、未有某某曰之論，且在《孟子》與《荀子》所記載之孔子之事蹟言論，更已是弟子傳承、述作數手之聞，故檢擇純粹孔子之言有其困難處，為本研究所受限之一。

第二，哲學研究乃一長程，義理之探析難以一次全面解決、貫通該篇之旨境。審視本研究之內容，僅能做到初步學習唐君毅〈中國哲學研究之一新方向〉所論哲學研究之部分進程：包括〈儒行〉文字訓詁之「辭義」、章句名理之「義涵」、思想體系之「義系」、哲學意境之「義旨」與哲人精神之「義趣」。然而，本研究對於〈儒行〉應用價值之「義用」、反省比較之「義比」與哲學精神之生長轉易、凝聚與開闢之迹的「義通」或「義貫」，尚無法彼此連貫、完成哲學研究之全面工作〔註1〕。原因在於價值應用必須要有一對象、

〔註1〕 關於唐君毅論〈吾人今後之中國哲學研究之方向〉，乃循下列之次序進行：1. 通於文字訓詁或今所謂語意學之研究，可簡名為「辭義」之研究。2. 通於所謂章句之學、名理之學、或今所謂邏輯的語句的分析者，可簡名為「義涵」之研究。3.義理之相互關聯所結成思想體系，與思想體系之型態之研究，可簡名為「義系」之研究。4. 一思想體系或一型態之思想體系，所指向或表現之哲學宗趣或哲學意境之陳述，可簡名為「義旨」之研究。5. 文字中所表之哲學宗趣、哲學意境，與哲人或者聖哲之為人之精神志願之關係之陳述，可簡名為「義趣」之研究。6. 哲學宗趣或哲學意境，或一哲學思想體系自身，對其他學術或其他文化領域之涵義，或應用的價值之考察，可簡名為「義用」之研究。7. 不同之哲學思想之宗趣、意境與其義理內容之比較，其涵義與應用之價值之比較，可簡名為「義比」之研究。8. 諸哲學在歷史中相續出現，而相承、或相反、或相融、或分化之迹向，及其中所表現之哲學精神之生長轉易、凝聚與開闢之迹，可簡名為「義通」或「義貫」之研究。依上溯之次序進行之哲學研究，每一部皆有不同方面之獨立工作可作。由一步通他步，亦非必為一項，而為可互相往復，以成為多向的。此即謂可由一起以至八，由

情境或時代作爲主體，本研究之範圍尙未能夠含括此元素；反省比較與貫通儒家之精神發展，須再加入儒家內部之流變探析及歷史外緣之背景，本研究者之學術功力淺薄，尙未能夠駕馭，故不敢貿然下手，且限於篇幅，亦難於碩士論文中一一解決儒家內部錯綜複雜之問題。此爲本研究所受限之二。

第三，思想詮釋乃一長論，學說之比對難以避免主觀、個人之判斷結果。綜觀本研究雖以儒家典籍爲底本、郭店楚簡爲旁證、歷代注疏爲註解、今人研究成果爲基礎，但有時仍會面臨同一主題、不同論點之歧異處，當下若取眾說而捨寡見，或有可能錯失眞義，但若全然擇獨見而屛通論，亦失去學術研究之合理性。因此，筆者僅能盡量折衷論述、兼採兩面意見，但遇影響整體思想體系之重要價值者，便須毅然下手進行決斷，然此便是筆者個人之鄙見。此爲本研究所受限之三。

綜上所述，本研究對於儒家思想之資料擇取、哲學研究之境界深造、思想詮釋之客觀論述，仍有所受限之處，研究過程中總抱持戰戰兢兢、亦步亦趨之態度克服難關，以求將個人偏見、學術立場之預設降到最低。

二、未來之展望

本文基於以上研究過程所受的限制，尙有諸多不足之處仍待完成，以下僅取筆者目前思維所及的部分，作爲未來研究之展望，以下簡述之：

（一）〈儒行〉的傳述歷程

〈儒行〉不僅是《禮記》當中的一篇，更是孔子與魯哀公對話目前流傳可見的三十八篇文章之一〔註2〕，從孔子應答哀公之內容，我們可以了解孔子對於道德的追求及勸勉國君許多爲政的原則與方法。筆者曾初步比對〈儒行〉與孔子、魯哀公其他對話篇章的思想，發現當中多有相合之處，其中主要表現有四：一是志古之道，依禮而服；二是親近仁義，忠信爲先；三是舉賢善言，事君有道；四是居養有節，容儀得度。然而，〈儒行〉相較於其他篇章的

前至後，亦可逆行以由後再溯前，如由八至一。詳見唐君毅：〈中國哲學研究之一新方向〉，收入韋政通編：《中國思想史方法論文選集》，頁135～136。

〔註2〕 二人之事見載之傳世文獻包括《論語》、《荀子》、《禮記》、《大戴禮記》、《說苑》、《新序》、《韓詩外傳》、《孔子家語》等書之篇章，共37篇，加上出土文獻包括上博楚簡二〈魯邦大旱〉1篇，合計38篇。篇中內容包括爲政、大禮、人道、子道、儒行、取人之法、君之哀憂勞懼危、存亡禍福、壽命、賢君、爲政、性命、不祥之事、孔子弟子的特長等。

特殊之處，在於孔子強調儒者自立自強的精神態度，其語氣堅定而強烈，此種現象或許與魯哀公與孔子對話的時機背景有關。〈儒行〉記載二人的對話時間，為孔子離開魯國周遊列國十四年後，由季康子代表魯哀公幣迎孔子歸魯，擔任「國老」一職，時當魯哀公與孔子初步論政，哀公對於儒家、儒者的內涵尚且心存疑慮，故孔子的語氣及內容有其當時的需求性。倘若將此情形，搭配分析、比較孔子與魯哀公其他 37 篇的對話內容，從中找出二人關係的整體發展脈絡及變化過程，或許就能逐漸找出〈儒行〉所處的時間點。

至於〈儒行〉在儒家思想內部的傳抄述寫與派系歸屬問題，本文於〈儒行〉全篇義理探析之過程，回顧所提取相應之儒家典籍之內容，發現其中以曾子之篇章進行論說者，最為大宗。舉凡《論語》所載曾子論為人謀之忠、與朋友交之信、任重道遠死而後已等句義；《禮記》〈大學〉論「與國人交，止於信」、《大戴禮記》〈曾子立事〉論「能取朋友者，亦能取所予從政者」、〈曾子制言中〉論君子「以仁為尊」等記載，皆與〈儒行〉當中忠信、交友、薦舉之理相互發明。尤其在本文第四章，曾引用陳麗桂認為「《論語》所見忠信之義與郭店楚簡〈忠信之道〉、〈魯穆公問子思〉所論忠臣之義涵，不但有忠信或誠敬之意，且都在強調內心由衷的真純與竭盡，因此若由講究心性功夫之曾子、子思一系來傳承與推闡，可能性或許更大」的觀點看來，由「忠信」之思維切入研究〈儒行〉與曾子思想之傳承關係，或可為一參考之研究路徑。此種現象，不僅能用以進一步探析孔門弟子傳述〈儒行〉之作者與年代問題，並可從中比較孔子歿後之儒家內部分派的思想差異，尤其可與前人提出〈儒行〉之傳述為漆雕氏一派的說法，相互討論，而〈儒行〉由曾子一系傳述孔子思想之推測，亦不無可能。

（二）〈儒行〉的應用與發展

本文運用〈儒行〉歷代注疏之內容，僅擇取各時代重要作品之某部份文句，未涉及該篇於各時代政治應用之文獻紀錄，故難以呈現該篇於各時代之應用及發展。若能將〈儒行〉注疏以文獻學的方式進行整理，分析其注疏之量與質，再搭配尋找歷代史書、集冊所記載該篇之運用情形，便能探查該篇於歷代經學發展之升降地位，當中又以宋代的轉折變化最為明顯，值得探析。

關於〈儒行〉的注疏，漢唐學者多數放在《禮記》書中進行訓詁，少有針對〈儒行〉一篇進行單獨的發揮。時至北宋至南宋初，方有皇帝多次特別

頒賜〈儒行〉篇給近臣或新科進士的記載，顯示統治者對於該篇文章之重視程度開始增加。然而，宋代儒者對於〈儒行〉的價值卻褒貶不一，尤其是程頤、朱熹及其弟子高閎，在宋室南渡後，程朱之學大盛，高閎上書〈儒行〉詞說不醇，由於南宋學制多爲高閎所建立，彼之阻礙造成〈儒行〉的地位有所削減，甚爲可惜。在這個過程中，〈儒行〉的解讀牽涉到當時理學家的歷史背景與思維，相較於先秦儒家已有所甚大之差異，且科舉帶來的讀書風氣與效應亦是不可忽視的影響因素，故〈儒行〉在宋代的應用與發展，變化的因素最爲複雜。到了明代，學者注疏該篇，多沿用宋儒李覯、呂大臨之言，甚至一字不漏地抄寫，有些還未註明引用之出處，此現象除了起因於明代經學本有之弊病問題外，亦說明明代學者對於〈儒行〉之義理闡發者爲數不多，因此，明儒黃道周所作之《儒行集傳》，更顯其注疏特色，與以該篇上諫崇禎皇帝的背景意義。直到清代考據學興盛，有不少學者主張漢宋兼採的治學態度，〈儒行〉在清代又有一番詮釋的方式與氣象，部分注疏的內容，與先秦儒家的思想，又逐漸能夠走向契合的道路。

　　從〈儒行〉的應用與發展歷程，可以看見該篇文章於各個朝代的地位升降，當中牽涉複雜的學術思想、派系、及政治學術經濟三者交錯的複雜運作，倘若深究，必有可探之處。

（三）儒者認知與時代角色

　　歷代儒者對於〈儒行〉詮釋的各種言論之角度，其中無論正向肯定抑或強烈批判之註解，皆能作爲探討各時代的儒者風格及學術傾向的重要資糧。例如漢代鄭玄《三禮目錄》論及〈儒行〉曰：「儒之言，優也、柔也。言能安人、能服人也。又儒者，濡也，以先王之道能濡其身。〔註3〕」顯示漢代對於儒者之概念印象，主要建立在彼擔負文化傳承的角色及政治教化的功能最爲明顯，可謂儒學與經學密不可分，此亦與漢代儒者多以經學注疏、傳承的方式，推展儒家思想有關。然而，宋代疑經、改經之風興起，經典不再是絕對權威，儒者開始意識經義內容落實於自身生命之實踐，及其對自身修爲的提升與助益，此處與理學、心學的發展又相關聯。例如宋代呂大臨雖然對〈儒行〉有所批評，但整體而言仍持肯定的態度，呂氏《禮記解》云：「雖然其（〈儒

〔註3〕　〔漢〕鄭玄：《鄭氏三禮目錄》，收入鄔齋叢書之《叢書集成續編・第12冊・目錄・總類》，臺北：新文豐出版社，1989年，頁443。

行〉）言儒者之行不合於義理者疏寡，學者果踐其言，亦不愧於爲儒矣！此先儒所以存於篇，今日講解，所以不敢廢也。〔註4〕」此例說明宋儒對於先秦儒家文獻雖有疑經、甚至改經之行，但是對於傳統經學仍抱持尊重、客觀的態度，且對於理想道德的實踐，相較於漢儒更爲重視。然而，宋代的社會景象與先秦已大爲迥異，許多觀念與禮節已不可同日而語，對於〈儒行〉的詮釋自然存在不可避免的歷史誤差。時至民國，學者熊十力於時代動盪之際，多提倡〈儒行〉力抗反孔學說，且據此宏揚儒學之剛健精神，鼓勵國人具備勇於承擔之氣概，爲該篇應用於民國時期最爲深刻之例，也顯示熊十力對〈儒行〉開創之見解與影響。

　　上述數例，爲〈儒行〉於各時代儒者所呈現之部分概念及特色，若要論及儒家哲學在歷史中相續出現，相承、相反、相融、分化之迹向，實爲龐大、費時的學術工程，且須對於歷代的儒學發展有深刻的了解，方能解析得精闢準確，故有待來者之完成。

　　總而言之，儒家思想伴隨中華文化五千年的發展，其內涵已有豐富的保存與開創，〈儒行〉雖僅是《禮記》當中一個篇章，卻因保存先秦君子儒之眞精神，雖經過各朝代之歷史考驗與思想更迭，仍能有其一定的地位與價值。關於〈儒行〉之研究，至今尚有許多未解、待解之難題，等待有志者一同參研。本文不足之處，望祈師長、同道不吝指正，期盼有朝一日〈儒行〉之眞義能夠更爲豁顯、受人廣知。

〔註4〕　〔宋〕呂大臨：《禮記解》，頁244。

附錄一 《禮記・儒行》全篇原文

據〔漢〕鄭玄注，〔唐〕孔穎達疏：《禮記正義》，《十三經注疏（附清阮元校勘記）》本

魯哀公問於孔子曰：「夫子之服，其儒服與？」孔子對曰：「丘少居魯，衣逢掖之衣，長居宋，冠章甫之冠。丘聞之也：君子之學也博，其服也鄉。丘不知儒服。」哀公曰：「敢問儒行。」孔子對曰：「遽數之，不能終其物；悉數之，乃留更僕未可終也。」哀公命席。

孔子侍曰：「儒有席上之珍以待聘，夙夜強學以待問，懷忠信以待舉，力行以待取，其自立有如此者。

儒有衣冠中，動作愼，其大讓如慢，小讓如僞，大則如威，小則如愧，其難進而易退也，粥粥若無能也，其容貌有如此者。

儒有居處齊難，其坐起恭敬，言必先信，行必中正，道塗不爭險易之利，冬夏不爭陰陽之和，愛其死以有待也，養其身以有爲也，其備豫有如此者。

儒有不寶金玉，而忠信以爲寶；不祈土地，立義以爲土地；不祈多積，多文以爲富。難得而易祿也，易祿而難畜也，非時不見，不亦難得乎？非義不合，不亦難畜乎？先勞而後祿，不亦易祿乎？其近人有如此者。

儒有委之以貨財，淹之以樂好，見利不虧其義；劫之以眾，沮之以兵，見死不更其守；鷙蟲攫搏不程勇者，引重鼎不程其力；往者不悔，來者不豫；過言不再，流言不極；不斷其威，不習其謀，其特

立有如此者。

儒有可親而不可劫也，可近而不可迫也，可殺而不可辱也。其居處不淫，其飲食不溽，其過失可微辨而不可面數也，其剛毅有如此者。

儒有忠信以為甲冑，禮義以為干櫓，戴仁而行，抱義而處，雖有暴政，不更其所。其自立有如此者。

儒有一畝之宮，環堵之室，篳門圭窬，蓬戶甕牖，易衣而出，并日而食，上答之不敢以疑，上不答不敢以諂，其仕有如此者。

儒有今人與居，古人與稽，今世行之，後世以為楷；適弗逢世，上弗援，下弗推，讒諂之民有比黨而危之者，身可危也，而志不可奪也，雖危起居，竟信其志，猶將不忘百姓之病也，其憂思有如此者。

儒有博學而不窮，篤行而不倦，幽居而不淫，上通而不困。禮之以和為貴，忠信之美，優游之法，舉賢而容眾，毀方而瓦合，其寬裕有如此者。

儒有內稱不辟親，外舉不辟怨，程功積事，推賢而進達之，不望其報，君得其志，苟利國家，不求富貴，其舉賢援能有如此者。

儒有聞善以相告也，見善以相示也，爵位相先也，患難相死也，久相待也，遠相致也，其任舉有如此者。

儒有澡身而浴德，陳言而伏，靜而正之，上弗知也，麤而翹之，又不急為也。不臨深而為高，不加少而為多，世治不輕，世亂不沮，同弗與，異弗非也，其特立獨行有如此者。

儒有上不臣天子，下不事諸侯，慎靜而尚寬，強毅以與人，博學以知服，近文章，砥礪廉隅，雖分國如錙銖，不臣不仕，其規為有如此者。

儒有合志同方，營道同術，並立則樂，相下不厭，久不相見，聞流言不信。其行本方立義，同而進，不同而退，其交友有如此者。

溫良者，仁之本也；敬慎者，仁之地也；寬裕者，仁之作也；孫接者，仁之能也；禮節者，仁之貌也；言談者，仁之文也；歌樂者，仁之和也；分散者，仁之施也；儒皆兼此而有之，猶且不敢言仁也，

其尊讓有如此者。

儒有不隕穫於貧賤，不充詘於富貴，不慁君王，不累長上，不閔有司，故曰儒。」今眾人之命儒也妄，常以儒相詬病。孔子至舍，哀公館之，聞此言也，言加信，行加義：「終沒吾世，不敢以儒為戲。」

附錄二　黃道周《儒行集傳》之歷史人物

黃道周《儒行集傳》所列儒者，各章或有重複，今去其重，合計346位：

篇　章	〈儒行〉實踐人物
服行章第一	伊尹、箕子
自立章第二	伊尹、傅說、太公望、忠武侯亮、令尹子西、太宰子敖、葉公子高、司馬子反、檀子、盼子、徒師沼、郄辛、芒卯、郄縠、甯越、師曠、管仲、子產、子革、季札、卜子夏、田子方、董仲舒、王通、程顥、程頤、張載、曾子、雍季、晏子、子貢、子石子、子賤、子路、申培、轅固生、倪寬、貢禹、王吉、劉昆、戴憑、杜林、鄭興、鄭玄、盧植。
容貌章第三	衛武公、仲山甫、商子、周公、顓孫師、晏子、范宣子、欒高、陳桓子、叔孫穆叔、石奮、卓茂子康、魯恭仲康、韋玄成、田輝、叔都、威都、丁鴻、薛包、王祥、沈道虔、張文詡、權會、崔沔
備豫章第四	楊廷顯、陸九淵、呂希哲、尹焞、張繹、劉因、王恂、許衡、周濂溪、程伊川、呂金谿、陸大防、陸大鈞、陸大臨、陸九齡、陸九韶、柳公綽、柳仲郢、劉獻之、庾袞、郄成子、趙宣子、机汜、成回、展季、穆子、韓褐子、晏子、黔婁、呂梁丈人、齊童子、宋弘、管寧、陳寔、郭原平、高柴子羔、蘧伯玉、田疇子泰、郭泰、顏回、曾子
近人章第五	子罕、子產、叔孫豹、原憲、晏子、子路、巫馬期、墨翟、孟獻子、公子成父、田差、嚴遵、李仲元、徐穉、袁閎、魏桓、申屠蟠、法眞、周燮、周勰、第五倫、黃香、孫寶、仇覽、羊續、王良、鍾皓、張閣
特立章第六	曾子、子思、鍾離意、盍勳、孔奮、胡威、張奐、易甲、屈廬、石它、解揚、李業、譙玄、王皓、王嘉、子路、子夏、顏回、黃憲、雋不疑、郅惲、高獲、種嵩、馬援、趙克國、東郭垂、陳湯、劉章、宋均淑庠、西門豹

剛毅章第七	子淵棲子、田單、成公趙、龔勝、顏眞卿、子路、傅燮南容、段秀實、權皐、甄濟、蘇子卿、朱弁、洪皓、楊震仲、史次秦、李芾、尹穀、李固子堅、黶丘、原憲、子夏、曾子、諸葛亮、韓琦、范仲淹
自立章第八	魏文侯、段干木、田贊、熊宜僚、逢萌子慶、周黨伯况、孫期、張霸、邴原、徐邈、袁渙、徐廣、向雄、謝融、褚貢、屠羊說
儒仕章第九	蕭望之、范遷、范丹史雲、孔奮、吳祐季、劉寔、胡質汝德、胡威、李宣伯、吳隱、傅昭、江革、元德秀、陽城、徐積、王樵、范汝、馬仲、陳師道
憂思章第十	魏將軍文子、子貢、趙文子、叔譽、王烈、黃叔度憲、周敦頤、邵雍、胡瑗、陸賀、劉安世、陳瓘、胡安國、眞德秀、張子韶、蔡元定、范鎭、呂誨、文中子王通
寬裕章第十一	張安世、韋玄成、王吉、張湛、卓茂、魏霸、楊津、陳旭、高允伯恭、許衡、公孫弘、匡衡、狄仁傑、王旦子明
舉賢章第十二	虞丘子、樊姬、公孫支、趙宣子、祁奚、舅犯、管仲、銅鞮伯華、介之推、季成子、晏子、魯仲連、鮑叔子皮
任舉章第十三	鄭子產、叔向、趙衰、狐偃、狐射姑、趙盾、范匄、士貞子、叔孫豹、范升、楊政、鍾興、丁恭、桓榮、婁師德、盧懷慎、狄仁傑、姚崇、呂蒙正、盧允文、史魚、蘧伯玉
特立獨行章第十四	周豐、麥丘、祝梟已疵、魏文侯、晏子、管仲、張釋之、汲黯、鮑永、史弼、皇甫規、蓋勳、黃憲、仇香、管寧、陳寔、鍾皓、邴原
規爲章第十五	嚴光、樊英、井丹、臺佟、韓康伯、龐德公、孫登、夏統、張子明、戴逵、沈麟士、阮孝緒、顧歡、孔佑、周磐、何琦、姜肱、廷篤
交友章第十六	元凱、蕭何、曹參、張良、馮唐、汲黯、鄭當時、杜延年、黃霸、恭遂、張安世、金日磾、于定國、鍾離意、第五倫、魯恭、楊祐叔子、魏舒、朱勃、武伯南身、武侯吳質、許氾、雍丘、張超、雷義仲公、陳重、閔貢、引令長、梁統、孔奮、張堪、朱暉
尊讓章第十七	顏淵、曾子、孔子、子夏、閔子騫、子路、子貢、顏回、泰山丈人、晏子、戴聖、劉寬、牛弘、盧昌衡、李士謙、劉弘、謝密、蘇綽、劉瓛、劉珪、劉璡、袁粲、鄭眾、賈逵、衛玠、王承、顏含、陶潛、邵雍、韓韶
命儒章第十八	原憲、曾參、巫馬期、蘧伯玉、季札、子產、晏嬰、黃憲、陳寔、仇覽、管寧、徐稺、申屠蟠、沈麟士、元德秀、孔嵩、閔貢、屠羊說、張禹、孔光、李膺、杜密、尹更始、劉向

　　從殷商以至西漢宣帝（《禮記》成書前），所記載的「儒」者合計93位。

　　殷商：伊尹、箕子、傅說

　　西周：季歷、仲雍、太公望、仲山甫

春秋：季札、師曠、范宣子、欒施、高彊、陳桓子、叔孫豹、趙成子、
　　　趙文子、趙宣子、郤成子、郤縠、蘧伯玉、墨翟、孟獻子、公子
　　　成父、熊宜僚、屠羊說、魏將軍文子、叔譽、公孫支、樊姬、祁
　　　奚、銅鞮伯華、狐偃、狐射姑、士貞子、鮑叔牙、管仲、史魚、
　　　子革、子賤、高柴子羔、子罕、介之推、晏子、子產、衛武公、
　　　孔子、子路、顏回、閔子騫、曾子、子貢、原憲、巫馬期、子夏、
　　　周豐
戰國：令尹子西、太宰子敖、葉公子高、司馬子反、檀子、盼子、芒卯、
　　　甯越、田子方、子石子、商子、西門豹、田單、趙成侯、魏文侯、
　　　魯仲連、子張、子思
西漢：蕭何、曹參、張良、申培、轅固生、司馬季主、劉章、張釋之、
　　　馮唐、汲黯、鄭當時、石奮、董仲舒、倪寬、雋不疑、張安世、
　　　公孫弘、金日磾、杜延年、于定國、王吉、戴聖

附錄三　《禮記‧儒行》與《孔子家語‧儒行解》對照表

　　本表以《禮記‧儒行》爲主軸，將《孔子家語‧儒行解》與其相異之處標示出來。按有增益、減損、替代、更次、重組、異字的現象，分成三部分列出：

一、增益、減損、替代

編號	《禮記‧儒行》	《孔子家語‧儒行解》	說　明
1	無此段。	孔子在衛。冉求言於季孫曰：「國有聖人而不能用，欲以求治，是猶卻步而欲求及前人，不可得已。今孔子在衛，衛將用之。己有才而以資鄰國，難以言智也。請以重幣迎之。」季孫以告哀公，公從之。孔子既至，舍哀公館焉。公自阼階，孔子賓階，升堂立侍。	《家語》在此篇最首處，加入孔子對魯哀公闡述儒行的事起緣由，不僅點出時間在孔子適歸魯國，其中的人物對話、動作儀節，也描述得非常清楚。
2	丘不知儒服。	丘未知其爲儒服也。	《家語》「未知」相較《禮記》「不知」，語氣較爲和緩。
3	遽數之，不能終其物；悉數之，乃留更僕未可終也。	略言之，則不能終其物；悉數之，則留僕未可以對。	《禮記》「遽」字爲快速，《家語》「略」字爲粗略，二義不同。《家語》使用「則」字使句式整齊，使用「對」字有行轉對禮之恭敬義。

4	不祈土地，**立義**以爲土地； 不祈多積，**多文**以爲富。	不祈土地，**而仁義**以爲土地； 不求多積，**多文**以爲富	《家語》增加連接詞 「而」，且該篇「仁義」 有別於《禮記》的「立 義」。
5	委之以貨財 淹之以樂好 劫之以眾 沮之以兵	委之以財貨**而不貪** 淹之以樂好**而不淫** 劫之以眾**而不懼** 阻之以兵**而不懾**	《家語》多出「而不 貪」、「而不淫」「而不懼」 「而不懾」的補充內 容。
6	儒有可親而不可劫**也**， 可近而不可迫**也**， 可殺而不可辱**也**。	儒有可親而不可刼， 可近而不可迫， 可殺而不可辱。	《家語》減少「也」字。
7	**禮之以和爲貴，忠信之美，** **優游之法，** **舉賢而容眾，** 毀方而瓦合。 其寬裕有如此者。	禮必以和， 優游以法， **慕賢而容眾，** 毀方而瓦合； 其寬裕有如此者。	《家語》「以」字替代 「之」字，少了「爲貴」、 「忠信之美」，文句排列 較爲整齊。其中「慕賢」 有別於《禮記》的「舉 賢」。
8	儒有聞善以相告也，見善以相 示也；爵位相先也，患難相死 也；久相待也，遠相致也。其 任舉有如此者。	無此段。	
9	儒有內稱不辟親，外舉不辟怨， 程功積事， 推賢**而**進達**之**，不望其報； 君得其志， 苟利國家，不求富貴。 其舉賢援能有如此者。	儒有內稱不避親，外舉不避怨， 程功積事，**不求厚祿**； 推賢達能，不望其報； 君得其志，**民賴其德**； 苟利國家，不求富貴； 其舉賢援能有如此者。	《家語》未見連接詞 「而」與代詞「之」，增 出「不求厚祿」、「民賴 其德」，爲四句排列的句 式。
10	儒有澡身**而**浴德， 陳言而伏，**靜**而正之，上弗知 也。 **粗**而**翹**之，又不急爲也	儒有澡身浴德， 陳言而伏，**靜言**而正之， 而上下**不知**也。 **默**而**翹**之，又不急爲也	《家語》未見連接詞 「而」，對照「陳言」而 有「靜言」，將「弗」替 代「不」、「粗」替代 「默」，且多出「下」。
11	**久不相見**，聞流言不信； **其行本方立義**，同而進，不同 而退。其交友有如此者。	久別，則聞流言不信； 義同而進，不同而退； 其交友有如此者。	《家語》語句精簡，多 連接詞「則」。
12	**孔子至舍，哀公館之，聞此言 也**，言加信，行加**義**	哀公既聞此言也， 言加信，行加**敬**	《家語》最首處已交代 事情始末，故未有《禮 記》末後「孔子至舍， 哀公館之」的說明。

二、更次、重組

編號	《禮記‧儒行》	《孔子家語‧儒行解》	說　　明
1	委之以貨財， 淹之以樂好， 見利不虧其義， 劫之以眾， 沮之以兵， 見死不更其守。	委之以貨財而不貪， 淹之以樂好而不淫， 劫之以眾而不懼， 阻之以兵而不懾， 見利不虧其義， 見死不更其守。	《家語》將「見利不虧其義」與「見死不更其守」並排，增加四「不」，語義更清楚完整，其餘文字、排序皆相同。
2	上不臣天子，下不事諸侯， 慎靜而尚寬， 強毅以與人，博學以知服， 近文章，砥厲廉隅， 雖分國如錙銖， 不臣不仕。其規為有如此者。	上不臣天子，下不事諸侯， 慎靜尚寬，砥厲廉隅， 強毅以與人，博學以知服； 雖以分國，視之如錙銖， 弗肯臣仕。其規為有如此者。	《家語》少連接詞「而」，「砥礪廉隅」出現在「慎靜尚寬」之後，有別於《禮記》將它置於「雖分國如錙銖」之前，在文義上，《禮記》的排列較為通順。 《家語》還增加連接詞「以」及動詞「視」，其「弗肯臣仕」有別《禮記》「不臣不仕」的強調語氣。

三、異　字

編號	《禮記‧儒行》	《孔子家語‧儒行解》	說　　明
1	言必先信，行必中正	言必誠信，行必忠正	《家語》已存多種版本，其自身也存有少許異字，但並不影響文義。與《禮記》相比， 1.字義可通者：「祈」與「求」，「淫」與「過」，「弗」與「不」。 2.字義待議者：「中」與「忠」，「援」與「受」。 3.連詞、代詞異動者：「而」、「其」、「猶」、「乃」、「與」與「以」。
2	不祈土地，立義以為土地； 不祈多積，多文以為富。	不祈土地，而仁義以為土地； 不求多積，而多文以為富	
3	其居處不淫，其飲食不溽	其居處不過，其飲食不溽	
4	儒有今人與居，古人與稽； 今世行之，後世以為楷。 適弗逢世，上弗援，下弗推， 讒諂之民，有比黨而危之者， 身可危也，而志不可奪也， 雖危起居，竟信其志， 猶將不忘百姓之病也。 其憂思有如此者。	儒有今人以居，古人以稽， 今世行之，後世以為楷。 若不逢世，上所不受，下所不推， 讒諂之民，有比黨而危之， 身可危也，其志不可奪也， 雖危猶起居，猶竟信其志， 乃不忘百姓之病也； 其憂思有如此者。	
5	同弗與，異弗非也。	同己不與，異己不非；	
6	終沒吾世，不敢以儒為戲。	終歿吾世，弗敢復以儒為戲矣。	

備註：1. 《禮記‧儒行》據《禮記正義》，《十三經注疏（附清阮元校勘記）本》。
　　　2. 《孔子家語‧儒行解》據四部叢刊正編本，臺灣商務印書館印行。

　　經過上列比較，我們得知兩篇義理大致相同，唯在句式的排列及語氣的表達運用上，《家語》比《禮記》來得整齊且經過修飾，在連詞、代詞與動詞的替換上，也有各自行文的系統，這與漢代避諱字可能有關係。值得注意的是《禮記》有「任舉」一節，而《家語》未見；《家語》有本篇前因後果之詳細描述置於文首，而《禮記》缺無。若以孔安國修訂《家語》的基礎觀念而言，其時代略早於戴聖，但戴聖所看到的材料來源的版本，卻未必晚於孔安國。故本研究仍以《禮記，儒行》為基本參考版本，兼採《家語‧儒行解》之補充內容，因為儒行之義理內涵才是本研究的關心重點。

附錄四　甲骨文中出現介、㐁（需）字一覽表

類別	甲骨文合集編號	甲骨文	釋文	譯文
祭祀	H00672正	(34) [甲骨文字]	(34) 貞乎子汏祝一牛左父甲。	卜問是否讓子需主持對父甲（武丁之稱陽甲）的祭祀？祝，祭祀名。
	H13716正	(1) [甲骨文字] 一[二]三三四五六七	(1) 丁巳卜，賓，貞帚媒不汏疾。一[二]三四五六七	賓貞問：是否由需主持祭祀，為婦媒編除疾病？
	H13716正	(2) [甲骨文字] 三 小告 五六	(2) 貞帚媒其汏疾。一二三四小告五六	
	H20028	(1) [甲骨文字] [乙]。一	(1) 癸卯卜，㞢，御子汏[干]父[乙]。	卜問是否讓子需主持對父乙（武丁之父小乙）的祭祀？
	H20028	(2) [甲骨文字] 乙。□月。一	(2) 癸卯卜，㞢，御子汏子[父]乙。□月。一	

編號	釋文	說明
H20029	(1) □戌卜，出（侑）冀司御子需狄。	卜問是否讓子需主持舞龍求雨的祭祀？
H20030	(1) 癸卯卜，羊匕己御子需狄。	卜問是否讓子需主持對妣己的祭祀？
H20031	乎□戌御子需狄。八月。	是否讓子需主持御祭？御、祭名。
T01059	(8) 丁亥貞，王，其狄方叀（俘），平御需。三	商王貞問：讓需主持祭祀，呼召師地用方國的俘虜作為人牲吧？
H04258	(2) …之奠出，平般才需。三	貞問往鄭，在需地呼召師般的情況。
H30390	(1) 弜乎需帝子御史，王其每。	是貞問：不要呼召需扮演帝子來主持祭祀吧？商王武丁不會不從心吧？
H19866	(2) □寅卜，王，次勺圸祖丁。	殷王貞問：是否讓需用勺祭祭祀祖丁？
H03068	…次玉于祖丁，□乙。	需用玉祭祀武丁之父小乙。
H33201	(2) 丁亥卜，□於人□珏，平媒召爷。在四月卜。	需人祭祀時是否用珏，並呼喚媒在召地夾取召地的俘虜作為人牲。
H33201	(3) 貞弜於人□珏。	
H05510 正（參考《補編》1699 正遙綴 H05510 正	(1) 甲子卜，旦，貞立史。一三二告三	貞貞問：是否呼召取用丘需主持（需）祭祀？

	出處	甲骨文	釋文	備註
	H05510 正（參《補編》1699 考）正遙綴 H05510 正	（2）阿甲⊗血佘…一杂？第 二三	（2）貞乎取丘汰…一□ 二三	
	D01279《補編》缺	（1）文？卜？…玉？弓，貂？佘…巛。	（1）癸卯卜…辛匕巳，卽子汰……剎。	
飲禮	H17269	…？出内。	…子汰出内。	
	H22258	（6）ㄅ下卜、佘？…合日？。	（6）巳亥卜、汰由、今日御。	
	H03061 正	（3）十？卜、觥、甲？佘舡沿于？同觥。 一二三	（3）甲寅卜、觥、乎子汰酹缶于冥。 一二	殻貞問：是否卽呼召子需在冥地用飲禮接待缶？（缶是武丁時代一位氏族君長）子需是在第二天乙亥這一天來，還是於甲戌這一天來？
	H03061 正	（4）十？卜、觥、？甲？佘舡沿于？同觥。 一二	（4）甲寅卜、觥、勿乎子汰酹缶于冥。 一二	
	H03061 正	（7）工？卜、觥、甲乙下？佘舡囚？本。 一二	（7）壬申卜、觥、翌乙亥子汰其來。 一二	
	H03061 正	（8）？佘囚於十？本。	（8）子汰其隹甲戌來。	
	H00814	…甲？佘舡囗多？火。	…乎子汰酹囗多屯。	徐中舒：「多屯」是子需侍祠助祭時所穿的裘衣。
	H00672 正	（33）甲乙⑴？佘舡。 二	（33）翌乙卯子汰酹。 三	
	H01403	阿甲乙⑴舡？佘。	（6）貞翌乙卯酹子汰。	

類別	編號	卜辭釋文	說明
射禮	H05758	(5)…〔令〕取射，子汏…取射。	貞問是否下命令召取子需來主持射禮？
	H07075 反	(6) 癸酉，貞子汏逐鹿，隻。(7) 王固曰：茲鼎。	貞問子需打獵逐鹿的情況怎麼樣，商王占卜的結果很好，上帝也允諾。
	H03069	(1)…汏…帚。	帚、長毛獸。豬。貍子。
	H04737	…令子…汏…帚…	
	H10314	〔乎〕子汏〔逐〕鹿，隻。	
	H10660	己卯卜，□，貞令〔子〕汏〔麤〕。一	
	Y補14	…子汏隻…	
其他	H03064	貞子汏〔來〕。	貞問子需來不來
	H03063 正	〔貞〕□子汏隹囚。一	貞問子需是否有禍？
	H40353 正 ＝Y01105	(1) 丙子〔卜〕，方貞子汏亡□。(2) 丙子卜，方，貞子老疾。	貞貞問：子需是否有疾病？
	H00634 正	(1) 丁亥卜，設，貞乎即从韋取侍臣。一〔二〕三四五	發貞問：即 (人名) 是否瞬同韋 (人名) 取用子需的奴隸？
	H00657	□□〔卜〕，史，貞取汏妾。	商王是否從子需地娶妻？
	H08758	…重汏令西…	貞問需命令在西方 (或需在西方下命令)

編號	字形	釋文	備註
H09935	(1) 氵㕧…㝵㒸…祭年	(1) 勿㒸…貞，我受黍年。	貞問是否需要需齋戒沐浴以祭，我地才會有好年成。
H04350	…㝵㒸…㒸。一	…重㒸…㒸。一	疫，顜也。顜波，搖頭貌。
H03062	(1) 㝵㒸	(1) 㝵㒸。	
H03065	(2) 己丑卜，㝵㒸。一	(2) 己丑卜，㝵㒸。一	
H03066	(1) 貞㝵㒸…里…	(1) 貞㝵㒸…里…	
H39691（重見 H04737）	(2) 㝵㒸周…	(2) 㝵㒸周…	
Y00144	(1) …〔甲子〕㒸□于…	(1) …〔甲子〕㒸□于…	
H03067	…㒸來。一	(3) …㒸來。一	
H03070	…㒸…	…㒸…	
H03071	…㒸。二	…㒸。二	
H04882	…令周…〔㒸〕…㩅…	…令周…〔㒸〕…㩅…	
H08720正	(3) 貞㒸祭。一二三四	(3) 貞㒸祭。一二三四	
H11686	(3) 翌□卯㒸…一	(3) 翌□卯㒸…一	
H19052	貞…㒸…	貞…㒸…	
H20047	(1) …㒸…	(1) …㒸…	
H20214	(2) □卜…及…〔㒸〕…	(2) □卜…及…〔㒸〕…	

H22258	(7) 囚卩㝵。	(7) 其亡欤。
H04765	…㝵、哗…罒㝵…〔扌〕…	…㝵、嘆…眾多…〔寃〕…

備註：
1. 甲骨文出處：101.7.26 查詢香港中文大學中國文化研究所所劉殿爵對殷中國古籍研究中心開發之「漢達文庫」：部首編號 002 㝵（大），甲骨編號 0192、類纂增補號 0193、甲骨編號 0217㝵（汏），類纂增補號 0218㝵（無隸定）。
2. 釋文出處：方述鑫：〈殷墟卜辭和《周易》中的儒〉，但方氏文中篆隸定為「亦」字之例暫無列入。
3. 釋文空白：前人未釋或文簡不能釋。

參考文獻

壹、古代典籍（先依經史子集四部分類，再按作者或編者年代排序）

一、經　部

（一）易類、書類、詩類

1. 〔漢〕孔安國傳，〔唐〕孔穎達疏：《尚書正義》，《十三經注疏（附清阮元校勘記）》，臺北：藝文印書館，2001 年。

2. 〔漢〕毛亨傳，鄭玄箋：《毛詩正義》，《十三經注疏（附清阮元校勘記）》，臺北：藝文印書館，2001 年。

3. 〔魏〕王弼，〔晉〕韓康伯注，〔唐〕孔穎達疏：《周易正義》，《十三經注疏（附清阮元校勘記）》，臺北：藝文印書館，2001 年。

4. 〔清〕魏源：《書古微・卷十》收入《皇清經解續編》第十九冊，臺北：復興書局，1972 年。

5. 〔清〕王先謙撰，吳格點校：《詩三家義集疏》，臺北：明文書局，1988 年。

（二）禮　類

1. 〔漢〕鄭玄注，〔唐〕賈公彥疏：《儀禮注疏》，《十三經注疏（附清阮元校勘記）》，臺北：藝文印書館，2001 年。

2. 〔漢〕鄭玄注，〔唐〕賈公彥疏：《周禮注疏》，《十三經注疏（附清阮元校勘記）》，臺北：藝文印書館，2001 年。

3. 〔漢〕鄭玄注，〔唐〕孔穎達疏：《禮記正義》，《十三經注疏（附清阮元校勘記）》，臺北：藝文印書館，2001 年。

4. 〔漢〕鄭玄:《鄭氏三禮目錄》,收入鄅齋叢書之《叢書集成續編·第 12 冊·目錄·總類》,臺北:新文豐出版社,1989 年,頁 443。

5. 〔宋〕呂大臨:《禮記解》,見於陳俊民主編:《藍田呂氏遺著輯校》,收入儒藏編纂中心編:《儒藏》精華編二二○冊,北京市:北京大學出版社,2007 年。

6. 〔宋〕衛湜:《禮記集說》,收入〔清〕徐乾學等輯,納蘭成德校刊:《通志堂經解》卅二冊,臺北:大通書局,1969 年。

7. 〔元〕陳澔:《禮記集說》,臺北:世界書局,2009 年。

8. 〔元〕陳澔注,萬久富整理:《禮記集說》,南京:鳳凰出版社,2010 年。

9. 〔明〕黃道周:《儒行集傳》,《景印文淵閣四庫全書·第一二二冊》,臺北:臺灣商務印書館,1983 年。

10. 〔清〕王夫之:《船山全書·第四冊·禮記章句》,長沙:嶽麓書社,1996 年。

11. 〔清〕孔廣森:《大戴禮記補注(附校正孔氏大戴禮記補注)》,北京:中華書局,2013 年。

12. 〔清〕金鶚:《求古錄·禮說》卷二明堂考,收入《續修四庫全書·經部·禮類》第 110 冊,上海:上海古籍出版社,1997 年。

13. 〔清〕趙良霔:《讀禮記》,收入嚴一萍選輯:《百部叢書集成·涇川叢書 98》,臺北:藝文印書館,1968 年。

14. 〔清〕姜兆錫:《禮記章義》十卷,收入《四庫全書存目叢書·經部第一○一冊,臺南:莊嚴文化公司,1997 年。

15. 〔清〕杭世駿:《續禮記集說》,臺北:明文書局,1992 年。

16. 〔清〕孫希旦:《禮記集解》,臺北:文史哲出版社,1980 年。

17. 〔清〕莊有可:《禮記集說》,臺北:大通書局,1935 年,頁 1331。

18. 〔清〕李光坡:《禮記述注》,收入《景印文淵閣四庫全書本》第 127 冊,臺北:臺灣商務印書館,1983 年。

(三)春秋類、五經總義類、孝經類、四書類

1. 〔漢〕劉向:《五經通義》,收入馬國翰輯:《玉函山房輯佚書》第四冊,臺北:文海出版社,1967 年。

2. 〔漢〕趙岐注,〔宋〕孫奭疏:《孟子注疏》,《十三經注疏(附清阮元校勘記)》,臺北:藝文印書館,2001 年。

3. 〔魏〕何晏集解,〔宋〕邢昺疏:《論語注疏》,《十三經注疏(附清阮元校勘記)》,臺北:藝文印書館,2001 年。

4. 〔晉〕杜預注,〔唐〕孔穎達疏:《春秋左傳正義》,《十三經注疏(附清阮元校勘記)》,臺北:藝文印書館,2001 年。

5. 〔唐〕唐元宗御注,〔宋〕邢昺疏:《孝經注疏》,收入《十三經注疏附阮元校勘記》,臺北:藝文印書館,2001 年。

6. 〔宋〕朱熹:《四書章句集注》,臺北:大安出版社,2009 年。

7. 〔清〕劉寶楠撰,高流水點校:《論語正義》,北京:中華書局,2011 年。

(四)小學類

1. 〔漢〕許慎撰,〔清〕段玉裁注:《說文解字注》,臺北:黎明文化,2006 年。

2. 〔漢〕劉熙撰,〔清〕畢沅疏證、王先謙補,祝敏徹、孫玉文點校:《釋名疏證補》,北京:中華書局,2008 年。

3. 〔晉〕郭璞注,〔宋〕邢昺疏:《爾雅注疏》,《十三經注疏(附清阮元校勘記)》,臺北:藝文印書館,2001 年。

4. 〔唐〕陸德明撰,〔清〕盧文弨校:《抱經堂經典釋文》,臺北:漢京文化公司,1980 年。

5. 〔清〕王念孫:《廣雅疏證》,臺北:鼎文書局,1972 年。

二、史　部

1. 〔漢〕司馬遷撰,(日本)瀧川龜太郎:《史記會注考證》,臺北:文史哲出版社,1993 年。

2. 〔民國〕黃懷信、張懋鎔、田旭東撰,黃懷信修訂,李學勤審定:《逸周書彙校集注(修訂本)》,上海:上海古籍出版社,2008 年。

3. 〔民國〕徐元誥撰,王樹民、沈長雲點校:《國語集解》,北京:中華書局,2002 年。

三、子　部

1. 〔漢〕劉向撰,向宗魯校證:《說苑校證》,北京:中華書局,2011 年。

2. 〔漢〕劉向編著、石光瑛校釋、陳新整理:《新序校釋》,北京:中華書局,2009 年。

3. 〔漢〕劉安編,何寧集釋,《淮南子集釋》,北京:中華書局,1998 年。

4. 〔漢〕揚雄撰,〔晉〕李軌注:《揚子法言》,臺北:中華書局,1965 年。

5. 〔晉〕張湛:《列子注》,收入《諸子集成》第 4 冊,長沙:岳麓書社,1996 年。

6. 〔清〕王先謙:《荀子集解》,臺北:華正書局,1993 年。

7. 〔清〕郭慶藩編,王孝魚整理,《莊子集釋》,臺北:河洛圖書出版社,1974 年。

8. 〔清〕陳澧：《公孫龍子注》，收入廣東省立中山圖書館、中山大學圖書館編：《三編清代稿鈔本》第一〇八冊，廣東：廣東人民出版社，2007 年。

9. 〔清〕王先謙撰，沈嘯寰、王星賢整理：《荀子集解》，北京：中華書局，2012 年。

10. 〔清〕陳士珂輯：《孔子家語疏證》，臺北：文海出版社，1968 年。

11. 〔民國〕陳奇猷校注：《韓非子集釋》，臺北，華正書局，1987 年。

12. 〔民國〕陳奇猷著：《呂氏春秋校釋》，臺北：華正書局，2004 年。

13. 〔民國〕荊門市博物館編：《郭店楚墓竹簡》，北京：文物出版社，1998 年。

四、集　部

1. 〔晉〕袁準：《袁子正論》，收入馬國翰輯：《玉函山房輯佚書》第五冊，臺北：文海出版社，1967 年。

2. 〔宋〕李覯：《旴江集》，收入《文淵閣四庫全書 1095‧集部‧別集類》，臺北：臺灣商務印書館，1983 年。

3. 〔宋〕程頤：《二程集》，北京：中華書局，2004 年。

4. 〔清〕唐文治：《茹經堂文集》三編，臺北：文海出版社，1987 年。

貳、今人著作（先依內容分類，再按出版年份降冪排序）

一、專書

（一）經學類

1. 姜廣輝：《義理與考據：思想史研究中的價值關懷與實證方法》，北京：中華書局，2010 年。

2. 劉咸炘著，黃曙輝編校：《劉咸炘學術論集‧哲學編（上）‧中書卷二‧本官》，桂林：廣西師範大學出版社，2010 年。

3. 龔鵬程主編：《改變中國歷史的文獻》上卷，北京：中國工人出版社，2010 年。

4. 章太炎：《國故論衡》，北京：商務印書館，2010 年。王夢鷗：《禮記今注今譯》，臺北：台灣商務印書館，2009 年。

5. 胡楚生：《中國學術史研究》，臺北：臺灣學生書局，2009 年。

6. 劉笑敢：《詮釋與定向：中國哲學研究方法之探究》，北京：商務印書館，2009 年。

7. 顧實：《漢書藝文志講疏》，上海：上海古籍出版社，2009 年。

8. 王鍔：《禮記成書考》，北京：中華書局，2007 年。

9. 王心怡編：《商周圖形文字編》，北京：文物出版社，2007 年。

10. 杜松柏：《國學治學方法》，北京：中國人民大學出版社，2006 年。

11. 屈萬里：《詩經詮釋》，臺北：聯經出版公司，2006 年。

12. 黃俊郎編著：《禮記著述考（一）》，臺北：鼎文書局，2003 年。

13. 王宇信、楊升南主編：《甲骨學一百年‧商代社會結構和國家職能研究》，北京：社會科學文獻出版社，1999 年。

14. 徐中舒主編：《甲骨文字典》，成都：四川辭書出版社，1990 年。

15. 于省吾：《甲骨文字釋林》，北京：中華書局，1981 年。

16. 熊十力：《讀經示要》，臺北：廣文書局，1960 年。

17. 侯外廬：《中國思想通史‧第一卷》，北京：人民出版社，1957 年。

（二）史學類

1. 童書業：《春秋史》，北京：商務印書館，2012 年。

2. 錢穆：《周公》，《錢穆先生全集（新校本）》，北京：九州出版社，2011 年。

3. 晁福林：《夏商西周的社會變遷》，北京：中國人民大學出版社，2010 年。

4. 陳絜：《商周姓氏制度研究》，北京：商務印書館，2007 年。

5. 杜正勝：《古代社會與國家》，臺北：允晨文化，2005 年。

6. 朱鳳瀚：《商周家族型態研究（增訂本）》，天津：天津古籍出版社，2004 年。

7. 張岩：《從部落文明到禮樂制度》，上海：上海三聯書店，2004 年。

8. 胡厚宣、胡振宇：《殷商史》，上海：上海人民出版社，2003 年。

9. 楊朝明：《周公事蹟研究》，鄭州：中洲古籍出版社，2002 年。

10. 葛兆光：《中國思想史第一卷》，復旦大學出版社，2001 年。

11. 李零：《李零自選集》，桂林：廣西師範大學出版社，1998 年。

12. 楊向奎：《宗周社會與禮樂文明》，北京：人民出版社，1992 年。

13. 呂思勉：《先秦史》，上海：上海古籍出版社，1982 年。

14. 徐復觀：《周秦漢政治社會結構之研究》，臺北：臺灣學生書局，1975 年。

（三）儒家哲學類

1. 羅新慧：《曾子研究——附《大戴禮記》「曾子」十篇注釋》，北京：商務印書館，2013 年。

2. 郭沫若：《十批判書》，北京：人民出版社，2012 年。

3. 章太炎著、王小紅選編：《章太炎儒學論集》，成都：四川大學出版社，2011 年。

4. 張繼軍：《先秦道德生活研究》，北京：人民出版社，2011 年。

5. 錢穆：《孔子與論語》（錢穆先生全集〔新校本〕），北京：九州出版社，2011 年。

6. 傅佩榮：《儒家哲學新論》，北京：中華書局，2010 年。

7. 章太炎：《諸子學略說》，桂林：廣西師範大學出版社，2010 年。

8. 蔡元培：《中國倫理學史》，臺北：五南出版公司，2010 年。

9. 梁濤：《郭店竹簡與思孟學派》，北京：中國人民大學出版社，2008 年。

10. 郭梨華：《出土文獻與先秦儒道哲學》，臺北：萬卷樓圖書公司，2008 年。

11. 胡適等著：《大師說儒》，汕頭：汕頭大學出版社，2008 年。

12. 徐復觀：《中國人性論史先秦篇》，臺北：臺灣商務印書館，2007 年。

13. 蒙文通：《儒學五論》，桂林：廣西師範大學出版社，2007 年。

14. 李翔海、鄭克武編：《成中英文集第二卷：儒學與新儒學》，武漢市：湖北人民出版社，2006 年。

15. 歐陽禎人：《先秦儒家性情思想研究》，武漢：武漢大學出版社，2006 年。

16. 林存光：《歷史的孔子形象——政治與文化語境下的孔子和儒學》，濟南：齊魯書社，2004 年。

17. 高兆明：《存在與自由：倫理學引論》，南京：南京師範大學出版社，2004 年。

18. 林素英：《禮學思想與應用》，臺北：萬卷樓，2003 年。

19. 吳龍輝：《原始儒家考述》，北京：中國社會科學出版社，2000 年。

20. 李美燕：《中國古代樂教思想（先秦兩漢篇）》，高雄：麗文出版，1998 年。

21. 杜維明：《儒家思想：以創造轉化爲自我認同》，臺北：東大圖書公司，1997 年。

22. 方穎嫻：《先秦之仁、義、禮說》，臺北：文津出版社，1996 年。

23. 吳進安：《孔子之仁與墨子兼愛比較研究》，臺北：文史哲出版社，1993 年。

24. 牟宗三：《中國哲學十九講》，臺北：臺灣學生書局，1991 年。

25. 鍾肇鵬：《孔子研究（增訂版）》，中國社會科學出版社，1990 年。

26. 曾春海：《儒家哲學論集》臺北：文津出版社，1989 年。

27. 徐復觀：《中國思想史論集》，臺北：臺灣學生書局，1988 年。

28. 林義正：《孔子學說探微》，臺北：東大圖書公司，1987 年。

29. 胡楚生：《儒行研究》，臺北：華正書局，1986 年。

30. 高明：《高明孔學論叢》，臺北：黎明文化公司，1978 年。

31. 牟宗三：《中國哲學的特質》，臺北：臺灣學生書局，1978 年。

32. 陳景磐：《孔子的教育思想》，湖北：湖北人民出版社，1957 年。

二、單篇論文

（一）經、史學類

1. 楊晉龍：〈論經學和思維在臺灣教育及研究上的意義〉，收入國立臺灣師範大學國文學系主編：《紀念瑞安林尹教授百歲誕辰學術研討會論文集（上）》，臺北：文史哲出版社，2009 年 12 月。

2. 葉國良：〈先秦禮書中保存的古語及其意義〉，《經學研究集刊》第三期，2007 年 10 月。

3. 馮時：〈西周金文所見「信」、「義」思想考〉《文與哲》，第六期 2005 年 6 月。

4. 林素英：〈《周禮》的禮教思想——以大司徒為討論主軸〉，《國文學報》第三十六期，2004 年 12 月。

5. 周鳳五：〈郭店竹簡文字補釋〉，收入郭店楚簡研究（國際）中心編：《古墓新知——紀念郭店楚簡出土十周年論文專輯》，香港：國際炎黃文化出版社，2003 年 11 月。

6. 方述鑫：〈殷墟卜辭和《周易》中的儒〉，收入中國社會科學院甲骨學殷商史研究中心編輯組編：《胡厚宣先生紀念文集》，北京：科學出版社，1998 年 11 月。

7. 林澐：〈甲骨文中的商代方國聯盟〉，《古文字研究》第六輯，北京：中華書局，1981 年 11 月。

8. 張秉權：〈卜辭所見殷商政治統一的力量及其達到的範圍〉《中央研究院歷史語言所研究集刊》50 本 1 分，1979 年 3 月。

9. 韓江蘇：〈甲骨文中的「多子」、「多子族」、「王族」〉，收入宋鎮豪、肖先進主編：《殷商文明暨紀念三星堆遺址發現七十周年國際學術研討會論文集》，北京：社會科學文獻出版社，2003 年 1 月。

10. 魏慈德：〈殷非王卜辭中所見商王記載〉，收入宋鎮豪主編：《甲骨文與殷商史（新一輯）》，北京：線裝書局，2008 年 1 月。

11. 朱宗俠、司偉：〈西周的學校與尊老教育〉《柳州師範學報》第 26 卷第 3 期，2011 年 6 月。

12. 杜正勝：〈古代世變與儒者的進退〉《長庚人文學報》第 4 卷第 1 期，2011 年 4 月。

13. 孟炅：〈試論西周洛邑殷遺民的社會分化〉《商品與質量》，2011 年 S6 期（周刊）。

14. 碧蓮：〈古人的沐浴〉《文史雜誌》，2011 年 06 期（雙月刊）。

15. 趙燕姣：〈從微氏墻盤看殷遺民入周後的境遇〉《文博》，2009 年 1 期（雙月刊）。

16. 沈文倬：〈周代宮室考述〉《浙江大學學報（人文社會科學版）》第 36 卷第 3 期，2006 年 5 月。

17. 周何：〈穀梁傳之仁義觀〉，《教學與研究》第 12 期，1990 年 6 月。

18. 劉增貴：〈中國古代的沐浴禮俗〉，《大陸雜誌》第 98 卷第 4 期，1999 年 4 月。

19. 李宏、孫英民：〈從周初青銅器看殷商遺民的流遷〉《史學月刊》1999 年 06 期（月刊）。

20. 陳槃：〈春秋列國的兼并遷徙與民族混同和落後地區的開發〉，收入中央研究院歷史語言研究所中國上古史編輯委員會編：《中國上古史待定稿》第三本兩周編之一史實與演變，1985 年 6 月。

21. 楊寬：〈西周王朝公卿的官爵制度〉，收入人文雜誌叢刊第二輯《西周史研究》，西安：人文雜志編輯部，1984 年 8 月。

22. 汪寧生：〈從原始記事到文字發明〉《考古學報》，1981 年第 1 期（季刊）。

23. 徐復觀：〈治古代思想史方法〉，收入韋政通編：《中國思想史方法論文選集》，臺北：大林出版社，1981 年 10 月。

24. 唐君毅：〈中國哲學研究之一新方向〉，收入韋政通編：《中國思想史方法論文選集》，臺北：大林出版社，1981 年 10 月。

25. 傅斯年：〈周東封與殷遺民〉《中央研究院史語所集刊》，上海：中央研究院，1934 年 1 月。

（二）孔子與儒家類

1. 彭林：〈從三達德看孔子的述而不作〉《孔子研究》2012 年第 5 期（雙月刊）。

2. 勞悅強：〈從學術、修養、信仰論孔門儒學〉，收入劉笑敢主編：《中國哲學與文化》第十輯，桂林：漓江出版社，2012 年 9 月。

3. 林素英：〈以禮爲宗的〈經解〉思想分析——與傳世文獻及戰國簡文相驗證〉，收入楊朝明主編：《孔子學刊》第三輯，上海：上海古籍出版社，2012 年 9 月。

4. 林素英：〈《大戴禮記》〈哀公問五義〉思想析論——與《論語》政治人才觀相驗證〉，該文發表於南京師範大學文學院文獻學系、臺灣中央研究院中國文哲研究所聯合舉辦之「二○一○年中國經學國際學術研討會」，2010

年 11 月 15～16 日。收入趙生群、方向東主編:《古文獻研究集刊》第五輯,南京:鳳凰出版社,2012 年 8 月。

5. 林素英:〈從「禮樂」的分合與特性論〈性自命出〉「道」四術或三術的迷思——兼論相關學者的研究方法〉,發表於國科會人文學研究中心暨臺灣大學中國文學系主辦,人民大學國學院協辦:「出土文獻研究方法國際學術研討會」,2011 年 11 月 26～27 日。

6. 陳麗桂:〈賢、德主軸下的儒家「命」論——兼論〈窮達以時〉與〈曹墨之陣〉〉,發表於出土文獻研究方法國際學術研討會會議論文集,2011 年 11 月 26、27 日於臺灣大學文學院會議室。

7. 林素英:〈「人道」思想探析——以〈性自命出〉與《禮記》相關文獻為討論中心〉,發表於中國人民大學國學院主辦,香港中文大學哲學系與臺灣大學中文系協辦:「機遇與挑戰:思想史視野下的出土文獻研究」研討會,2011 年 10 月 28～30 日,於北京中國人民大學國學院舉行。

8. 丁亮:〈從身體感論中國古代君子之「威」〉,《考古人類學刊》第 74 期,2011 年 6 月。

9. 匡亞明:〈論孔子的「三十而立」和開創私學〉,原載於《文史哲》1984 年第 6 期(雙月刊),今收入文史哲編輯部編:《儒學:歷史、思想與信仰》,北京:商務印書館,2011 年 5 月。

10. 周予同:〈儒、儒家和儒教〉,收入初小榮選編:《儒家、儒學和儒教》(民國期刊資料分類彙編),北京:國家圖書館出版社,2011 年 4 月。

11. 許地山:〈原始的儒,儒家與儒教〉,收入初小榮選編:《儒家、儒學和儒教》(民國期刊資料分類彙編),北京:國家圖書館出版社,2011 年 4 月。

12. 李美燕:〈「和」與「德」——柏拉圖與孔子的樂教思想之比較〉《藝術評論》第 20 期,2010 年 12 月。

13. 晁福林:〈「君民同構」:孔子政治哲學的一個重要命題——上博簡與郭店簡《緇衣》篇的啟示〉,《哲學研究》,2010 年 10 月。

14. 陳麗桂:〈從傳世儒典與郭店儒簡看先秦儒學的忠信之德〉,《國文學報》第四十七期,2010 年 6 月。

15. 林家瑜:〈先秦儒家的君子位與德的重心移轉〉,《東方人文學誌》第 9 卷第 2 期,2010 年 6 月。

16. 彭國翔:〈作為身心修煉的禮儀實踐——以《論語‧鄉黨》篇為例的考察〉,收入王中江、李存山主編:《中國儒學》第四輯,2009 年 12 月。

17. 馮耀明:〈論語中仁與禮關係新詮〉,《政治大學哲學學報》第 21 期,2009 年 1 月。

18. 梁濤:〈郭店竹簡「息」字與孔子仁學〉,收入梁濤主編:《中國思想史前沿——經典、詮釋、方法》,西安:陝西師範大學出版社,2008 年 12 月。

19. 林素英：〈從施政原則論孔子德刑思想之轉化——綜合簡本與今本〈緇衣〉之討論〉，收入武漢大學簡帛研究中心主編：《簡帛》第二輯，上海：上海古籍出版社，2007 年 11 月。

20. 丁原明：〈儒學的憂患意識與社會和諧〉，收入於張樹驊、宋煥新主編：《儒學與實學及其現代價值》，濟南：齊魯書社，2007 年 9 月。

21. 林素英：〈從施政策略論〈緇衣〉對孔子理想君道思想之繼承——兼論簡本與今本〈緇衣〉差異現象之意義〉《哲學與文化》第 34 卷第 3 期（總第 394 期），2007 年 3 月。

22. 陳昭瑛：〈知音、知樂與知政：儒家音樂美學中的「體知」概念〉《臺灣東亞文明研究學刊》第 3 卷第 2 期（總第 6 期），2006 年 12 月。

23. 陳來：〈論儒家教育思想的基本理念〉，《北京大學學報（哲學社會科學版）》第 42 卷第 5 期，2005 年 9 月。

24. 黃俊傑：〈東亞近世儒者對「公」「私」領域分際的思考——從孟子與桃應的對話出發〉，《江海學刊》，2005 年 04 期（雙月刊）。

25. 林素英：〈從郭店儒簡檢視文王之人君典型〉《中山大學文與哲學報》第 7 期，2005 年 12 月。

26. 王鈞林：〈從孔子到孟子的儒家「修己」思想——兼論曾子承先啟後的中介作用〉，該文收入張秋升、王洪軍主編：《中國儒學史研究》，濟南：齊魯書社，2004 年 12 月。

27. 戴璉璋：〈從《樂記》探討儒家樂論〉《中國文哲研究通訊》第 14 卷第 4 期，2004 年 12 月。

28. 馬一浮：〈論語大義〉，收入李兆祥主編：《儒家教育思想研究》，北京：中華書局，2003 年 12 月。

29. 張岱年：〈中國文化的基本精神〉，收入李兆祥主編：《儒家教育思想研究》，北京：中華書局，2003 年 12 月。

30. 李存山：〈忠信：儒家「以德治國」的重要思想——《論語》與郭店楚簡論「忠信」〉，收入郭店楚簡研究（國際）中心編：《古墓新知——紀念郭店楚簡出土十周年論文專輯》，香港：國際炎黃文化出版社，2003 年 11 月。

31. 丁四新：〈論郭店楚簡「情」的內涵〉，《現代哲學》2003 年 04 期（雙月刊）。

32. 劉信芳：〈關於上博藏楚簡的幾點討論意見〉，《新出楚簡與儒學思想國際學術研討會論文集》，清華大學 2002 年 3 月。

33. 彭美玲：〈君子與容禮——儒家容禮述義〉，《臺大中文學報》第 16 期，2002 年 6 月。

34. 顏炳罡：〈依仁以成禮，還是設禮以顯仁——從儒家的仁禮觀看儒學發展

的兩種方式〉，《文史哲》2002 年第 3 期（總第 270 期）（雙月刊）。

35. 林素英：〈論先秦「儒」的轉變〉，收入《含章光化——戴璉璋先生七秩哲誕論文集》，臺北：里仁書局，2002 年 12 月。

36. 伍曉明：〈忠於／與他人——重讀孔子關於忠的思想〉，收入胡軍、孫尚揚主編：《詮釋與建構——湯一介先生 75 周年華誕暨從教 50 周年紀念文集》，北京：北京市哲學會，2001 年 12 月。

37. 陳麗桂：〈郭店儒簡的外王思想〉《臺大文史哲學報》第 55 期，2001 年 11 月。

38. 彭林：〈論郭店楚簡中的禮容〉，收入《郭店楚簡國際學術研討會論文集》，武漢：湖北人民出版社，2000 年 5 月。

39. 胡楚生：〈儒學思想中的剛健之德與新世紀理想的人格特質〉，收入國際儒學聯合會編：《紀念孔子誕辰 2550 周年國際學術研討會論文集》，北京：國際文化出版公司，2000 年 6 月。

40. 陳偉：〈郭店簡書〈人雖有性〉校釋〉，《中國哲學史》2000 年 04 期（季刊）。

41. 張春英：〈論孔子「正心」的育人觀〉，《齊魯學刊》2000 年 03 期（總第 156 期）（雙月刊）。

42. 陳來：〈郭店竹簡儒家記說續探〉，《中國哲學》第 21 輯，遼寧教育出版社 2000 年 1 月。

43. 陳偉：〈郭店楚簡〈六德〉諸篇零釋〉《武漢大學學報（人文科學版）》1999 年 05 期（雙月刊）。

44. 周鳳五：〈郭店楚簡《忠信之道》考釋〉，《中國文字》新 24 期，臺北：藝文印書館，1998 年 12 月。

45. 黃開國：〈春秋時期的仁義忠信觀〉《孔孟月刊》第 34 卷第 7 期，1996 年 3 月。

46. 閻步克：〈樂師與「儒」之文化起源〉，《北京大學學報（哲學社會科學版）》，1995 年 05 期（雙月刊）。

47. 傅劍平：〈原儒新論〉，《暨南學報（哲學社會科學版）》，1990 年 02 期（月刊）。

48. 劉蔚華：〈儒家仁學的演變〉，收入中國孔子基金會、新加坡東亞哲學研究所編：《儒學國際學術研討會論文集》上冊，濟南：齊魯書社，1989 年。

49. 蔡仁厚：〈《論語》中「仁」的涵義與實踐〉《孔孟月刊》第 15 卷第 11 期，1977 年 7 月。

50. 任培道：〈禮樂的宗教性與藝術性〉《孔孟學報》第 2 期，1961 年 9 月。

51. 陳大齊：〈孔子所說仁字的意義〉《大陸雜誌》第 13 卷第 12 期，1956 年

12 月。

52. 林素英：〈從〈四代〉再論孔子的禮刑輔政思想——結合〈呂刑〉、〈三德〉
之探討〉。未出版。

（三）〈儒行〉相關研究類

1. 孫致文：〈熊十力疏釋《禮記·儒行》意義探析〉，《中央大學人文學報》
第 53 期，2013 年 1 月。

2. 宋立林、孫寶華：〈讀《儒行》札記〉，《管子學刊》2010 年 03 期（季刊）。

3. 馮超：〈儒行——儒者完美形象的高度概括——淺析《禮記·儒行》〉，《遼
寧行政學院學報》2010 年 03 期（月刊）。

4. 莊凱雯：〈從《禮記·儒行》談儒者「道與仕」觀念之發展〉，《嘉大中文
學報》第 2 期，2009 年 9 月。

5. 周室閲：〈論禮記儒行本周官鄉三物之義〉，收入耿素麗、胡月平選編：《三
禮研究》第二輯，臺北：國家圖書館出版社，2009 年 5 月。

6. 章太炎先生演恉、諸佐耕筆述：〈儒行大意〉，收入耿素麗、胡月平選編：
《三禮研究》第二輯，臺北：國家圖書館出版社，2009 年 5 月。

7. 陳柱：〈儒行集解〉，收入耿素麗、胡月平選編：《三禮研究》第二輯，臺
北：國家圖書館出版社，2009 年 5 月。

8. 季蒙、程漢：〈從〈儒行〉看儒學的現代生命力〉，收入滕文生主編：《紀
念孔子誕辰 2560 周年國際學術研討會論文集》第二冊，北京：九州出版
社，2010 年。

9. 陳來：〈儒服·儒行·儒辯——先秦文獻中「儒」的刻畫與論説〉，《社會
科學戰線》2008 年 02 期（月刊）。

10. 叢瑞華：〈透射教師人生準則的一面鏡子——《禮記·儒行》對教師發展
的借鑒作用〉，《現代教育科學（中學校長）》2007 年 4 月。

11. 張春香〈章太炎「儒行」救國論評析〉，《湖北大學學報（哲學社會科學
版）》第 33 卷第 3 期，2006 年 5 月。

12. 王鍔：〈春秋末期儒者德行和《儒行》的成篇年代〉，《中國典籍與文化》
2006 年 04 期（季刊）。

13. 周何：〈《禮記·儒行》闡義〉，《國文天地》第 15 卷第 2 期，1999 年 7
月。

14. 劉眞：〈談儒行〉，《孔孟月刊》第 35 卷 1 期，1996 年 9 月。

15. 林慶彰：〈黃道周的儒行集傳及其時代意義〉，收入林慶彰、蔣秋華編：《明
代經學國際研討會論文集》，臺北：中央研究院中國文哲研究所籌備處，
1996 年 6 月。

16. 詹雅能：〈談儒者的典型塑造——禮記儒行篇的時代意義〉，《東南學報》

第 18 期，1995 年 12 月。

17. 劉眞：〈弘揚「師道」與實踐「儒行」〉，《中華文化復興月刊》第 16 卷第 3 期，1983 年 3 月。

18. 劉眞：〈弘揚「師道」與實踐「儒行」〉，《中國語文》第 51 卷第 5 期，1982 年 11 月。

19. 盧瑩通：〈由禮記儒行篇試論儒者之風範與理想人格〉，《孔孟月刊》第 18 卷第 9 期，1980 年 5 月。

20. 郭斌龢：〈讀儒行〉，收入賀麟等著：《儒家思想新論》，臺北：正中書局，1978 年。

21. 劉眞：〈師道與儒行〉，《臺灣教育輔導月刊》第 26 卷第 3 期，1976 年 3 月。

22. 一仁：〈禮記「儒行」篇語釋〉，《一銀月刊》第 21 卷第 12 期，1976 年 12 月。

23. 唐士毅：〈紀念孔子與倡導「儒行」〉，《中等教育》第 11 卷第 6 期，1960 年 9 月。

三、學位論文

1. 宋立林：《儒學八派的再批判》，曲阜師範大學博士論文，楊朝明指導，2011 年 6 月。

2. 張明娜：《先秦齋戒禮研究》，臺灣大學中文研究所博士論文，葉國良指導，2010 年 6 月。

3. 呂觀盛：《周初殷遺民管理政策研究——兼論周公在中國文化史上的地位》，廣西師範大學碩士論文，錢宗範指導，2006 年 6 月。

4. 李美燕：《先秦兩漢樂教思想研究》，國立臺灣師範大學國文研究所博士論文，王邦雄指導，1993 年 6 月。

四、外國學者著作

1. 〔美國〕郝大維（David L. Hall）、安樂哲（Roger T. Ames）：《孔子哲學思微》，南京：江蘇人民出版社，2011 年。

2. 〔美國〕狄百瑞著，黃水嬰譯：《儒家的困境》，北京：北京大學出版社，2010 年。

3. 〔美國〕赫伯特‧芬格萊特著，彭國翔、張華譯，《孔子：即凡而聖》，南京：江蘇人民出版社，2002 年。

4. 〔美國〕狄百瑞著，李弘祺譯：《中國的自由傳統》，臺北：聯經出版事業公司，1983 年。

5. 〔日本〕佐藤將之：《中國古代的「忠」論研究》，臺北：臺大出版中心，

2010 年。

6.〔日本〕島邦男著，楊家駱主編：《殷墟卜辭研究（中譯本）》，臺北：鼎文書局，1975 年。

7.〔德國〕羅哲海：《軸心時期的儒家倫理》，鄭州：大象出版社，2009 年。

8.〔韓國〕李承煥：〈自由權利與儒家德性〉，收入方旭東主編：《道德哲學與儒家傳統》，上海：華東師範大學出版社，2013 年 1 月。